工业和信息化普通高等教育
“十二五”规划教材立项项目

21世纪高等学校
经济管理类规划教材
高校系列

Comparison of Professional Accounting

行业会计比较

蒋晓凤 主编

ECONOMICS AND MANAGEMENT

人民邮电出版社
北京

图书在版编目（CIP）数据

行业会计比较 / 蒋晓凤主编. -- 北京 : 人民邮电出版社, 2012.9（2016.7 重印）
21世纪高等学校经济管理类规划教材. 高校系列
ISBN 978-7-115-28720-5

Ⅰ. ①行… Ⅱ. ①蒋… Ⅲ. ①部门经济－会计－对比研究－高等学校－教材 Ⅳ. ①F235-03

中国版本图书馆CIP数据核字(2012)第211961号

内 容 提 要

本书针对多个行业的特点及现状，以我国会计准则和会计制度为依据，紧贴会计实践工作所需进行编写。本书介绍了我国行业的划分及各行业会计的主要异同，重点讲解了商品流通企业、施工企业、房地产开发企业、旅游饮食服务业、交通运输企业、商业银行业、农业企业 7 个行业的会计业务特点、会计核算的特点及其专门业务的会计核算原理和方法。本书具有内容新颖、务实，体例独特、实用，讲解全面、简要等特点，可作为各类院校全日制会计专业学生的教材，也可以作为非会计专业学生的教材和在职会计人员的继续教育教材及其参考书。

21 世纪高等学校经济管理类规划教材——高校系列

行业会计比较

♦ 主　　编　蒋晓凤
　责任编辑　贾　楠
♦ 人民邮电出版社出版发行　　北京市丰台区成寿寺路 11 号
　邮编　100164　　电子邮件　315@ptpress.com.cn
　网址　http://www.ptpress.com.cn
　三河市海波印务有限公司印刷
♦ 开本：787×1092　1/16
　印张：15.5　　　　2012 年 9 月第 1 版
　字数：361 千字　　2016 年 7 月河北第 10 次印刷

ISBN 978-7-115-28720-5

定价：32.00 元

读者服务热线：(010)81055256　印装质量热线：(010)81055316
反盗版热线：(010)81055315

前 言 Forward

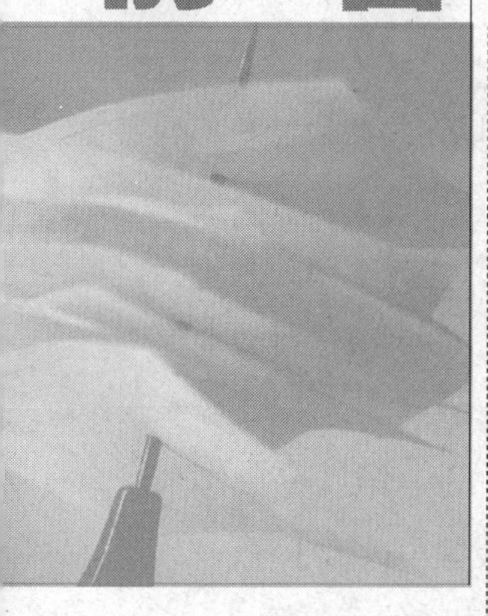

2006 年 2 月 15 日，财政部发布了包括 1 项基本准则和 38 项具体准则的新企业会计准则体系，这对会计人员的素质和职业判断能力提出了更高的要求。为了适应会计专业学生及在职会计人员学习的要求，更好地贯彻理论与实践相结合的原则，同时为了推进会计教学改革，进一步拓宽学生的专业视野，促进学生就业、创业、创新能力的培养，我们组织编写了本书。

本书在编写过程中，我们以会计准则和行业会计的特点为依据，以经济管理的基本理论、核算方法为依托，以会计实务核心技能为主线，以大量实例设计为载体，对各行业会计的特点和专门业务的会计核算进行讲解，使读者通过学习本书能对各个行业的会计核算有一个完整的认识，并以此进行相应比较，为今后从事各种行业的会计实务工作打好基础。

纵观全国图书市场，行业会计比较类书籍并不多，且内容相对陈旧、实用性不足，不能满足和适应会计教学和学习的需要。本书与市场上的其他同类书相比，具有以下特点。

1. 内容新颖、务实。本书以会计准则和企业会计制度及相关的税收法律为依据，书中所有会计实务内容均能概括和反映最新的行业会计业务实际情况。

2. 体例独特、实用。本书以各个行业为主体，阐述了各行业不同于其他行业的经济业务的会计核算；各章的开头有知识目标和能力目标，章后有小结、关键词和综合练习题，增强了教材的实用性。

3. 讲解全面、简要。本教材注意把握“以基本理论够用、满足学以致用为目标”，做到全面讲述各行业与其他行业不同的那部分业务的会计核算，特别注重实例操作，讲解简要、清晰，便于对各行业会计进行比较。

本书共有 8 章内容，第 1 章为总论部分，介绍了我国行业的划分及各行业会计的主要异同；第 2 章至第 8 章分别介绍了商品流通企业、施工企业、房地产开发企业、旅游饮食服务业、交通运输企业、商业银行业、农业企业 7 个行业的会计业务特点及会计核算的特点，重点讲解了这 7 个行业专门业务的会计核算原理和方法。

综上所述，本书可作为各类院校全日制会计专业学生的教材，也可以作为非会计专业学生的教材和在职会计人员的会计继续教育教材及其参考书。

在学习本书时，读者需要先学习《会计学原理》、《中级财务会计》、《成本会计》等课程内容。各院校全日制会计专业学生使用本教材教学时，按照 40～60 课时进行教学较为合适。

本书由广西财经学院蒋晓凤教授担任主编，各章的具体编写分工如下：第 1 章、第 2 章、第 4 章由蒋晓凤教授编写；第 6 章由广西财经学院张臻副教授编写；第 3 章、第 7 章由广西财经学院尹建荣副教授编写；第 5 章由广西财经学院吴春璇编写，第 8 章由桂林航天工业学院杨宗翰编写。最后由蒋晓凤教授对全书进行总纂和终审定稿。

由于编者的学识水平有限，书中难免存在不足之处，恳请读者批评指正。

编　者

2012 年 7 月于南宁

目 录 Content

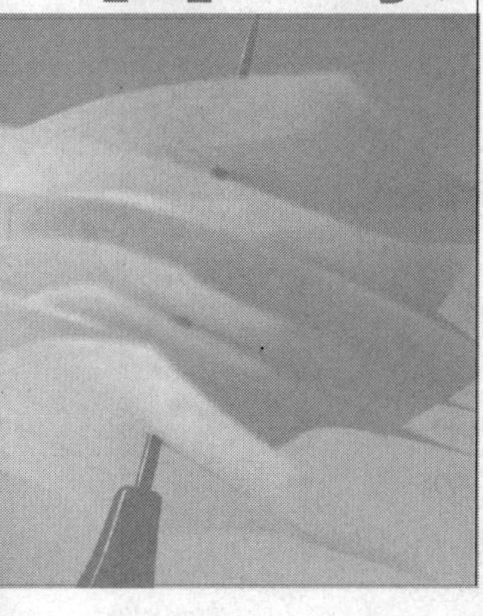

第1章 总论

第一节 我国行业的划分及我国会计规范体系 / 2

一、我国行业、产业的划分 / 2

二、我国财务会计规范体系 / 3

第二节 各行业会计核算的异同 / 3

一、我国财务会计的分类 / 3

二、不同行业的企业会计核算的异同 / 4

三、行业会计与《企业会计准则》的关系 / 6

本章小结 / 7

关键术语 / 7

综合练习 / 7

第2章 商品流通企业会计

第一节 商品流通企业业务及其会计核算的特点 / 9

一、商品流通企业的业务特点 / 9

二、商品流通企业会计核算的特点 / 10

第二节 批发商品流转业务的核算 / 11

一、批发商品的核算方法 / 11

二、批发商品购进业务的核算 / 12

三、批发商品销售业务的核算 / 16

四、批发商品储存业务的核算 / 19

五、批发主营业务成本的计算与结转 / 20

第三节 零售商品流转业务的核算 / 23

一、零售商品的核算方法 / 23

二、零售商品购进业务的核算 / 23

三、零售商品销售业务的核算 / 26

四、零售商品清查业务的核算 / 29

五、已销商品进销差价的计算与结转 / 30

本章小结 / 33

关键术语 / 34

综合练习 / 34

第3章 施工企业会计

第一节 施工企业会计核算的特点 / 41
一、施工企业的业务特点 / 41
二、施工企业会计核算的特点 / 41
第二节 周转材料的分类与核算 / 42
一、周转材料的分类 / 42
二、周转材料的核算 / 43
第三节 临时设施的内容及其核算 / 48
一、临时设施的内容 / 48
二、临时设施的核算 / 49
第四节 工程成本的核算 / 50
一、工程成本核算对象的确定与成本项目组成 / 50
二、工程成本核算程序 / 51
三、工程实际成本的核算 / 53
四、已完工程实际成本的计算 / 57
第五节 工程合同收入与合同费用的核算 / 59
一、建造合同的种类 / 59
二、合同收入 / 59
三、合同费用 / 60
四、合同收入与合同费用的确认 / 60
五、工程价款结算方式 / 62
六、分包工程结算的核算 / 67
本章小结 / 68
关键术语 / 69
综合练习 / 69

第4章 房地产开发企业会计

第一节 房地产开发企业业务与会计核算的特点 / 75
一、房地产开发企业的业务特点 / 75
二、房地产开发企业会计核算的特点 / 76
第二节 房地产开发企业开发成本的核算 / 77
一、开发产品成本的内容 / 77
二、成本核算对象的确定 / 78
三、开发成本的核算账户及核算程序 / 78
四、开发间接费用的核算 / 79
五、配套设施费的核算 / 81
六、土地开发成本的核算 / 85
七、房屋开发成本的核算 / 87
八、代建工程开发成本的核算 / 93
第三节 房地产开发企业开发产品销售、转让核算 / 94
一、商品房销售的核算 / 94
二、土地转让的核算 / 99
三、配套设施转让的核算 / 99
四、代建工程移交的核算 / 99
第四节 周转房的分类及其核算 / 101
一、周转房的分类 / 101
二、周转房的核算 / 101
本章小结 / 102
关键术语 / 103
综合练习 / 103

第5章 旅游、饮食、服务业会计核算

第一节 旅游、饮食、服务业的业务及其会计核算的特点 / 110
一、旅游、饮食、服务业的业务特点 / 110
二、旅游、饮食、服务业会计核算的特点 / 111
第二节 旅游经营业务的核算 / 112
一、旅游经营业务营业收入的核算 / 112
二、旅游经营业务营业成本的核算 / 114
第三节 饮食经营业务的核算 / 116
一、饮食制品原材料的核算 / 116
二、饮食制品成本的核算 / 118
三、饮食制品销售的核算 / 119
第四节 服务业经营业务的核算 / 122
一、旅馆经营业务的核算 / 122
二、娱乐业经营业务的核算 / 125
本章小结 / 125
关键术语 / 125
综合练习 / 125

第6章 交通运输企业会计

第一节 交通运输企业概述 / 132
一、交通运输企业的含义及其分类 / 132
二、交通运输企业的业务特点 / 133
三、交通运输企业会计核算的特点 / 133
第二节 公路运输成本的核算 / 134
一、运输成本的内容 / 134
二、运输成本的核算 / 136
第三节 公路营运收入的核算 / 148
一、运输收入的种类 / 148
二、运输收入的特点 / 148
三、运输收入的核算凭证 / 149
四、运输收入核算的账户设置 / 149
五、运输收入的核算 / 149
本章小结 / 152
关键术语 / 152
综合练习 / 152

第7章 商业银行会计

第一节 商业银行会计的核算 / 158
一、我国银行体系的构成 / 158
二、商业银行会计核算的特点 / 158
第二节 存款业务的核算 / 162
一、银行存款账户的开立与管理 / 162
二、存款业务核算的要求 / 162
三、存款业务会计账户的设置 / 162
四、存款业务的核算 / 163
第三节 贷款业务的核算 / 168
一、贷款概述 / 168
二、贷款业务的核算要求 / 169
三、贷款核算的账户 / 169
四、信用贷款的核算 / 170
五、抵押贷款的核算 / 174
第四节 结算业务的核算 / 176
一、结算业务概述 / 176
二、支票结算 / 178
三、汇兑结算 / 179
四、银行汇票结算 / 180
五、委托收款结算 / 181
六、商业汇票结算 / 182
七、托收承付结算 / 183
八、银行本票结算 / 183
九、信用卡结算 / 184
本章小结 / 185
关键术语 / 185
综合练习 / 185

第8章 农业企业会计

第一节 农业企业业务特点与会计核算特点 / 190
一、农业企业业务特点 / 190
二、农业企业会计核算的特点 / 190
第二节 农业企业会计核算 / 191
一、生物资产的定义 / 191
二、生物资产的特点 / 191
三、生物资产的确认与分类 / 192
四、消耗性生物资产的核算 / 193
五、生产性生物资产的核算 / 198
六、公益性生物资产的核算 / 207
本章小结 / 208
关键术语 / 209
综合练习 / 209

附录 各章综合练习参考答案

第1章 总　论

【知识目标】

- 了解我国行业的划分和会计规范体系的构成
- 了解各行业会计核算的异同

【能力目标】

- 熟悉我国行业的分类和特点
- 理解各行业会计核算的异同

第一节 我国行业的划分及我国会计规范体系

一、我国行业、产业的划分

行业是指从事国民经济中同性质的生产或其他经济社会的经营单位或个体的组织结构体系，即国民经济的各个部门，它包括经济部门和非经济部门。我国经济部门的行业一般分为十类。

① 工业：指从事工业性产品（或劳务）的生产经营企业，主要包括采掘业、制造业、自来水、电力、煤气等企业。

② 农业：指从事农业、林业、牧业、渔业等生产经营活动的企业。

③ 商品流通业：指专门负责组织各类商品流通的企业。主要包括商业、粮油、供销、医药及图书发行等企业。

④ 旅游饮食服务业：指以旅游资源及服务设施为条件，以向消费者提供劳务的服务性企业，主要包括旅游、餐饮、宾馆、娱乐、美发、洗染及照相等企业。

⑤ 交通运输业：指利用运输工具专门从事运输生产或直接为运输生产服务的企业。主要包括铁路、公路、水路、航空及邮电通信等企业。

⑥ 建筑安装业：指从事土木建筑和设备安装工程的企业，主要包括建筑公司、工程公司、安装公司和装饰公司等企业。

⑦ 房地产开发业：指从事房地产开发、经营、管理和服务的企业。

⑧ 金融保险业：指专门经营货币和信用业务的企业，主要包括银行业、证券业和保险业。

⑨ 邮电通信业：指从事信息传递业务的企业，主要包括邮政、电信等公司。

⑩ 其他：从事不属于以上九个行业业务的行业。

从产业角度又可以将国民经济的各个部门归类分为三类产业即第一、二、三产业，包含20个门类。具体划分如下。

第一产业（1个门类）：指农、林、牧、渔业（包括农、林、牧、渔服务业）。

第二产业（4个门类）：包括①采矿业；②制造业；③电力、燃气及水的生产和供应业；④建筑业。

第三产业（15个门类）是指除第一、二产业以外的其他行业。我国第三产业包括流通和服务两大部门，分为四个层次。一是流通部门：交通运输业、邮电通信业、商业饮食业、物资供销和仓储业。二是为生产和生活服务的部门：金融业、保险业、地质普查业、房地产管理业、公用事业、居民服务业、旅游业、信息咨询服务业和各类技术服务业。三是为提高科学文化水平和居民素质服务的部门：教育、文化、广播、电视、科学研究、卫生、体育和社会福利事业。四是国家机关、政党机关、社会团体、警察、军队等，但在国内不计入第三产业产值和国民生产总值。由此可见，这种第三产业基本是一种服务性产业。第三产业具体包括：①交通运输、仓储和邮政业；②信息传输、计算机服务和软件业；③批发和零售业；④住宿和餐饮业；⑤金融业；⑥房地产业；⑦租赁和商务服务业；⑧科学研究、技术服务和地质勘察业；⑨水利、环境和公共设施管理业；⑩居民服务和其他服务业；⑪教育；⑫卫生、社会保障和社会福利业；⑬文化、体育和娱乐业；⑭公共管理与社会组织；⑮国际组织。

【小思考 1-1】我国行业包括哪些方面？如何划分？

二、我国财务会计规范体系

到目前为止，我国财务会计规范已经形成了以《会计法》为核心的包括会计行政法规、会计规章制度的较为完善的体系，具体如图 1-1 所示。

- 会计法——1985 年 1 月颁布，经过两次修订，新修订的会计法从 2000 年 7 月 1 日起施行
- 会计行政法规——财务报告条例（2000.6.21）、总会计师条例（1990.12.31）
- 会计准则、会计制度
  - 企业会计准则
    - 基本准则（2006.2.15 颁布，2007.1.1 起施行）
    - 具体准则（2006.2.15 颁布，2007.1.1 起施行）
    - 准则应用指南（2006.10.30 颁布，2007.1.1 起施行）
  - 会计制度
    - 企业会计制度
      - 企业会计制度（2000.12.29 颁布）
      - 小企业会计制度（2004.4.27 颁布）
      - 金融企业会计制度（2003.12.26 颁布）
    - 预算会计制度
      - 行政单位会计制度（1997.6.25 颁布）
      - 事业单位会计制度（1997.6.25 颁布）
      - 财政总预算会计制度（1997.6.25 颁布）
    - 民间非营利组织会计制度（2004.8.18 颁布）
    - ……

图 1-1

第二节 各行业会计核算的异同

一、我国财务会计的分类

（一）企业会计

企业会计指从事各种生产经营业务活动的企业所运用的会计。包括工业企业会计、农业企业会计、商品流通企业会计、旅游餐饮服务业会计、交通运输企业会计、施工企业会计、房地产开发企业会计、银行业会计、保险业会计、邮电通信企业会计等。

（二）非企业会计

非企业会计指从事财政总预算、行政单位和事业单位预算会计事务核算与管理的预算会计及民

间非营利组织会计。总预算会计的主要工作职责是参与总预算执行、税收征解、国家基建拨款等。行政单位预算会计的主要职责是以行政单位发生的预算资金进行核算与管理的。事业单位预算会计的主要职责是对教育、科研、文化、卫生等各单位部门的预算资金进行核算与管理的。民间非营利组织会计的主要职责是对依照国家法律、行政法规登记的社会团体、基金会、民办非企业单位和寺院、宫观、清真寺、教堂等的交易或者事项为对象，记录和反映该组织本身的各项业务活动。

二、不同行业的企业会计核算的异同

由于各行业的经济活动、业务范围、职责权限不同，会计核算和监督的内容也必然不同。准确地理解和认识不同行业的特殊性，是发挥会计核算、监督作用的基本点。

比如，金融业包括银行、信托、租赁、保险、证券等多类，其核算对象也因银行业务、保险业务、租赁业务、证券业务和信托投资业务的不同而不同；保险业按险种分为财产保险业务、人寿保险业务、再保险业务，核算对象也各有侧重；商品流通企业的批发和零售业务有着较大的区别。因此，商品流通企业的会计核算对象分为批发和零售两种类型；旅游餐饮服务企业的经营业务开展往往带有系统性和配套性，旅游业除了组团旅游外，有条件的旅行社同时还经营客房、餐饮、售货、娱乐及其他业务；饮食业除了经营餐饮业务外，还开展娱乐、售货及其他业务；服务业也可同时经营文化娱乐、体育健身、美容美发、桑拿洗浴、照相、修理等多种业务。因此，为了分别提供各项经营业务的会计信息，就形成了会计核算对象的多样性；邮电通信企业是主要从事信息传递等经营活动的经济组织。为了便于管理，邮政和电信各自为政，核算对象因业务的分离而各成一体。

就具体的核算与管理方法上，各行业的差异也是不可回避的。如保险企业是以保险业务的各种保险收入、理赔及保险资金的再运用等经营活动为核算对象的。由于经营活动的特殊性，决定了在损益的计算、保险责任准备金的计提及再保险业务的开展等诸多方面都有其独到之处。商品流通零售企业的售价核算是其内部控制的“实物负责制”所决定的；还有餐饮业的总成本核算；运输业的轮胎核算；施工企业的周转材料和临时设施核算；房地产业的开发成本核算等，都是其本行业所特有的。

国民经济各部门是一个有机联系的整体，各行业之间都在存着相互依存的关系。在会计核算方面也必然存在着对相关的经济业务如何处理的问题。如施工企业与房地产开发企业，施工企业的工程价款就是房地产开发企业的开发成本的重要组成部分，但房地产开发企业的开发成本并不等于施工企业的工程价款，因为房地产开发企业的开发成本中还包括土地开发成本及配套设施成本等。

我国现阶段虽已发布了统一的《企业会计制度》和一系列的企业会计准则，但由于不同行业在经营管理活动方面存在着较大的差别，使得不同行业会计在会计核算中仍表现出不同的特点。其异同表现如下。

（一）相同点

① 会计制度中的会计信息质量要求、会计政策乃至会计方法大体相同。企业会计提供的会计信息一般都要求符合可靠性、相关性、可理解性、可比性、实质重于形式、重要性、谨慎性和及时性等质量要求，在会计政策的确定如收入的确认、所得税核算、股权投资的核算等方面基本一致，而且会计核算方法均包括了按照取得或填制原始凭证、编制记账凭证、登记账簿、编制会计报表等方面。

② 会计要素的划分与命名大体相同。企业各行业的会计要素均划分为资产、负债、所有者权益、收入、费用、利润六个要素，而且名称相同。

③ 会计报表的名称、格式、内容及其编制方式基本相同。企业报表都至少应当包括资产负债表、利润表和现金流量表等报表。这些报表的名称、格式、内容及其编制方法都由财政部在制定的企业会计准则或者企业会计制度中统一规定。

④ 对相同的会计要素，给出了大体相同的确认、计量标准。企业会计要素分为反映企业财务状况的会计要素和反映企业经营成果的会计要素。各类企业都将其作为会计确认和计量的依据、确定财务报表结构和内容的基础，而且对相同的会计要素，给出了大体相同的确认、计量标准。比如资产的确认，都必须在符合资产定义外同时符合三个标准：即企业过去的交易或者事项形成的、由企业拥有或者控制的、预期会给企业来经济利益的资源。资产一般按历史成本计量。

（二）不同点

因为各行业有不同的经营业务范围和特点，导致其核算对象不同，进而使其核算的内容不同，具体如下。

1. 存货核算上的差异

由于不同行业的企业从事不同的生产经营活动需要有不同类型的存货，因此，存货比较能够反映行业生产经营的特点。

（1）存货核算范围的差异。

施工企业的存货核算范围包括库存材料、低值易耗品、周转材料、委托加工物资、工程施工、工业生产、辅助生产等。

房地产企业的存货包括建成或在建的待售房屋和土地。

商品流通企业的存货更多地体现为所购进待销售的各项商品。

服务业其存货在形态上虽然千差万别，但仍可归结到相应的存货中进行核算。

交通运输企业的存货则包括燃料、轮胎、修理备用件及零配件等。

金融业一般没有存货，不需进行存货核算。

（2）材料采购成本核算的差异。

工业企业对于材料采购成本在会计核算上要求将购入材料所发生的各项直接支出计入相应材料采购成本；商业企业、服务业采购成本的计入与工业企业大致相同。而施工企业、房地产企业的建设物资由于采购程序比较复杂，采购费用较高，可以专设相应会计账户如“采购保管费”账户核算各项采购支出，并在一定的期间内合理摊销到各项材料的采购成本中。

2. 成本费用核算方面的差异

（1）成本费用核算范围的差异。

工业企业的成本项目一般包括直接材料、直接人工和制造费用。

施工企业由于工程项目的长期性和复杂性，其成本项目一般包括工程施工过程中所耗用的原材料、人工费、机械使用费、其他直接费和施工间接费。与工业企业相比较，施工企业由于有较多的机械作业，因此在成本费用中单列出机械使用费。

房地产企业的成本项目较多，包括土地征用及拆迁补偿费、前期工程费、基础设施费、建筑安装工程费、配套设施费、开发间接费等项目，其成本费用核算较为复杂。

商品流通企业的成本即为已经销售商品的进价成本，服务业企业成本按正常料、工、费三要素分类方法进行相应的成本费用归集，核算较为简单。

交通运输企业的成本包括车辆费用和站队经费两类，其中车辆费用又包括应付职工薪酬、燃料、轮胎等多个项目，其核算较为繁杂。

（2）成本核算方法的差异。

工业企业的成本核算方法主要采用品种法、分批法、分步法等方法。

施工企业、房地产企业的成本核算方法一般主要采用项目法。

服务企业的成本核算方法主要包括个别计价法、品种法等。

商品流通企业成本核算方法则比较特殊，一般批发企业采用先进先出法、加权平均法、毛利率法计算销售成本，零售企业则采用零售价法计算销售成本。

交通运输企业的成本核算方法一般按照运输工具类型分别核算成本。

（3）成本结转方法的差异。

工业企业的成本结转是在产品与产成品之间分配其各自的成本，因此成本结转方法包括不计在产品成本、固定计算在产品成本、约当产量法等。

施工企业在项目完工前没有产成品，因此对在产品的成本结转主要根据配比原则，按照收入实现的完工百分比确认成本。

房地产企业按照会计期已完开发项目结转开发产品成本。

3. 收入确认方法的差异

按照权责发生制的要求，工业企业、商品流通企业是在转移产品的所有权时确认收入的实现；施工企业收入的确认采用完工百分比法；房地产企业是在交付房地产、取得收取款项的凭证或收到款项时确认收入，交通运输企业和服务企业则是在提供服务、收取款项时确认收入。

【小思考 1-2】各行业会计核算有哪些异同？

三、行业会计与《企业会计准则》的关系

《企业会计准则》的出台，取代了各自为政的行业会计制度，却无法兼顾到所有行业特殊业务的会计核算。尽管《企业会计准则》在强调企业会计核算共性要求的同时，适度地兼容和照顾到了一些行业特色，但它无法满足各行各业的特殊经济业务对会计核算的具体要求。

由于各行业在国民经济发展中发挥着不同的职能和作用，各种行业会计既有共性，也有个性。其共性是，行业会计作为一种管理活动，都要以基本会计准则为共同的基本规范；其特性是，不同行业的会计反映和监督的内容与方法不同。

“行业会计”与《企业会计准则》是有区别的。《企业会计准则》的实施不能取代行业会计。只要国民经济中存在着各行各业，行业会计就将随之永远存在。各行业特殊业务的客观存在，是研究比较会计的基础。

本章小结

我国经济部门的行业一般分为工业、农业、商品流通业、旅游饮食服务业、交通运输业、建筑安装业、房地产开发业和金融保险业八类。

各行业在会计信息质量要求、会计政策乃至会计方法，会计要素的划分与命名，会计报表的名称、格式、内容及其编制方式，会计要素的确认、计量标准等方面基本相同，但由于不同行业在经营管理活动方面存在着较大的差别，使得不同行业会计在会计核算中仍表现出不同的特点，主要体现在存货核算、成本费用核算和收入确认方法方面。

关键术语

行业　　行业会计　　会计规范　　会计核算异同

综合练习

一、选择题

1．我国行业会计之间相同之处主要表现在（　　）。

A．会计核算原则、会计政策大体相同　　B．各会计要素的划分和命名大体相同

C．会计报表的格式、名称、内容基本相同　D．收入、费用核算大体相同

2．行业会计分为（　　）两大系统。

A．企业会计　　B．流通企业会计　　C．非企业会计　　D．金融会计

3．各行业会计核算的不同之处有（　　）。

A．存货核算上的差异　　B．成本费用核算上的差异

C．所有者权益核算上的差异　　D．收入、费用核算上的差异

二、判断题

1. 所有行业的成本费用一般分成两部分：一是直接成本和间接成本构成的成本，二是期间费用。（　　）

2．施工企业与房地产企业在成本费用上的核算相同。（　　）

3．商品流通企业与交通运输企业在收入确认上有所区别。（　　）

第2章 商品流通企业会计

【知识目标】

- 了解商品流通企业的业务特点及其会计核算特点
- 掌握商品流通企业批发商品购进、销售、清查业务的核算
- 掌握零售商品购进、销售、清查业务的核算

【能力目标】

- 理解商品流通企业会计核算的特点
- 熟悉商品流通企业会计核算的相关账户使用
- 掌握批发和零售商品购进、销售、清查业务的账务处理

第一节 商品流通企业业务及其会计核算的特点

一、商品流通企业的业务特点

（一）商品流通及商品流通企业的概念

商品流通是指商品通过买卖行为，从生产领域向消费领域的转移过程，又称商品流转。

商品流通企业是组织商品流通业务，以营利为目的的经济实体。商品流通企业是商品经济的产物，其主要经济活动是在流通领域中从事商品的购销活动，一方面从生产单位购进商品，另一方面向消费者供应商品，满足生产、生活上的需要，成为联系生产与消费、工业与农业、城市与乡村的桥梁与纽带。

（二）商品流通企业的业务特点

商品流通过程包括批发商品流通和零售商品流通两个经营环节。两者业务上有各自的特点。

1. 批发商品流通业务的特点

批发商品流通，又称批发商品流转，它是指批发企业向工农业生产企业采购商品，然后供应零售企业转卖或供应生产企业作生产性消费的商品流通活动。

批发企业担负着组织货源、储备商品、调节供求及安排市场等重要任务，在整个商品流通过程中处于枢纽地位，它是商品从生产领域到消费领域转移的起点环节。

批发企业一般设置于交通方便的商品集散地，有一定的经营资金和必要的经营设施；有较完善的内部职能机构和管理机构，通过自身的业务活动把采集的大量商品按合理流向，源源不断地供应给生产部门、社会集团和零售企业。因此批发商品流通业务具有如下特点：经营规模大、专业性强、内部分工细；交易量大、交易关系比较稳定；库存量大；交易均须填制发票。

2. 零售商品流通业务的特点

零售商品流通，又称零售商品流转，它是指零售企业从批发企业或生产企业购进商品，按零售价供应给单位或个人消费者的商品交易活动。它是商品流通的最终环节。

零售企业是直接为人民生活服务的基层单位，零售商品流通与批发商品流通相比，有如下特点：

① 经营的商品品种多和规格复杂，库存量一般不大；

② 销售对象为广大消费者，交易数量零星，交易额小而次数频繁，购销关系不稳定；

③ 交易方式一般是一手钱一手货，除少数贵重商品和社会集团消费需要填制销货发票外，一般不需填制销货发票；

④ 经营方式灵活，服务项目较多。如批零兼营、代修代卖，租赁服务等；

⑤ 业务上要求勤进快销，结算上方便及时，营业员既管商品又管钱。

【小思考 2-1】批发商品流转与零售商品流转有何区别？

二、商品流通企业会计核算的特点

商品流通企业会计，是商品流通企业经济核算的中心环节。它是以货币为主要计量单位，对商品流通企业经济活动过程进行核算和监督的一种管理活动。

商品流通企业会计与其他企业会计相比，有如下特点。

（一）核算范围较广

由于商品流通企业包括商业、粮食、物资供销、供销合作社、对外贸易、医药（石油、烟草）商业、图书发行等企业，因此，商品流通企业会计核算范围即为上述企业的经济业务，其核算范围较其他企业会计要广。

（二）核算对象分为批发和零售

商品流通分为批发商品流转和零售商品流转，因此其核算对象分为批发和零售。而批发商品流转与零售商品流转的经营特点和管理要求又各不相同。因此两者的核算方法也各不相同。

（三）核算内容以商品流转为核心

商品流转业务主要包括商品购进、商品销售和商品储存 3 个环节。

所谓商品购进，是指商品流通企业为了销售或加工后销售，通过货币结算取得商品所有权的交易行为，是商品流转的起点。商品购进过程，也就是货币资金转变为商品资金的过程。

所谓商品销售，是指商品流通企业通过货币结算而售出商品的交易行为，是商品流转的终点。商品销售过程，也就是商品资金转变为货币资金的过程。

所谓商品储存，是指商品流通企业购进的商品在销售以前在企业的停留状态。它以商品资金的形态存在于企业之中。商品储存是商品购进和商品销售的中间环节，也是商品流转的重要环节。商品储存包括库存商品、受托代销商品、分期收款发出商品和购货方拒收的代管商品等。

商品流转的三个环节是商品流通企业的主要业务内容，自然也就构成了商品流通企业会计核算的核心内容。

（四）商品核算方法以进价核算和售价核算为主

1. 进价核算

进价核算是指以库存商品的购进价格来反映和控制商品购进、销售和储存的一种核算方法。具体可分为以下两种方法。

（1）进价金额核算。

进价金额核算，是指库存商品总分类账和明细分类账都只反映商品进价金额，不反映实物数量的一种核算方法。采用这种方法，由于缺乏实物数量记载，必须通过对库存商品进行实地盘点，计算出期末结存金额后，才能倒挤出主营业务成本，所以也称为进价记账，盘存计销。

（2）数量进价金额核算。

数量进价金额核算，是指库存商品总分类账和明细分类账除均按商品进价金额反映外，同时明细分类账还必须反映商品实物数量的一种核算方法。采用这种方法，可以根据已销商品的数量按进价结转主营业务成本。

2. 售价核算

售价核算是指以库存商品的销售价格来反映和控制商品购进、销售和储存的一种核算方法。具体可分为以下两种方法。

(1) 售价金额核算。

售价金额核算是指库存商品总分类账和明细分类账都只反映商品售价金额，不反映实物数量的一种核算方法。

(2) 数量售价金额核算。

数量售价金额核算是指库存商品总分类账和明细分类账除均按商品售价金额反映外，同时明细分类账还必须反映商品实物数量的一种核算方法。

(五) 收入、成本的核算内容因交易性质不同而不同

由于商品交易可能是批发，也可能是零售，这样各种交易的收入、成本核算的内容也有所区别。批发销售核算的收入即为批发价，其销售成本为已销商品的原进价，而零售销售核算的收入则为零售价（零售价一般高于批发价），其销售成本则为零售收入与已销商品分摊的进销差价之差额。

【小思考 2-2】为什么商品流通企业库存商品有不同的核算方法？

第二节 批发商品流转业务的核算

一、批发商品的核算方法

(一) 数量金额核算法概述

数量金额核算法是指同时采用实物数量和货币金额两种计量单位反映商品进、销、存情况的一种核算方法。由于库存商品的记账价格分为进价金额和售价金额两种，所以数量金额核算法又分为数量进价金额核算法和数量售价金额核算法。数量进价金额核算法主要适用于批发企业，包括工业品批发企业与农副产品收购企业。数量售价金额核算法主要适用于零售企业中贵重商品与业务上需要掌握数量的商品以及少数批发企业的商品核算。

(二) 数量进价金额核算法的主要内容

① 财务部门设置“库存商品”总账、类目账和明细分类账。其中，总账与类目账均按商品的进价金额记账；而明细账则按其具体品名规格等级的数量及进价金额记账。

② 业务部门和仓库保管部门也按具体品名、规格或等级设置商品调拨账与实物保管账，记载各商品收付数量变动。

③ 财会部门定期核对“库存商品”总账、类目账和明细账；核对库存商品明细账与调拨账及实物保管账，并定期实地盘点库存商品实物，以确保账账、账实相符。

④ 根据商品经营的特点和管理的需要，采用恰当的方法，随时或定期计算并结转已销商品的进价成本。

这种做法的特点是：库存商品账户既登记商品的数量，又登记商品的金额，能全面地掌握商品进、销、存的具体变化，从而有利于控制商品的数量和金额，保护商品的安全。本节主要讲述这种方法。

二、批发商品购进业务的核算

（一）批发企业购进业务一般情况的核算

商品购进业务包括国内采购、国外进口等。商品采购成本包括购买价款、相关税费、运输费、装卸费、保险费以及其他可归属于存货采购成本的费用。有发票的运费可以按 7%计算增值税进项税进行抵扣。

批发企业购进商品时，如果付款与验收商品入库同日完成的，则直接记入“库存商品”账户；如果先付款、后验收商品入库的，则付款时先记入“在途物资”账户，验收入库时再转入“库存商品”账户。

基本分录如下：

1．付款与验收商品入库同日完成的

借：库存商品

　　应交税费——应交增值税（进项税额）

　贷：银行存款

2．先付款、后验收商品入库的

（1）采购付款时：

借：在途物资

　　应交税费——应交增值税（进项税额）

　贷：银行存款

（2）商品入库时：

借：库存商品

　贷：在途物资

【例 2-1】 企业从本市工具厂购进螺丝批 1 000 支，单价 3.2 元，计 3 200 元，进项税 544 元，价税款以转账支票付讫，商品由采购员提回交仓库。

根据增值税专用发票及转账支票存根、收货单作会计分录如下：

借：库存商品——螺丝批　　3 200

　　应交税费——应交增值税（进项税额）　　544

　贷：银行存款　　3 744

【例 2-2】 企业从上海百货批发站购进面盆 2 000 个，单价 10 元，计 20 000 元，进项税 3 400 元，供货方代垫运费 500 元（数额较小）。3 日后银行转来托收凭证及其附件，经审核无误，同意付款，并据以作会计分录如下：

借：在途物资——上海百货批发站　　20 000

　　应交税费——应交增值税（进项税额）　　3 435

　　销售费用　　465

　贷：银行存款　　23 900

5 日后，仓库通知上述购进的面盆已到货，并已验收入库。根据收货单及有关单据作会计分录如下：

借：库存商品——面盆　　　　　　　　　20 000

　贷：在途物资——上海百货批发站　　　　　　20 000

对于采购过程中发生的采购费用，如在采购商品过程中发生的运输费、装卸费、保险费以及其他可归属于存货采购成本的费用等进货费用，应当计入存货采购成本，也可以先进行归集（可以增设“进货费用”账户进行归集），期末根据所购商品的存销情况进行分摊：对于已售商品的进货费用，计入当期损益；对于未售商品的进货费用，计入期末存货成本。企业采购商品的进货费用金额较小的，可以在发生时直接计入当期损益（销售费用）。

【例 2-3】　某批发企业为一般纳税人，增值税税率为 17%。本月 10 日采购一批商品 10 000 千克，进货单价 10 元，发生运杂费 5 000 元（无发票），款项均以银行存款支付，商品同时验收入库。本月共出售该商品 8 000 千克，月末结存 2 000 千克。则批发企业对运杂费的会计分录如下：

商品购进时：

借：库存商品　　　　　　　　　　　　100 000

　　应交税费——应交增值税（进项税额）　17 000

　　进货费用　　　　　　　　　　　　　5 000

　贷：银行存款　　　　　　　　　　　　　　122 000

月末按存销比例分摊进货费用时：

本月已销商品分摊的运杂费＝5 000×8 000÷10 000＝4 000（元）

月末结存商品分摊的运杂费＝5 000×2 000÷10 000＝1 000（元）

借：销售费用　　　　　　　　　　　　4 000

　　库存商品　　　　　　　　　　　　1 000

　贷：进货费用　　　　　　　　　　　5 000

这样处理后月末库存商品的成本＝2 000×10＋1 000＝21 000（元）

【小思考 2-3】批发企业购进发生运杂费如何处理？

（二）购进时数量发生溢余短缺的核算

商业企业购进商品在装卸运输过程中，由于自然升溢和损耗，出入库工作差错，供货单位多发和少发，或是运输部门失职等原因发生商品长余或短缺时，应查明原因作有关账务处理。在尚未查明原因处理前，应通过“待处理财产损溢”账户核算，待查明原因后转入有关账户。对于发生的长余，若为自然升溢的，则冲减“销售费用”账户；若为供货单位多发的，与其联系作退回或补作购进处理。对于发生的短缺，若属于自然损耗则计入“销售费用”；若为供货单位少发，则联系要求补发货或退款；若属于运输单位责任造成的损失，则索赔，在“其他应收款”账户核算；若属于自然灾害等不可预见事项等造成的损失，则将扣除保险赔款后的净损失计入“营业外支出”。

【例 2-4】　企业向武汉百货批发站购进洗衣粉 5 000 千克，单价 2 元，进项税额 1 700 元，商品由铁路部门运送，货款采用托收承付结算。

银行转来结算凭证，经审核无误后如数承付。财会部门根据专用发票、付款凭证作会计分录如下：

借：在途物资——武汉百货批发站　　10 000

　　应交税费——应交增值税（进项税额）　1 700

　贷：银行存款　　11 700

商品运到，实收 5 200 千克，溢余 200 千克。财会部门根据收货单及商品购进溢余报告单，作会计分录如下：

借：库存商品——洗衣粉　　10 400

　贷：待处理财产损溢　　400

　　　在途物资——武汉百货批发站　　10 000

查明原因，溢余商品属供货方多发，经决定作为商品购进处理，货款当即补付给供货方，财会部门根据发票作会计分录如下：

借：在途物资——武汉百货批发站　　400

　　应交税费——应交增值税（进项税额）　68

　贷：银行存款　　468

同时，

借：待处理财产损溢　　400

　贷：在途物资——武汉百货批发站　　400

【例 2-5】　按【例 2-4】业务，若商品运到时，实收商品 4 750 千克，短缺 250 千克，原因待查。日后查明：其中 50 千克属自然损耗，100 千克属铁路运输责任，索赔；其余 100 千克属被盗损失，经批准作营业外支出。作会计分录如下：

借：库存商品——洗衣粉　　9 500

　　待处理财产损溢　　500

　贷：在途物资——武汉百货批发站　　10 000

查明后作会计分录如下：

借：其他应收款——铁路部门　　234

　　销售费用　　100

　　营业外支出　　234

　贷：待处理财产损溢　　500

　　　应交税费——应交增值税（进项税额转出）　68

（三）购进业务发生拒付货款和拒收商品的核算

从异地购进商品，采用托收承付方式结算货款的，在商品到达后，若验收时发现商品质量、品种、规格问题，可根据具体情况拒收商品、拒付货款，或者商品价格、数量计算错误的，可拒付货款。其账务处理分别不同情况进行。

① 结算凭证先到，已承付货款，商品未到，并已记入“在途物资”账户的，商品到达后发现收到的商品与合同不符，则可拒收商品，并将拒收商品的价税款及运杂费从“在途物资”和“销售费用”账户转入“应收账款”账户（实务中，为了固定往来账户，作为购货方也可以计入应付账款的借方），待双方协商处理后，再按具体情况转账。

② 商品先到，未承付货款，但验收商品时发现实际收到的商品与购货合同规定不符时，可拒收商品，同时，填制“拒付理由书”拒付货款，商品代管。这种情况由于没有发生资金付出，因此不作账务处理。

【例 2-6】 企业向长沙钟厂购进的挂钟 500 个，每个进价 50 元，计 25 000 元，进项税额 4 250 元，供货方代垫运费 1 000 元。接银行结算凭证等单据，经审核无误，价税款如数承付，商品尚未到达。作会计分录如下：

借：在途物资——长沙钟厂 25 000
　　销售费用 930
　　应交税费——应交增值税（进项税额） 4 320
　贷：银行存款 30 250

日后商品到达，验收时发现商品质量与合同不符，全部拒收。作会计分录如下：

借：应收账款——长沙钟厂 30 250
　　应交税费——应交增值税（进项税额） 4 320
　贷：在途物资——长沙钟厂 25 000
　　　销售费用 930

同时，依据“代管商品收货单”单方记入代管商品备查簿。

经与对方协商，对方同意改价为 20 000 元，企业接收，对方回来退价款及税额，作会计分录如下：

借：在途物资——长沙钟厂 20 000
　　银行存款 5 850
　　销售费用 930
　　应交税费——应交增值税（进项税额） 3 470
　贷：应收账款——长沙钟厂 30 250

同时：

借：库存商品——挂钟 20 000
　贷：在途物资——长沙钟厂 20 000

（四）进货退出的核算

企业购进商品入库验收，由于数量较多，不可能全部拆包检验。以后发现有品种、规格或质量不符，应及时与供货单位联系退货，经供货单位同意后，作进货退出处理。退货时，业务部门填制红字收货单，通知仓库退货，财会部门据以进行账务处理，同时据供货单位的“红字专用发票”抵扣进项税额。

【例 2-7】 批发企业从桂林购进肥皂 200 件已验收入库，款项已承付，事后发现有 20 件质量不符要求，无法销售。经与供货单位协商，供货单位同意退货，并按原进价每件 500 元退回货款和进项税额共 11 700 元。根据供货单位的红字发票、红字出库单及进账单，作会计分录如下：

借：银行存款　　　　　　　　　　　　　11 700

　　应交税费——应交增值税（进项税额）　1 700

　贷：库存商品——肥皂　　　　　　　　　10 000

（五）进货退补价的核算

企业购进商品后，如出现原订价格等原因造成的价格计算错误或由于工作疏忽造成开票差错，经双方商量，可退回价款或补付价款。

1. 进货退价

进货退价是企业已付的进货价高于商品的实际进货价，应由供货单位退还多收的价款。发生退价时，供货单位填制红字发货票送交购货单位，并退付货款。其账务处理同进货退出基本相同。

2. 进货补价

进货补价是企业已付的进货价低于商品实际进价，应向供货单位补付少付的价款。发生补价时，供货单位填制补价发货票给购货单位，购货单位补付货款。其账务处理与进货退价相反。

如购进商品已出售并已结转销售成本的，则应调整"主营业务成本"账户。

【例 2-8】 批发企业向本市橡胶厂购进胶鞋 10 000 双，每双进价 9 元，商品已验收入库，并已结算价税款。后接厂方通知，每双价格应为 9.5 元，则应付价税款 5 850 元，经查商品尚未出售。根据厂方补来的发票及银行付款通知，作会计分录如下：

借：库存商品　　　　　　　　　　　　5 000

　　应交税费——应交增值税（进项税额）　850

　贷：银行存款　　　　　　　　　　　　5 850

【小思考 2-4】 批发企业发生进货退补价时，其核算可能涉及哪些账户？

三、批发商品销售业务的核算

（一）批发商品销售的一般业务的核算

批发商品销售的核算，既要反映和监督销售收入的实现情况，也要反映和监督收取增值税的情况。核算与工业企业的产品销售业务相同。财会部门根据"销货日报表"和"收款日报表"等凭证作会计分录如下：

借：银行存款

　贷：主营业务收入

　　　应交税费——应交增值税（销项税额）

【例 2-9】 企业某日销售商品共 40 笔业务，总计金额 48 000 元，销项税额 8 160 元。财会部门根据"销货日报表"和"收款日报表"等凭证作会计分录如下：

借：银行存款　　56 160

　贷：主营业务收入　　48 000

　　应交税费——应交增值税（销项税额）　　8 160

批发主营业务成本的计算和结转时间，可逐步结转，也可定期结转。为简化核算手续，一般于月末集中结转。

（二）直运商品销售的核算

直运商品销售，是批发企业从供货方购进商品，不通过企业仓库而直接发往购货单位的一种销售方式。其特点是：商品不通过批发企业仓库；购销业务同时发生，即商品由供货单位直接运达购货单位，企业一方面向供货单位承付进货款，另一方面向购货单位收取销货款；销售成本随销售随结转。

直运商品销售业务发生时，一般由企业派采购员到供货单位，供货单位发出商品后，采购员填制“直运商品收发货单”，然后到银行办理货款托收手续。由于供货单位向批发企业托收进货款的凭证和采购员寄回的向购货单位托收销货款的凭证到达企业的时间可能有先有后，因此，在账务处理上应根据不同情况处理。

1. 先承付进货款，后托收销货款

【例2-10】企业派采购员驻柳州钢铁厂，购进铁丝60吨，直接售给贵港五金商场。该铁丝每吨进价1 500元，售价2 000元。进项税额和销项税额分别为15 300元、20 400元。

① 企业收到银行转来柳州“托收承付”凭证和“直运商品收发货单”，经审核无误后，作会计分录如下：

借：在途物资——柳州钢铁厂　　90 000

　　应交税费——应交增值税（进项税额）　　15 300

　贷：银行存款　　105 300

② 收到采购员寄来向贵港托收货款的“托收承付”凭证回单，作会计分录如下：

借：应收账款——贵港五金商场　　140 400

　贷：主营业务收入　　120 000

　　应交税费——应交增值税（销项税额）　　20 400

同时结转主营业务成本：

借：主营业务成本　　90 000

　贷：在途物资——柳州钢铁厂　　90 000

③ 收到银行转来的托收货款“进账单”，作会计分录如下：

借：银行存款　　140 400

　贷：应收账款　　140 400

2. 先托收销货款，后承付进货款

接上例，即先作会计分录②，再作会计分录①，最后作会计分录③。

3. 承付进货款与托收销货款在同一天

商品购销业务同一天发生，因而托收的销货款即为主营业务收入，承付的进货款即为主营业务成本。

接上例，作会计分录如下：

借：应收账款——贵港五金商场　　140 400

　贷：主营业务收入　　120 000

　　应交税费——应交增值税（销项税额）　　20 400

同时，

借：主营业务成本　　90 000

　应交税费——应交增值税（进项税额）　15 300

　贷：银行存款　　105 300

日后收到销货款时再作收到货款的会计分录。

【小思考 2-5】直运商品销售与仓库商品销售在会计核算上有哪些不同？

（三）批发商品销售中的特殊业务的核算

1. 销售折让和销售退回

商品销售业务过程中，还可能因商品质量问题或与合同不符发生销售折让；可能因售出的商品有问题而被退货，等等，这些业务的处理原理均与工业企业产品销售的同类业务相同。

【例 2-11】 企业日前销售商品 40 000 元，增值税 6 800 元，买方验货后发现质量有问题，经协商同意按原价折让 5%，并开出转账支票，退回折让的价税款。作会计分录如下：

借：主营业务收入　　2 000

　贷：应交税费——应交增值税（销项税额）　　340

　　银行存款　　2 340

【例 2-12】 某批发企业向青岛百货商店销售百货 10 000 件，每件 50 元，价款 500 000 元，增值税 85 000 元，代垫运费 1 000 元，货已发出并办妥托收手续。

根据“托收承付”结算凭证回单和专用发票，作会计分录如下：

借：应收账款——青岛百货商店　　586 000

　贷：主营业务收入　　500 000

　　应交税费——应交增值税（销项税额）　　85 000

　　银行存款　　1 000

接银行转来购货方的拒付理由书，经协商属商品质量问题，同意退货，作会计分录如下：

借：主营业务收入　　500 000

　应交税费——应交增值税（销项税额）　85 000

　销售费用　　1 000

　贷：应收账款——青岛百货商店　　586 000

如果退回商品已结转销售成本的，还应作会计分录如下：

借：库存商品

　贷：主营业务成本

2. 销货退补价的核算

企业商品销售以后，由于商品的规格、等级及价格等原因，需向购货单位退回或补收货款，即为销售商品的退补价。

（1）销售商品退价。

销售商品退价，是指已收销货款多于应收销货款，应把多收货款退回购货单位。退款时，企业应填制红字“发货单”和红字“专用发票”，冲销多记的销售收入和销项税额。

【例2-13】 企业上月销售的一批日用品1 000件，每件多计4元，（已收款并发货），共计多收价税款4 680元，现退给购货方价税款4 680元。作会计分录如下：

借：主营业务收入　　4 000

　贷：应交税费——应交增值税（销项税额）　　680

　　银行存款　　4 680

（2）销售商品补价。

销售商品补价，是指已收销货款低于应收销货款，应向购货单位补收货款的业务。补款时，企业应填“发货单”和“专用发票”，以补记销售收入和销项税额。

【例2-14】 企业上月销售的一批服装2 000件，每件少计5元，（已收款并发货），共计少收价税款11 700元，现向购货方补收价税款11 700元。作会计分录如下：

借：银行存款　　11 700

　贷：主营业务收入　　10 000

　　应交税费——应交增值税（销项税额）　　1 700

四、批发商品储存业务的核算

（一）库存商品清查

批发商品的清查，即为对库存商品进行盘点。盘点时，应填制“商品盘点表”，以反映盘点结果。若盘点发现溢余或短缺时，应及时填制“商品溢余（短缺）报告单”，查明原因，提出处理意见，按规定审批程序报请批准处理。其账务处理原理与购进商品溢余或短缺相同。

【例2-15】 某批发企业2012年3月31日对库存商品的盘点结果见表2-1：

表2-1　商品盘点溢余或短缺报告单

2012年3月31日

品名	计量单位	单价（元/千克）	账存数量	实存数量	溢余		短缺		原因
					数量	金额	数量	金额	
洗衣粉	千克	10	300	310	10	100			待查
香菇	千克	40	100	94			6	240	待查

根据上述“商品盘点溢余或短缺报告单”，作会计分录如下：

① 根据溢余金额调增库存商品：

借：库存商品——洗衣粉　　100

　贷：待处理财产损溢——待处理流动资产损溢　　100

② 根据短缺金额调减库存商品：

借：待处理财产损溢——待处理流动资产损溢　　240

　贷：库存商品——香菇　　240

③ 经查，溢余的洗衣粉属于自然升溢，经批准予以转账：

借：待处理财产损溢-待处理流动资产损溢　　100

　贷：销售费用　　100

④ 经查，短缺的香菇中有 5 千克属于保管不当造成霉烂变质，责令保管员王三赔偿；其余 1 千克属于自然损耗，经批准予以转账：

借：其他应收款——王三　　200

　　销售费用　　40

　贷：待处理财产损溢——待处理流动资产损溢　　240

（二）商品跌价准备

由于商品流通企业的存货主要是库存商品，因此年末或中期末应当对库存商品进行后续计量。我国存货准则规定：资产负债表日，存货应当按照成本与可变现净值孰低计量。存货成本高于其可变现净值的，应当计提存货跌价准备，计入当期损益。商品流通企业的库存商品计提存货跌价准备也可以叫商品跌价准备。

商品跌价准备计提方法为成本与可变现净值孰低法，计提时点为资产负债表日（即年末或中期末）。

下面举例说明商品跌价准备计提的会计处理。

【例 2-16】　某批发企业年末“库存商品——A 商品”明细账户余额为 50 000 元，数量：10 000 件，其中 6 000 件已被大华公司订购，合同价 6 元/件，其余 4 000 件未被订购，商品的一般正常售价为 6.1 元/件，预计销售费用为 0.5 元/件，预计销售税金 1.1 元/件，则 A 商品的可变现净值为：

$6\ 000\times6+4\ 000\times6.1-10\ 000\times(0.5+1.1)=44\ 400$（元）<成本 50 000 元

因此，企业应对 A 商品计提的商品跌价准备 $=50\ 000-44\ 400=5\ 600$（元）。

借：资产减值损失　　5 600

　贷：存货跌价准备——A 商品　　5 600

五、批发主营业务成本的计算与结转

1. 主营业务成本的计算

批发商品是以原进价进行入账的，因此，商品销售成本是指已销售商品的原进价成本。

批发商品销售成本的计算方法有：先进先出法、加权平均法、移动加权平均法、个别计价法及毛利率计算法等，前四种方法在《中级财务会计》课程中已学过，这里不再赘述。下面仅介绍毛利率计算法。

毛利率计算法是以上期实际毛利率匡算本期主营业务成本的方法。所谓毛利，就是销售收入减销售成本的差额，毛利率就是销售毛利占销售总额的百分比。其计算公式如下：

某类商品本月销售毛利＝该类商品本月销售额×该类商品上季度实际毛利率

某类商品本月销售成本＝该类商品本月销售额×（1-该类商品上季度实际毛利率）

【例 2-17】 某类商品 1 月份销售 200 000 元，该类商品上季度的实际毛利率为 10%。则该类商品的 1 月份的销售成本为：200 000×（1-10%）=180 000（元）。

此方法只能按商品大类进行计算，不能逐一品种计算销售成本。由于上季实际毛利率与本期实际毛利率有差异，因此该方法必须与其他方法配合使用，即季末采用其他方法调整，以使季度范围内的商品销售成本和库存商品价值符合实际。因此，毛利率计算法一般适用于经营品种多，月份按品种计算销售成本有困难的批发企业。

【例 2-18】 本月某批发企业皮鞋类有男女皮鞋两个品种，其库存商品类目账资料如表 2-2 所示，明细账资料如表 2-3、表 2-4 所示。

表 2-2 皮鞋类商品类目账

日　期	摘　要	收　入	付　出	结　存
4 月 1 日	季初结存			215 000
4 月 5 日	进货	35 4000		
4 月 30 日	结转销售成本			
5 月 4 日	进货	537 000		
5 月 31 日	结转销售成本			
6 月 9 日	进货	93 000		
6 月 20 日	退货	16 800		
6 月 29 日	进货	270 000		
6 月 30 日	结转销售成本			

表 2-3 男皮鞋商品明细账

日期	摘　要	收　入			发　出			结　存		
		数量	单价	金额	数量	单价	金额	数量	单价	金额
4.1	季初结存							1 000	80	80 000
4.5	进货	2 000	85	170 000				3 000		
4.15	销售				1 800			1 200		
4.30	销售				100			1 100		
5.4	进货	3000	84	252 000				4 100		
5.29	销售				1 500			2 600		
6.7	销售				1 800			8 00		
6.20	进货退出				200	84	16 800	6 00		
6.29	进货	1 000	84	84 000				1 600		

表 2-4　　女皮鞋商品明细账

日期	摘　要	收入			发出			结存		
		数量	单价	金额	数量	单价	金额	数量	单价	金额
4.1	季初结存							1 500	90	135 000
4.5	进货	2 000	92	184 000				3 500		
4.15	销售				2 600			900		
4.30	销售				500			400		
5.4	进货	3 000	95	285 000				3 400		
5.20	销售				1 600			1 800		
6.9	进货	1 000	93	93 000				2 800		
6.20	销售				2 500			300		
6.29	进货	2 000	93	186 000				2 300		
6.30	销售				1 800			500		

该类商品上季度实际毛利率为 12%，4 月份和 5 月份的销售收入分别为 515 000 元、498 000 元。

要求：采用毛利率法计算结转 4、5 月份商品销售成本。季末根据库存商品明细账，用加权平均法分别计算出 2 季度的商品销售成本和 6 月份商品销售成本。

4 月份销售成本 = 515 000×(1−12%) = 453 200(元)

5 月份销售成本 = 498 000×(1−12%) = 438 240(元)

皮鞋类 2 季度加权平均单价

=【215 000+（354 000+537 000+93 000+270 000−16 800）】÷【（1 000+1 500）+（6 000+8 000−200）】

≈89.09（元）

季末库存商品成本 = 89.09×(1 600 + 500) ≈ 187 090(元)

2 季度商品销售成本总额=季初结存+本季购进−季末结存

= 215 000 + (354 000 + 537 000 + 93 000 + 270 000 − 16 800) − 187 090 = 1 265 110（元）

6 月份销售成本 = 1 265 110 − (453 200 + 438 240) = 373 670（元）

由于批发企业经营品种较多，计算销售成本工作量很大，必须根据企业的不同特点，采取尽可能简化的手续又符合实际情况的方法，但在既定方法之后，一年内不应再做变更。

【小思考 2-6】批发企业为什么可以用毛利率计算法计算商品销售成本？

2. 商品销售成本的结转

商品销售成本的结转，是将计算出的已销商品的进价成本，由“库存商品”账户转入“主营业务成本”账户。其会计分录如下。

借：主营业务成本　　　　×××

　贷：库存商品　　　　　×××

第三节 零售商品流转业务的核算

一、零售商品的核算方法

（一）金额核算法概述

金额核算法是以其货币金额的计量方式反映商品的变化情况。按选用商品的入账价格不同，又可分为“售价金额核算法”和“进价金额核算法”两种。经营一般商品的零售企业采用“售价金额核算法”，经营鲜活商品的企业采用“进价金额核算法”。下面仅介绍“售价金额核算法”的内容。

（二）售价金额核算法的主要内容

1. 建立实物负责制

企业按经营分工建立实物负责制。财会部门对“库存商品”、“主营业务收入”、“主营业务成本”和“商品进销差价”等账户按实物负责人开立明细账户，以便准确计算各实物负责人的经营成果和对实物负责人进行财务评价。

2. 实行售价记账

财会部门对商品的进、销、存都按商品的含税零售价记账，除对大件、贵重商品，一般不登记商品的品种和数量。

3. 设置“商品进销差价”账户

该账户是用来调整库存商品的备抵账户，用以核算和反映商品售价与进价之间的差额。月末根据规定的方法计算已销商品的进销差价，以准确地计算企业已销商品的进价成本。

4. 加强库存商品盘点

为考核实物负责人岗位责任执行情况，保证实物负责人库存商品账实相符，应按月对库存商品进行盘点，以做到账实相符。如遇到商品调价、削价或实物负责人调动等情况，还应随时盘点，以调整实物负责人账户的金额。

【小思考 2-7】零售企业为什么要用售价金额核算法核算库存商品？

二、零售商品购进业务的核算

（一）零售商品购进的一般业务的核算

零售企业的购进除设置“在途物资”、“库存商品”账户外，还应设置“商品进销差价”账户。与批发企业相比，零售企业购进在账户设置上，较特殊的是“库存商品”与“商品进销差价”两个账户。“库存商品”账户在售价金额核算法下是按含税售价（下同）记账的，即按商品的零售价加上销项税额入账并按照实物负责人设置明细账核算。"商品进销差价"账户则反映商品含税零售价与进货成本的差额，贷方核算入库商品转入的进销差价，借方核算已经销售商品应结转的进销差价，期末余额在贷方，表示库存商品应保留的进销差价。

零售商品购进的基本分录如下：

（1）付款与收到商品同日完成的，则：

借：库存商品——××柜　（含税零售价）

　　应交税费——应交增值税（进项税额）

　贷：银行存款

　　　商品进销差价——××柜

（2）先付款后收到商品的，则：

付款时：

借：在途物资

　　应交税费——应交增值税（进项税额）

　贷：银行存款

收到商品时：

借：库存商品——××柜

　贷：在途物资

　　　商品进销差价——××柜

【例 2-19】　某百货商场向本地百货批发站购入布垫 300 个，每个进价 20 元，进项增值税共计 1 020 元，价税款以转账支票付讫，商品已由百货柜验收入库，每个布垫的含税售价 29.25 元。

支付价款时，作会计分录如下：

借：库存商品——百货柜　8 775

　　应交税费——应交增值税（进项税额）1 020

　贷：银行存款　7 020

　　　商品进销差价——百货柜　2 775

（二）零售商品购进商品溢缺的核算

购进商品溢缺时，应填制"商品购进溢余（短缺）报告单"，并及时查明原因进行账务处理。在尚未查明原因之前，应将溢缺数额先按其进价金额记入"待处理财产损溢"账户，查明原因后，再作转账。若溢余部分查明：属供货方多发的，则应主动退回商品或补付价款；属自然升溢的，则可冲减"销售费用"。若短缺部分查明：属自然损耗的，则应以进价记入"销售费用"账户；属非常损失的，则应按商品进价及其进项税一并记入"营业外支出"或"其他应收款"账户；属供货方少发的，则要求补发货或退款。

【例 2-20】　企业向上海烟酒公司购进白酒 5 000 千克，进货单价 6 元，进项税额共计 5 100 元，供货方代垫运费 400 元，白酒的含税单价为 8.19 元。采用托收承付方式结算。

支付货款时，作会计分录如下：

借：在途物资——上海烟酒公司　　30 000
　应交税费——应交增值税（进项税额）　　5 128
　销售费用　　372
　贷：银行存款　　35 500

上项白酒运到，交烟酒柜验收，发现溢余100千克，原因待查。作会计分录如下：

借：库存商品——烟酒柜　　41 769
　贷：在途物资——上海烟酒公司　　30 000
　　商品进销差价　　11 169
　　待处理财产损溢——待处理流动资产损溢　　600（进价）

（3）经查上项溢余白酒有80千克属供货方多发，经协商作购进处理，款已汇付；

其余20千克属自然升溢，经批准冲减销售费用。作会计分录如下：

借：在途物资——上海烟酒公司　　480
　应交税费——应交增值税（进项税额）　　81.6
　贷：银行存款　　561.6

同时，

借：待处理财产损溢——待处理流动资产损溢　　600
　贷：在途物资——上海烟酒公司　　480
　　销售费用　　120

【例2-21】 按上例业务，若验收时发现短缺100千克，经查明属非常损失。作会计分录如下：

借：库存商品——烟酒柜　　40 131
　待处理财产损溢——待处理流动资产损溢　　600
　贷：在途物资——上海烟酒公司　　30 000
　　商品进销差价——烟酒柜　　10 731

上项损失中有80千克属运输单位责任损失，索赔；其余20千克作财产损失处理。作会计分录如下：

借：其他应收款——运输单位　　561.6
　营业外支出　　140.4
　贷：待处理财产损溢　　600
　　应交税费——应交增值税（进项税额转出）　　102

收到运输单位赔款后再从“其他应收款”转入“银行存款”账户。

（三）购进商品退补价的核算

零售商品购进时，有时因为价格计错等原因，会发生退价或补价。购进商品退、补价，都是企业商品进价的变化，会计核算有两种情况。

如果是售价不变,则调整进销差价，即补价调减进销差价，退价调增进销差价，并不涉及“库存商品”账户的售价金额。因此，除结算价税款外，尚需调整“商品进销差价”及“应交税费”账户。

如果是进价变,售价也变，则既要调整进销差价，还要调整“库存商品”账户。

【例 2-22】 企业 4 日前购进的甲商品 300 件，每件 30 元，由于供货方工作疏忽，误按 33 元计收货款及税款。现寄来退价通知单，并通过银行汇来多收货款 900 元，税款 153 元。应作会计分录如下：

借：银行存款　　　　　　　　　　　　　1 053

　　应交税费——应交增值税（进项税额）　153（红字）

　贷：商品进销差价　　　　　　　　　　　　900

若为商品补价，则作相反的会计分录。

【小思考 2-8】零售企业与批发企业在购进核算上有哪些不同？

三、零售商品销售业务的核算

（一）零售商品销售一般业务的核算

零售企业商品销售应设置“主营业务收入”、“主营业务成本”等账户进行核算，并以各实物负责人分设明细账户。商品销售以后，应反映主营业务收入的同时，按售价注销库存商品，以减少实物负责人的商品保管责任。月末时，再按一定的方法计算已销商品应分摊的进销差价，将原来按售价结转的主营业务成本调整为进价成本。

零售企业的主营业务收入，为含税销售额，而根据现行会计制度的要求，销售商品所收取的增值税，应在“应交税费”账户单独反映，因此需要将含税销售额换算为不含税销售额后，再作相应的账务处理。其换算公式为：

不含税销售额＝含税销售额÷（1＋增值税税率）

应交增值税＝不含税销售额×增值税税率

这种换算可随销售随换算，也可于期末时汇总一次换算，因此零售商品销售在账务处理上有两种做法。

一是平时销售时逐笔换算不含税销售额和销项增值税，反映主营业务收入和应交增值税，并同时按含税销售额结转主营业务成本。

二是平时销售时不换算，直接以含税销售额反映主营业务收入并同时结转主营业务成本，不反映销项增值税，待月末时根据本月的全部含税销售额换算为不含税销售额和销项增值税，将销项税从“主营业务收入”中转出，记入“应交税费——应交增值税（销项税额）”账户。

【例 2-23】 某商店本日主营业务收入为 86 000 元，其中服装柜 23 000 元，百货柜 42 000 元，化妆品柜 21 000 元。价款全部送存银行。

① 第一种方法：

先计算各柜组不含税销售额和销项税：

不含税销售额=86 000÷（1+17%）=73 504.27（元）

销项税=73 504 .27×17%=12 495.73（元）

按上述公式分别计算出各柜组不含税销售额为：服装柜 19 658.12 元，百货柜 35 897.44 元，化妆品柜 17 948.72 元。

再根据“商品进销存日报表”和“内部交款单”等有关凭证，作会计分录如下：

借：银行存款　　　　　　　　　　86 000

　贷：主营业务收入　　　　　　　　　　73 504.27

　　应交税费——应交增值税（销项税额）　12 495.73

同时，按含税销售额结转销售成本：

借：主营业务成本　　　　　86 000

　贷：库存商品——百货柜　　　42 000

　　　　　　——服装柜　　　23 000

　　　　　　——化妆品柜　　21 000

② 第二种方法：

平时直接按含税销售额反映销售收入：

借：银行存款　　　　　　　86 000

　贷：主营业务收入　　　　　86 000

同时结转主营业务成本：

借：主营业务成本　　　　　86 000

　贷：库存商品——百货柜　　　42 000

　　　　　　——服装柜　　　23 000

　　　　　　——化妆柜　　　21 000

月末汇总本月含税销售额并换算出不含税销售额和计算出销项税，并作调整分录如下：

借：主营业务收入　　　　　　×××

　贷：应交税费——应交增值税（销项税额）×××

从上述会计处理看，采用第二种方法较为简便。

（二）零售商品销售的特殊业务的核算

1. 零售兼营批发销售的核算

零售兼营批发业务是指零售企业从批发企业或生产单位购进商品后批发给集体或个体商业的一种销售业务。

零售兼营批发业务的核算一般分零售商品与批发商品统一管理和分开管理两种方法。

（1）零售商品与批发商品统一管理的核算。

统一管理即统一购进，分别销售和统一储存管理。商品购进时，按含税零售价记入实物负责人账户；商品销售后，零售商品部分按零售价批发商品部分按批发价分别记入“主营业务收入”账户，并对“主营业务收入”和“主营业务成本”按零售和批发业务设专户进行核算。

【例 2-24】 某零售商店兼营批发业务，由外地工厂进货一批，进价 20 000 元，增值税税款 3 400 元，价税款项已以银行存款支付，该批商品由百货柜验收。商品的含税售价为 28 080 元。商品现已全部出售，其中 50%商品为零售业务，含税销售收入为 14 040 元；另 50%商品为批发业务，批发价为 11 200 元，并收取价外增值税 1 904 元。价款已全部送存银行。根据有关凭证，分别作会计分录如下：

① 购进时：

借：在途物资　　20 000

　　应交税费——应交增值税（进项税额）3 400

　贷：银行存款　　23 400

② 商品验收入库时：

借：库存商品——百货柜　　28 080

　贷：在途物资　　20 000

　　　商品进销差价——百货柜　　8 080

③ 商品销售时：

借：银行存款　　27 144

　贷：主营业务收入——零售　　12 000 【14 040÷(1+17%)】

　　　　　　　　　——批发　　11 200

　　　应交税费——应交增值税（销项税额）　　3 944

同时，按售价结转销售成本，注销库存商品：

借：主营业务成本——零售　　14 040

　　　　　　　　——批发　　14 040

　贷：库存商品——百货柜　　28 080

（2）零售商品与批发商品分开管理，要求设置批发专户核算批发业务。对于批发商品采用数量进价金额核算。财会部门应对“库存商品”、“主营业务收入”、“主营业务成本”分别设批发专户进行核算，批发部按商品品名、规格设置数量金额明细账进行明细分类核算。

【例 2-25】　某零售商店从外地购入 800 件商品，每件进价 10 元，批发价 14 元，已交批发部验收。日后，将 500 件商品批发给个体户，售价为 7 000 元，价款已送存银行。

① 财会部门根据发货票及其他有关凭证，作会计分录如下：

借：在途物资　　8 000

　　应交税费——应交增值税（进项税额）　1 360

　贷：银行存款　　9 360

② 商品验收入库，根据商品验收单作会计分录如下：

借：库存商品——批发部　　8000

　贷：在途物资　　8 000

③ 商品销售，根据发票注明销售及销项增值税额，作会计分录如下：

借：银行存款　　8 190

　贷：主营业务收入——批发部　　7 000

　　　应交税费——应交增值税（销项税额）　　1 190

月末结转销售成本：

借：主营业务成本——批发部　　5 000

　贷：库存商品——批发部　　5 000

2. 折扣与折让销售商品的核算

销售中会发生现金折扣与折让销售。现金折扣是企业为销售及早收回货款而给予买方的货款优惠，销售折让是企业因为销售商品品种、质量等原因而给予买方的价格减让。现金折扣属于理财费用，要作“财务费用”处理；销售折让则应作冲减收入处理。

同时，根据我国税法规定，现金折扣不能冲减销项税，销售折让可冲减销项税。

【例 2-26】 6 月 10 日，某零售商店销售商品一批，含税售价 2 000 元，按收款条件，销售折扣为：2/10，1/20，n/30。

（1）商品销售后，根据委托收款回单及发票，作会计分录如下：

借：应收账款　　2 000

　贷：主营业务收入　　1 709

　　应交税费——应交增值税（销项税额）　　291

同时，按库存商品的含税售价结转销售成本，注销库存商品：

借：主营业务成本　　2 000

　贷：库存商品　　2 000

（2）6 月 18 日，收到货款时，根据银行进账单，作会计分录如下：

借：银行存款　　1 966

　　财务费用　　34

　贷：应收账款　　2 000

四、零售商品清查业务的核算

零售企业为了检查实物负责人的经济责任，确定实物负责人的商品实有数量，每月必须对仓库或实物负责人进行全面的盘点，从而揭示经营管理中存在的问题，提出改进措施，不断提高管理水平。

盘点商品时，应按商品的编号、品名及规格、数量、单价、金额等逐项填写“商品盘点表”，与“库存商品明细账”相核对。如果盘点商品余额与账面金额不符，应由实物负责人按盘点溢缺金额填制“商品盘点溢缺报告单”，说明原因，提出处理意见，报经领导批准后送交财会部门进行账务处理。

（一）库存商品盘点溢余的核算

零售企业库存商品的盘点溢余，是指商品盘存金额大于账存金额。其主要原因有自然升溢，购销过程中多收少发商品等。在尚未查明原因前，按溢余金额暂记“待处理财产损溢”账户；查明原因后，属多收或少发商品的，应将商品退给供货单位或补付货款、补发商品；属自然升溢的经批准计入当期损溢。

【例 2-27】 某零售商店百货柜月末商品盘点，发现实存金额比账存金额多 351 元，上月商品的进销差价率为 31.6%。根据“商品盘点溢余短缺报告单”，作会计分录如下：

借：库存商品——百货柜　　351

　贷：商品进销差价　　111

　　　待处理财产损溢　　240

经查明溢余商品为自然升溢，经批准冲减销售费用，作会计分录如下：

借：待处理财产损溢　　240

　贷：销售费用　　240

（二）库存商品盘点短缺的核算

零售企业库存商品盘点短缺，是指商品盘存金额小于账存金额。主要原因是储存中的自然损耗、购销商品过程中的少收多发，以及仓储过程中的非常损失和责任损失等。企业发生的正常商品损耗，应按商品不含税的原进价记入“销售费用”账户，同时冲销其商品进销差价及待实现销项税额；如果属非常损失，应将进项税额转出，并冲销其进销差价及待实现销项税额。查明原因前按损失商品的原进价及进项税额记入“待处理财产损溢”账户，待查明责任经批准后作相应处理。

【例 2-28】　某零售商店文化品柜月末盘点，发现实存金额比账存金额少 585 元。后经查明其中自然损耗 100 元，经批准作销售费用处理；其余为非常损失，其中 280 元属责任人事故损失，索赔，余额经批准计入营业外支出。商品的上月进销差价率为 31.6%。根据“商品盘点溢余短缺报告单”，作会计分录如下：

借：待处理财产损溢——待处理流动资产损溢　　400

　　商品进销差价　　185

　贷：库存商品——文化品柜　　585

查明原因后，作会计分录如下：

借：其他应收款　　280

　　销售费用　　100

　　营业外支出　　71

　贷：待处理财产损溢——待处理流动资产损溢　　400

　　　应交税费——应交增值税（进项税额转出）　　51

【小思考 2-9】零售企业与批发企业在库存商品盘点溢缺核算上有何区别？

五、已销商品进销差价的计算与结转

实行售价金额核算法的企业，商品购进时，记入“商品进销差价”的数额随着频繁的商品购销而发生增减变化，其结果是一部分数额是库存商品应保留的含税商品进销差价，一部分数额是已销商品实现的含税商品进销差价。商品销售后，按含税售价注销库存商品同时，也按含税售价登记了“主营业务成本”账户。此时，“主营业务成本”账户中包括已销商品的进价和已销商品实现的含税进销差价两部分。为了正确反映出商品的销售成本，每月终了，就必须运用一定的方法计算出已销售商品的进销差价，将其从“商品进销差价”和“主营业务成本”账户中转出。这样，“商品进销差价”账户中转出已销商品实现的进销差价和销项税额后的余额就是库存商品应保留的进销差价和待实现的销项税额；“主营业务成本”账户中转出已销商品实现的进销差价和销项税额后的余额就是已销商品的进价成本。

由于企业平时以含税售价额登记“库存商品”及“主营业务收入”、“主营业务成本”等账户，如果在月末计算已销商品应分摊的进销差价之前没作调整，应将其换算成为不含税销售额后再进行计算分摊。

【小思考 2-10】为什么零售企业月末要计算分摊商品进销差价？

已销商品进销差价的计算方法有以下三种。

1. 综合差价率计算法

综合差价率计算法，是按照企业全部商品存销比例分摊进销差价的一种方法。

这种方法是先求出综合差价率，然后以本月商品销售额与综合差价率相乘，即为已销商品应分摊的进销差价。其计算公式如下：

$$综合差价率=\frac{月末分摊前“商品进销差价”账户余额}{月末库存商品账户余额+本月“主营业务成本”的借方发生额}\times 100\%$$

本月销售商品应分摊的进销差价＝本月“主营业务成本”的借方发生额×综合差价率

【例 2-29】 某零售企业月末分摊前“商品进销差价”账户余额为 58 000 元，月末“库存商品”账户余额为 110 000 元 ，本月“主营业务成本”账户借方发生额为 180 000 元 。根据上述资料计算综合差价率和已销商品应分摊的商品进销差价。该企业采用月末统一结转销项税的方法。

① 先将各有关账户的含税售价调整为不含税售价：

$180\ 000\div(1+17\%)=153\ 846$

本月实现销项税额＝$153\ 846\times 17\%=26\ 154$（元）

根据计算结果，作会计分录如下：

借：主营业务收入　　　　　　　　　　26 154

　贷：应交税费——应交增值税（销项税额）　　26 154

② 计算分摊已销商品进销差价：

$$综合差价率=\frac{58\ 000}{110\ 000+180\ 000}=20\%$$

本月已销商品应分摊的进销差价 =$180\ 000\times 20\%$ =36 000(元)

作会计分录如下：

借：商品进销差价　　　　　　　　　　36 000

　贷：主营业务成本　　　　　　　　　　36 000

这种计算方法计算手续简便，但全部商品按同一差价率计算已销商品进销差价，不尽符合实际情况，结果不够准确。因此，它一般适用于各种商品差价率接近的企业。

2. 分类（或柜组）差价率计算法

分类（或柜组）差价率计算法，是按照企业各类商品或各柜组实物负责人商品的存销比例，分摊各类商品或柜组实物负责人商品进销差价的一种方法。其计算方法和综合差价率的计算方法基本相同，只是缩小了核算范围，把全部商品计算一个综合差价率，改为按类或柜组计算多个差价率，再分别求出各类或分柜组已销商品的进销差价。将各类或分柜组已销商品进销差价加以汇总，即为企业全部已销商品的进销差价。

采用这种方法计算已销商品进销差价，要求“商品进销差价”、“库存商品”、“主营业务收入”、“主营业务成本”等账户都必须按类或按柜组设置明细分类账，以便取得各类或柜组的核算资料。各柜组的实现的销项税的核算同综合差价率法，只是分柜组分别核算而已。

【例 2-30】 某零售商店月末分摊前“商品进销差价”、“库存商品”和“主营业务成本”账户借方发生额的资料，如表 2-5 所示。应用分柜组差价率计算法，分别计算各营业柜组差价，如表 2-6 所示。

表 2-5

柜组	月末“商品进销差价”账户余额	月末“库存商品”账户余额	本月“主营业务成本”账户借方发生额
百货	6 675	22 000	38 000
针织	12 000	42 000	69 000
纺织	13 500	53 000	78 000
鞋帽	8 000	34 000	45 000
合计	40 175	151 000	230 000

表 2-6

柜组	月末“商品进销差价”账户余额	月末“库存商品”余额	本月主营业务成本借方发生额	差价率	已销商品分摊的进销差价
百货	6 675	22 000	38 000	11.125%	4 227.50
针织	12 000	42 000	69 000	10.81%	7 458.90
纺织	13 500	53 000	78 000	10.305%	8 037.90
鞋帽	8 000	34 000	45 000	10.13%	4 558.50
合计	40 175	151 000	230 000		24 282.80

借：商品进销差价——百货柜 4 227.50
　　　　　　　——针织柜 7 458.90
　　　　　　　——纺织柜 8 037.90
　　　　　　　——鞋帽柜 4 558.50
　贷：主营业务成本——百货柜 4 227.50
　　　　　　　　——针织柜 7 458.90
　　　　　　　　——纺织柜 8 037.90
　　　　　　　　——鞋帽柜 4 558.50

采用分类（或柜组）差价率计算法比综合差价率计算法缩小了核算范围，计算结果比较接近于实际。目前，采用售价金额核算的企业多采用这种方法。

用这种方法计算已销商品进销差价，计算结果较为准确，但计算手续比较繁琐。由于在同柜组的商品中，各种商品的进销差价率高低不一，因此，还不能做到完全准确。

3. 实际差价计算法

实际差价计算法，是企业年终决算前通过库存商品实地盘点，计算出库存商品的实际进销差价，然后再求出已销商品进销差价的一种方法。具体做法如下。

（1）年末各实物负责人对全部商品进行盘点，填制“库存商品盘点表”，以每种商品的实存数量，分别乘以该种商品的进货单价和零售单价，求出每种商品的进价总金额和含税售价总金额。

（2）结存商品含税售价总金额与进价总金额之间的差额就是结存商品的进销差价，即库存商品应保留的进销差价。

（3）年末分摊前“商品进销差价”账户余额与结存商品进销销差价之间的差额就是已销商品进销差价。计算公式如下（在盘点的基础上）。

结存商品保留的进销差价=结存商品的售价总金额-结存商品的进价总金额

已销商品分摊的进销差价＝分摊前“商品进销差价”余额-结存商品保留的进销差价

【例 2-31】 某零售商店年末进行库存商品盘点，按进价计算的库存商品总金额 62 775 元，按售价计算的库存商品总金额 73 720 元 ，“商品进销差价 ”账户余额为 24 428 元。

根据上述资料计算：

结存商品保留的进销差价=73 720-62 775=10 945（元）

已销商品分摊的进销差价=24 428-10 945=13 483（元）

这种方法，不受已销商品中各种差价率和商品销售结构比重的影响，计算结果准确，但需要逐一品种盘点计价，工作量大，因此，一般在年终决算前，调整商品进销差价和核实库存商品价值时使用。

采用实际差价计算法时，如调整前“商品进销差价”账户余额大于结存商品应保留的进销差价，则说明原来少结转了已销商品的进销差价，要补结转已销商品的进销差价，即借记“商品进销差价”，贷记“主营业务成本”；如调整前“商品进销差价”账户余额小于结存商品应保留的进销差价，则说明原来多结转已销商品的进销差价，要冲回多转的进销差价，即借记“主营业务成本”，贷记“商品进销差价”。

通过上述结转之后，“商品进销差价”账户余额，即为期末库存商品应保留的进销差价；“主营业务成本”账户余额，即为已销商品的进价成本。

本章小结

商品流通企业分为批发和零售两种类型。核算内容是商品流转的三个环节。核算方法分为进价与售价两种。批发企业的会计核算以数量进价金额核算为主，其商品购进涉及商品购进、进货退出、退价补价、短缺溢余、拒付拒收等业务的核算；其商品销售涉及一般销售、直运销售等业务的核算；

其商品储存涉及盘点和跌价等业务的核算。零售企业的会计核算一般采用售价金额核算方法，实行实物负责制，库存商品按含销项税的售价记账。同时设置“商品进销差价”账户，反映商品进价与售价之间的差额。零售企业商品流转的核算环节与批发企业基本相同，其核算方法与批发企业相比，在于需要通过月末对商品销售收入和主营业务成本的调整，才能计算出当月的经营利润。

关键术语

商品流通　商品流通企业　批发　零售　库存商品　购进　销售　储存　商品进销差价　商品销售收入　商品销售成本　含税售价　数量进价金额核算法　售价金额核算法

综合练习

一、单项选择题

1．进价金额核算适用于（　　）。

A．工业品批发公司　　B．农副产品收购企业

C．专业性零售企业　　D．经营鲜活商品的零售企业

2．飞达百货批发公司售给春风百货商店搪瓷烧锅 800 只，每只 11.56 元，今发现单价开错，每只应为 11.65 元，当即开出更正发票予以更正，该笔业务属于（　　）。

A．购进商品退价　B．购进商品补价　C．销售商品退价　D．销售商品补价

3．直运商品、委托代销商品销售成本的计算方法，应采用（　　）。

A．个别计价法　B．加权平均法　C．毛利率法　D．先进先出法

4．应在库存商品明细账发出方“其他数量”栏内登记的业务是（　　）。

A．商品短缺　B．进货退出　C．销售退回　D．销售商品

5．毛利率推算法与先进先出法结合运用，计算出来第三个月的商品销售成本，实质上是（　　）。

A．第三个月的商品销售成本

B．对前两个月商品销售成本的调整

C．第三个月的商品销售成本及对前两个月商品销售成本的调整

D．对第三个月商品销售成本的调整

6．期末结存商品金额偏低，（　　）。

A．商品销售成本就会偏高，毛利额就偏低

B．商品销售成本就会偏高，毛利额就偏高

C．商品销售成本就会偏低，毛利额就偏高

D．商品销售成本就会偏低，毛利额就偏低

7．采用售价金额核算的企业在商品销售的同时，将库存商品按售价金额转入“主营业务成本”账户是为了（　　）。

A．及时反映各营业柜组经营商品的库存额　　B．及时反映各营业柜组的经济责任

C．月末计算和结转已销商品进销差价　　D．简化核算工作

8．已销商品进销差价计算偏低，那么（　　）。

A．期末库存商品价值偏高，毛利也偏高　　B．期末库存商品价值偏高，毛利则偏低

C．期末库存商品价值偏低，毛利也偏低　　D．期末库存商品价值偏低，毛利则偏高

9．平时采取分柜组差价率计算法，年终采用实际进销差价计算法计算已销商品进销差价，那么 12 月份结转的已销商品进销差价是（　　）。

A．12 月份的已销商品进销差价

B．对前 11 个月已销商品进销差价偏差的调整

C．12 月份的已销商品进销差价及对前 11 个月已销商品进销差价偏差的调整

D．12 月份已销商品进销差价的调整数

10．经营贵重、大件商品的大中型综合性零售企业对库存商品可采取（　　）的结合运用。

A．数量进价金额核算和售价金额核算　　B．售价金额核算和数量售价金额核算

C．进价金额核算和售价金额核算　　D．数量进价金额核算和数量售价金额核算

二、多项选择题

1．作为商品购进的入账时间有（　　）。

A．付出货款的时间　　B．收到商品的时间

C．支付货款同时收到商品的时间　　D．预付货款的时间

2．作为商品销售的入账时间有（　　）。

A．付出商品的时间　　B．付出商品同时收到货款的时间

C．付出商品并得到收取货款权利的时间　　D．预收货款的时间

3．数量进价金额核算适用于（　　）。

A．工业品批发公司　　B．综合性零售企业

C．专业性零售企业　　D．农副产品收购企业

4．售价金额核算适用于（　　）。

A．专业性零售企业　　B．工业品批发公司

C．经营鲜活商品的零售企业　　D．综合性零售企业

5．“在途物资”账户用以核算企业购入商品的采购成本，它包括（　　）。

A．商品的货款　　B．应计入成本的采购费用

C．采购商品的小额运杂费　　D．小规模纳税人采购商品的进项增值税

6．购进商品发生拒付货款和拒收商品一般会出现下列各种情况（　　）。

A．先拒收商品，后拒付货款　　B．先拒付货款，后拒收商品

C．先商品验收入库，后拒付货款　　D．先支付货款，后拒收商品

7. 零售企业购进商品发生补价，同时更正零售价格，核算时涉及的账户有银行存款、在途物资、（　　）等账户。

A. 应交税费　　B. 应收账款　　C. 库存商品　　D. 商品进销差价

8. 用综合差价计算法计算已销商品进销差价，需要根据期末（　　）等账户余额进行计算。

A. “主营业务收入”　B. “商品进销差价”　C. “库存商品”　D. “主营业务成本”

9. 借记“商品进销差价”账户；贷记“库存商品”账户的会计分录反映的经济业务有（　　）。

A. 购进商品退价　　B. 商品降价　　C. 商品提价　　D. 商品内部调拨

10. 采用售价金额核算，月末需要调整的账户有（　）。

A. 库存商品　　B. 商品进销差价　　C. 主营业务收入　　D. 主营业务成本

三、判断题

1. 向外单位购进专供本单位自用的商品不属于商品购进的范围。（　）

2. 企业在预付货款时，不能作为商品购进，只有在收到商品时才能作为商品购进。（　　）

3. 仓库商品销售和直运商品销售都属于商品销售，因此在核算上没有什么不同。（　）

4. 企业在预收货款时，由于转移了商品所有权，因此可以作为商品销售。（　）

5. 库存商品发生短缺，无论是自然损耗还是责任事故，经领导批准由企业列支时，均列入销售费用账户。（　）

6. 采用先进先出法计算出来的商品销售成本，比采用加权平均法计算出来的商品销售成本更准确。（　　）

7. 售价金额核算的企业发生购进商品退补价时，若只更正购进价格，则只需调整“商品进销差价”账户和“应交税费”账户，而不必调整“库存商品”账户。（　）

8. 售价金额核算的企业购进商品发生短缺或溢余时，应按商品的售价记入“待处理财产损溢”账户。（　）

9. 平时将已销商品按售价转入主营业务成本账户，月末再将其调整为购进价，这是售价金额核算企业商品销售核算的特点。（　　）

10. 实物负责小组为了掌握本部门商品进销存的动态和销售计划完成情况，便于向财会部门报账，因此要编制“商品进销存日报表”。（　）

四、实践练习题

实践练习 1

目的：练习批发商品购进业务的核算

资料：

1. 5 日，向外地购入沙糖 3 500 千克，单价 2 元，即 7 000 元，增值税 1 190 元，代垫运费 150 元（数额较小）。收到对方由银行转来的结算凭证，承付全部价款。

2. 9 日，上项商品到达，实收沙糖 3 600 千克。溢余 100 千克，原因待查。

3. 15 日，由外地购入洗衣粉 200 箱（每箱 25 袋）每箱 40 元，计 8 000 元，增值税 1 360 元。

银行转来结算凭证，承付价款，商品未到。

4．21日，本月15日采购的洗衣粉到达，实收190箱，短少10箱，原因待查。

5．24日，经查，沙糖溢余100千克，其中有20千克为自然溢余，80千克为供货方多发。厂方已转来发货票，企业补付价税款。

6．27日，经查，洗衣粉短少10箱为厂方少发，厂方立即补发，并已验收入库。

7．28日，收到本市服装厂通知，上月购入的童装400件，每件少收3元，并补来发票1张，计1 404元价税款，上述款项以银行存款支付。经查，该商品已出售100件，并已结转销售成本。

8．10日，收到本地日化工厂通知，原购进的300瓶洗发水价格计错，每瓶多收2元。现已转来红字专用发票，退回多收价税款702元，并已存入银行。经查，该商品已出售200瓶，但尚未结转销售成本。

9．20日，仓库发现原购进的童装中有200件质量有问题，经协商，厂方同意退回。厂方现转来红字专用发票，并通过银行退来价税款7 020元。

要求：编制会计分录

实践练习2

目的：练习批发商品销售的核算

资料：

1．4日，售往外地的白酒2 600瓶，每瓶售价2元，果酒2 000瓶，每瓶售价5元，计价款15 200元。商品已发出，以现金代垫运费500元。货款及运费、连同增值税2 584元，已通过银行办理托收手续。

2．3日出售给天津商场皮鞋5 000双，每双售价80元，商品发出并代垫运费600元，售给沈阳商场皮夹克800件，每件售价700元，商品已发出并代垫运费500元。货款、增值税、代垫运费一并通过银行办妥托收手续。

3．16日收到天津商场提出的拒付理由书，原因是商品与合同不符，经查，天津商场所购皮鞋确属质量问题。经协商决定每双折让10元，共折让货款50 000元，增值税8 500元。现以将原发票冲回，其余款项已汇来存银行。

4．20日原售与沈阳商场的皮夹克，因价格计算错误，每件少收10元，共计少收货款8 000元，增值税1 360元。现补开发票，并向沈阳商场收取价税款存入银行。

要求：编制会计分录

实践练习3

目的：练习批发商品盘点的核算

资料：

1．30日，商品盘点，发现以下情况：

床单溢余100条，每条进价21元；雨衣短少150件，每件进价18元，原因待查。

2．31 日，经查床单溢余 100 条属进货时多收，经联系补做购进，并汇付价税款。短少的雨衣 150 件中其中有 50 件为保管人员失职造成，索赔，有 80 件为非常损失，20 件为自然损耗。

要求：编制会计分录

实践练习 4

目的：练习零售商品购进业务的核算

资料：

1．向胜利纺织厂购进纺织品一批，进价 17 100 元，增值税 2 907 元，价税款以银行存款支付。该商品的含税售价为 27 080 元，商品由纺织品柜验收。

2．向外地购进商品一批 500 件，银行转来托收凭证，内列商品款 6 000 元，增值税 1 020 元，代垫运费 680 元（数额较小）共计 7 700 元，经审核无误，承付货款。商品未到。

3．上述商品运到，实收 550 件，溢余 50 件，原因待查。每件商品的含税售价为 18 元，已由百货柜验收。

4．经与供货方联系，溢余商品属供货方多发商品，现已通过银行汇付价税款 702 元。

5．前几日购入瓷杯 2 000 个，进价每个 2 元，计 4 000 元，进项税 680 元，供货方代垫运费 200 元（数额较小），银行托收凭证已到，经审核付款。商品未到。

6．上项商品运到，验收发现瓷杯破损 100 个，短少 50 个，原因待查。该商品每个含税售价 3.51 元，由日用品柜验收。

7．经查，上项破损商品中有 80 个属运输部门事故造成，索赔；20 个属运输合理损耗；短少 50 个属供货方少发，现已补来商品，由日用品柜验收。

8．接供货方通知，企业上月购进的一批化妆品 500 件（已付款并收货），因供货方计价错误，每件多收 5 元，共计多计价税款 2 755 元，现供货方退来价税款存入银行。

9．企业接供货方通知，日前购进的衣服 300 件（已付款并验收），每件少收 20 元，共计价税款 7 020 元，并补来发票。经研究，补价的价税款在下次进货时补付。

要求：编制会计分录

实践练习 5

目的：练习零售商品销售的核算

资料：

1．本日主营业务收入为 36 000 元。其中百货柜 8 000 元，服装柜 23 000 元，副食品柜 5 000 元。价款全部送存银行（逐日计税）。

2．本日家电柜销售商品 1 770 元，共收到现金 1 182 元、转账支票 588 元，已存入银行（逐日计税）。

要求：编制会计分录

实践练习6

目的：练习零售商品盘点的核算

资料：

1．月末商品盘点，情况如下：

柜组	余或缺	账面价值	进价	差价	销项税
百货	余	702	500	100	102
文化	缺	140.4	85.6	34.4	20.4

原因待查。

2．经查，百货柜溢余属正常自然溢余，经批准冲减销售费用；文化品柜短缺属丢失，经批准计入销售费用。

要求：编制会计分录

实践练习7

目的：练习零售商品已销商品进销差价的计算和结转

资料：

1．月末分摊前“商品进销差价 ”明细账户余额为75 000元，本月“主营业务成本”的借方发生额为450 000元，月末库存商品账户余额为200 000元。要求用综合差价率法计算已销商品分摊的进销差价。

2．企业本月份有关资料如下：

柜组	“库存商品”月末余额	本月“主营业务成本”的借方发生额	分摊前“商品进销差价”账户余额
百货	23 000	38 000	6 675.20
针织	42 000	69 000	11 627.54
纺织	53 000	78 000	13 540.45
文化品	12 000	21 000	3 576.28
鞋帽	34 000	45 000	8 000
合计	164 000	251 000	43 419.77

要求：用分柜组差价率计算法，分别计算各营业柜组已销商品分摊的进销差价 。

3．企业年末进行库存商品盘点，按进价计算的库存商品总金额为57 880元，按含税售价计算的库存商品总金额为68 752元，“商品进销差价 ”账户年末余额为16 240元。要求：用实际差价计算已销商品分摊的进销差价并作会计分录。

第3章 施工企业会计

【知识目标】

- 了解施工企业业务与会计核算的特点
- 掌握施工企业一般材料与周转材料的区别与会计核算
- 掌握施工企业临时设施的会计核算
- 掌握施工企业工程成本、工程价款结算及合同收入与合同费用的会计核算

【能力目标】

- 理解施工企业会计与其他行业会计的区别
- 熟悉施工企业会计核算使用的主要会计账户
- 掌握施工企业存货、工程成本、合同收入、合同费用的会计核算

第一节 施工企业会计核算的特点

一、施工企业的业务特点

施工企业又称建筑安装企业，是国民经济中一个重要的物质生产部门，是从事各种建筑物、土木工程、设备安装、机械化施工等建筑安装产品生产经营的法人组织，如各类建筑安装工程公司，机械化施工公司和其他各类专业工程施工公司等。

施工企业会计以货币为主要计量单位，运用一套专门的核算方法，对施工企业的经济活动进行连续、系统、全面的核算和监督，真实、准确、及时地提供会计信息。它是加强施工企业管理、促进提高经济效益的经济管理活动。运用施工企业会计，可以对企业财产物资进行如实记录，对生产经营活动中各种耗费进行全面监督和控制，对取得的财务成果进行完整的反映，通过会计的计量、计算和登记，能取得生产经营管理必须的各种信息和数据。因此，认真做好施工企业会计工作，是施工企业生产经营管理中不可缺少的重要环节。

施工企业会计的特点取决于施工企业生产经营的特点。施工企业的主要生产任务是进行建筑安装工程和其他专门工程施工。建筑安装工程施工有不同于一般工业生产的特点。

（1）施工生产具有流动性。由于建筑安装工程一般是根据批准的基本建设计划和设计要求，在建设单位指定的地点进行施工的，建筑产品的固定性，使得施工队伍和施工机械在不同工地不同工程项目间流动施工。

（2）建筑产品生产具有单件性。施工企业建造的建筑产品都有不同的功能、结构和用途，只能按照建设要求和单个图纸组织单件生产，不能像工业企业那样组织成批生产。

（3）建筑产品生产具有长期性。这是因为施工企业生产的建筑安装工程等产品，除了少数工程造价低、耗费少以外，大多是体积庞大、造价高、耗费大的工程，少的工期几个月，而大多数工程需要跨年度施工，有的工程工期长达几年甚至十几年。

二、施工企业会计核算的特点

建筑安装产品的这种单件性、固定性、施工的流动性和长期性，必然会影响施工企业会计的各个方面，施工企业会计核算与其他行业的会计核算相比，具有以下特点。

1. 成本核算对象具有单件性

由于建筑安装工程各有不同的功能和结构，即使是根据同一标准设计进行施工的同类型、同规模的工程，也会因自然条件、交通条件、材料要求和物价水平的不同，造成施工过程中工料的不同。因此，施工企业的产品不可能像工业产品那样，按照每种产品确定一个统一的价格，而是必须逐个地通过编制施工图预算来确定其造价。建筑安装工程施工具有固定性和单件性的特点，成本的核算应实行定单法，按照每一单项工程计算成本。建筑安装工程预算造价是建筑安装产品的价格，它是施工企业实行经济核算的一个工具。

2. 核算周期具有长期性

建筑安装工程一般要经过项目的投资决策、施工图预算编制、破土动工到工程的竣工验收，少则几个月，多则几年，经历规划、勘察、设计、施工、验收等许多阶段，因此，其会计核算随着工程的长期性而具有长期性。

3. 产成品和在产品的划分具有特殊性

一般来说，工业企业会计核算中，产成品是指本企业已经完成全部生产过程，并已验收入库可供销售的产品；在产品是指没有完成全部生产过程，不能作为商品销售的产品。施工企业如果采用与工业企业相同的方法来划分产成品，则只有工程已经全部竣工，办理了竣工验收交付使用的财产，才能算做产成品。但是，建筑安装工程施工具有周期较长的特点，按照这种划分方法，就会在长期的施工过程中，不能对工程进度、工程质量和工程成本进行有效的监督。所以对建筑安装产品，需要人为地划分产成品和在产品，即将工程进度达到预算定额的工作内容，不需要在本企业内部进一步施工，可据以进行结算的分部分项工程，作为已完工程，即假定的“产成品”；将已投料施工，但尚未完成预算定额规定的全部工序和内容，而暂时无法进行结算的分部分项工程，作为“未完施工”，即“在产品”。按照这种划分方法，施工企业可以及时对已完工程统计工程进度，进行工程价款结算，考核工程成本，计算财务成果。

4. 工程价款的结算方式具有多样性

由于建筑安装工程施工周期较长，资金占用量大，实务工作中有多种结算方式。一般工程价款结算采取按已完分部分项工程实行按旬（或半月）预支，月末结算办法。对于工程建设期短或工程承包合同价值低的建设项目，可实行分次预支、竣工后结算或工程项目（或单项工程）竣工后一次结算的办法。此外，施工企业还可以根据工程承包合同规定，向发包单位预收工程备料款，以解决工程储备材料所需资金。

第二节 周转材料的分类与核算

一、周转材料的分类

周转材料是指企业在施工生产过程中能够多次使用并可基本保持原来的形态而逐渐转移价值的工具性材料。

周转材料按其在施工中的用途，可分为以下几类。

（1）模板，指浇灌混凝土用的钢、木或钢木组合的模型板以及配合模板使用的支撑材料和滑模材料等。

（2）挡板，指土方工程使用的挡土板等，包括支撑材料在内。

（3）架料，指搭脚手架用的竹竿、钢管（包括扣件）、竹木跳板等。

（4）其他，除上述各类之外，作为流动资产管理的其他周转材料，如塔吊使用的轻轨、枕木等（不包括附属于塔吊的钢轨）。

【小思考 3-1】施工企业的存货与工业企业存货在存放地点有什么不同？施工企业存货中的一般材料与周转材料有些什么区别？

二、周转材料的核算

周转材料的核算需设置“周转材料”账户核算，同时还要设置“工程施工”账户核算，“工程施工”账户下设“合同成本”、“间接费用”、“合同毛利”三个明细账户用以进行明细核算。“周转材料”账户是资产类账户，其借方核算企业库存和在用的各种周转材料的计划成本或实际成本；贷方核算周转材料的摊销价值及盘亏、报废、毁损等减少的周转材料价值；期末借方余额反映企业所有在库周转材料的计划成本或实际成本，以及在用周转材料的摊余价值。“周转材料”账户应下设“在库周转材料”、“在用周转材料”和“周转材料摊销”三个明细账。

（一）周转材料购入的核算

周转材料在实务中可以用实际成本计价核算，也可以用计划成本计价核算，下面分别讲述其核算。

采用实际成本计价的，购入时，作会计分录如下：

借：周转材料——在库周转材料　　×××

　贷：银行存款　　　　　　　　　　×××

采用计划成本计价的，作会计分录如下：

（1）购入时：

① 付款：

借：材料采购　　　　×××

　贷：银行存款　　　　×××

② 入库：

借：周转材料——在库周转材料　×××

　贷：材料采购　　　　　　　　×××

（2）结转入库周转材料的成本差异：

① 超支差异：

借：材料成本差异　　×××

　贷：材料采购　　　　×××

② 节约差异：

借：材料采购　　×××

　贷：材料成本差异　　×××

【小思考 3-2】施工企业购进材料时对所涉及的增值税进项税额怎么处理？为什么？

【例 3-1】 宏达公司购入一批架料，实际成本为 83 600 元，计划成本为 83 000 元，货款已支付，架料已验收入库。其财会部门作会计分录如下：

① 支付货款时：

借：材料采购——周转材料　　　　83 600

　贷：银行存款　　　　　　　　　　83 600

② 验收入库时：

借：周转材料——在库周转材料　　83 000

　贷：材料采购——周转材料　　　　83 000

③ 结转成本差异：

借：材料成本差异——周转材料　　600

　贷：材料采购——周转材料　　　　600

（二）领用、摊销的核算

1. 摊销的方法

由于周转材料在生产过程中能够多次周转使用，因此，它的价值应随同其损耗程度，逐渐转移、摊销计入工程成本或有关费用。周转材料价值的摊销方法，根据各类周转材料的不同情况，一般有以下几种方法。

（1）一次摊销法。一次摊销法是指在领用周转材料时，将其全部价值一次计入工程成本或有关费用。这种方法一般适用于易腐、易糟的周转材料的摊销，如安全网等。

（2）分期摊销法。分期摊销法是指根据周转材料的预计使用期限，将其价值分期计入工程成本或有关费用。其计算公式如下：

$$\text{周转材料每月摊销额}=\frac{\text{周转材料原价}\times(1-\text{残值率})}{\text{预计使用月数}}$$

这种方法适用于脚手架、跳板、塔吊轻轨、枕木等磨损与使用期限有关的周转材料的摊销。

（3）分次摊销法。分次摊销法是指根据周转材料预计使用次数，将其价值分次计入工程成本或有关费用。其计算公式如下：

$$\text{周转材料每次摊销额}=\frac{\text{周转材料原价}\times(1-\text{残值率})}{\text{预计使用次数}}$$

这种方法适用于模板等磨损与使用次数有关的周转材料的摊销。

（4）定额摊销法。定额摊销法是指根据实际完成的实物工程量和预算定额规定的周转材料消耗定额，计算周转材料摊销额，计入工程成本费用。其计算公式如下：

周转材料本期摊销额=本期完成的实物工程量×单位工程周转材料消耗定额

这种方法主要适用于模板的摊销。

2. 领用的核算

（1）领用的周转材料，应分别按不同的情况进行处理。

① 采用一次摊销方法的周转材料，领用时应将其价值一次全部计入工程成本，借记“工程施工——合同成本——××工程——材料费”等账户，贷记“周转材料——在库周转材料”账户，即：

借：工程施工——合同成本——××工程——材料费　×××
　贷：周转材料——在库周转材料　×××

计划成本计价的还要转出其分摊的材料成本差异，即：

借：工程施工——合同成本——××工程——材料费　×××
　贷：材料成本差异　×××

② 采用其他摊销方法的周转材料，在领用时，按计划成本或实际成本，借记“周转材料——在用周转材料”账户，贷记“周转材料——在库周转材料”账户。即：

借：周转材料——在用周转材料　×××
　贷：周转材料——在库周转材料　×××

（2）计提摊销。

① 按规定方法计提在用周转材料的摊销额时，借记“工程施工——合同成本——××工程——材料费”等账户，贷记“周转材料——周转材料摊销”账户。即：

借：工程施工——合同成本——××工程——材料费　×××
　贷：周转材料——周转材料摊销　×××

② 退库时，按领用时的成本：

借：周转材料——在库周转材料　×××
　贷：周转材料——在用周转材料　×××

周转材料报废、短缺时，按已提摊销额借记“周转材料——周转材料摊销”账户，按入库残料价值借记“原材料”账户，按应补提的摊销额借记“工程施工——合同成本——××工程——材料费”等账户，按计划成本或实际成本贷记“周转材料——在用周转材料”账户。

（三）周转材料摊销额的调整

由于施工企业的周转材料大都在露天使用、堆放，受自然影响损耗较大，而且施工过程中安装拆卸周转材料的技术水平、施工生产工艺的高低对周转材料的使用寿命也有着直接影响。因此，在实际工作中，周转材料无论采用哪种摊销方法，平时计算的摊销额，一般都不可能与实际价值损耗完全一致。所以，需在年终或工程竣工时，对周转材料进行盘点，根据实际损耗调整已提摊销额，以保证工程成本和有关费用的正确性。凡是不足应提摊销额的，要补提摊销额，对于多提的摊销额要冲回，以期达到对工程成本的正确调整。

企业清查盘点中若发现短缺、报废周转材料，应及时办理报废手续，并办理补提摊销。

1. 短缺、报废应补提摊销额=应提摊销额－已提摊销额

（1）应提摊销额=短缺、报废周转材料的原价－残料价值（短缺的周转材料无残值）

（2）周转材料已提摊销额=短缺、报废周转材料的原价× $\frac{\text{该类在用周转材料账面已提摊销额}}{\text{该类在用周转材料账面原价}}$

2. 退回周转材料应补提摊销额=应提摊销额－已提摊销额

（1）应提摊销额＝退回周转材料的原价×（1-退回时确定的成色比）

（2）已提摊销额＝退回周转材料的原价× $\frac{\text{该类在用周转材料账面已提摊销额}}{\text{该类在用周转材料账面原价}}$

对于转移到其他工程的周转材料，也应及时办理转移手续，并比照上述方法，确定转移成色，补提摊销额。

对于盘点确定降低成色的周转材料，也应比照上述方法，确定成色，补提摊销额。

【例 3-2】 A 工程年终盘点，有一批挡板实际成本为 30 000 元，现此挡板三成新。该批挡板应提多少摊销额？

应提摊销额＝30 000×(1－30%)＝21 000(元)

【例 3-3】 B 工程报废一批模板，实际成本为 40 000 元，残值为 7 000 元。该批模板应提多少摊销额？

应提摊销额=40 000-7 000=33 000(元)

【例 3-4】 宏达公司 A 工程将不需要的模板退回仓库，计划成本为 8 600 元，估计成色为 75%，该类模板计划成本为 20 000 元，账面已提摊销额 6 000 元。其财会部门应作如下会计处理：

① 退库时：

借：周转材料——在库周转材料——模板　　8 600

　贷：周转材料——在用周转材料——模板　　8 600

② 计算应补提摊销额：

应提摊销额＝8 600×(1－75%)＝2 150（元）

已提摊销额＝8 600×(6 000÷20 000)＝2 580（元）

补提摊销额＝2 150－2 580＝－430（元）

③ 将多提摊销额冲销成本：

借：工程施工——合同成本——A 工程——材料费　　[430]

　贷：周转材料——周转材料摊销——模板　　[430]

【例 3-5】 宏达公司 B 工程报废挡板一批，计划成本为 10 000 元，残值为 800 元，已验收入库，材料的成本差异率为-2%，挡板账面计划成本 40 000 元，已提摊销额 30 000 元。其财会部门应作如下会计处理：

① 计算应补提摊销额：

应提摊销额＝10 000－800＝9 200（元）

已提摊销额＝10 000×(30 000÷40 000)＝7 500（元）

应补提摊销额＝9 200－7 500＝1 700（元）

② 将补提摊销额计入成本：

借：工程施工——合同成本——B 工程——材料费　　1 700

　贷：周转材料——周转材料摊销——挡板　　1 700

③ 残料入库，并结转报废挡板计划成本：

借：原材料　　800

　周转材料——周转材料摊销——挡板　　9 200

　贷：周转材料——在用周转材料——挡板　　10 000

④ 月末结转报废挡板分摊的成本差异：

借：工程施工——合同成本——B 工程——材料费　　200

　贷：材料成本差异——周转材料　　200

【例 3-6】 企业 2012 年 3 月 1 日购入周转材料的实际成本 10 000 元。款已付并入库。计划成本 9 800 元。3 月 5 日，1 号工程领用该批周转材料。采用分期摊销法摊销，摊销月数为 10 个月。12 月 31 日盘点发现该批周转材料有 1 000 元（计划成本）报废，残料估价 100 元作为原材料入库。（该周转材料的成本差异率 2.4%）。其会计处理如下：

① 3 月 1 日购入时：

付款：

借：材料采购　　10 000

　贷：银行存款　　10 000

入库：

借：周转材料——在库周转材料　　9 800

　贷：材料采购　　9 800

② 结转入库材料超支差异：

借：材料成本差异　　200

　贷：材料采购　　200

③ 3 月 5 日领用时：

借：周转材料——在用周转材料　　9 800

　贷：周转材料——在库周转材料　　9 800

④ 3—12 月摊销：

借：工程施工——合同成本——1 号工程——材料费　　980

　贷：周转材料——周转材料摊销　　980

⑤ 12 月 31 日报废：

补提摊销的计算：

应提摊销额 $=1\,000-100=900$

已提摊销额 $=1\,000\times\left[(980\times10)\div9\,800\right]=1\,000$

补提摊销额 $=900-1\,000=-100$

借：工程施工——合同成本——1 号工程——材料费 100（红字）

贷：周转材料——周转材料摊销 100（红字）

⑥ 注销账面记录和残料入账：

借：原材料 100

周转材料——周转材料摊销 900

贷：周转材料——在用周转材料 1 000

⑦ 月末转出报废材料分摊的材料成本差异时：

借：工程施工—合同成本 24

贷：材料成本差异 24

下面为周转材料核算流程图，如图 3-1 所示。

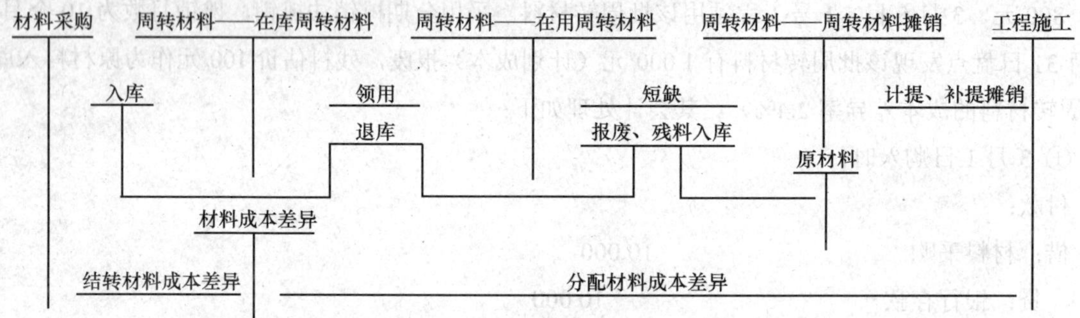

图 3-1 周转材料核算流程图

第三节 临时设施的内容及其核算

一、临时设施的内容

临时设施是指施工企业为保证施工和管理的正常进行而建造的各种临时性生产、生活设施。如：施工人员的临时宿舍，施工单位及附属企业在现场的临时办公室、现场各种临时仓库和施工机械设备库、临时铁路专用线、轻便轨道、塔式起重机路基、临时道路、厂区刺网、围墙等、现场施工和警卫安全用的小型临时设施，如作业棚、休息棚、茶炉棚、化灰池、施工用不固定的水管、电线、宽 3 米以内的便道、临时刺网等。其通常可分为大型临时设施和小型临时设施两类。

（一）大型临时设施

（1）施工人员的临时宿舍。

（2）食堂、浴室、医务室、图书馆、理发室和托儿所等现场临时性文化福利设施。

（3）施工单位及附属企业在现场的临时办公室。

（4）现场各种临时仓库和施工机械设备库。

（5）临时铁路专用线、轻便轨道、塔式起重机路基、临时道路、厂区刺网、围墙等。

（6）施工过程中应用的临时给水、排水、供电、供热和管道等。

（7）施工现场的混凝土构件预制厂、混凝土搅拌站、钢筋加工厂、木材加工厂以及配合单位的附属加工厂等临时性建造物。

（二）小型临时设施

（1）现场施工和警卫安全用的小型临时设施，如作业棚、休息棚、茶炉棚、化灰池、施工用不固定的水管、电线、宽 3 米以内的便道、临时刺网等。

（2）保管器材用的小型临时设施，如简易料棚、工具储藏室等。

（3）行政管理用的小型临时设施，如工地收发室等。

【小思考 3-3】施工企业搭建临时设施的原因是什么？

二、临时设施的核算

1. 临时设施购建的核算

企业对于购入的临时设施，需设置“临时设施”账户核算。购入时应按购入时的实际支出，借记“临时设施”账户，贷记“银行存款”等账户。对于通过建筑安装活动建造完成的临时设施，在建造过程中发生的各种支出，先通过“在建工程”账户核算，即发生费用时，借记“在建工程”账户，贷记“原材料”、“应付职工薪酬”等账户；建造完工交付使用时，按建造期间发生的实际成本，借记“临时设施”账户，贷记“在建工程”账户。

【例 3-7】 宏达公司为进行甲工程施工，在施工现场搭建一个临时材料库，领用材料实际成本为 20 000 元，发生人工费用 3 000 元，以银行存款支付其他费用 1 500 元，搭建完工随即交付使用。其财会部门应作会计分录如下：

① 搭建时发生各项支出：

借：在建工程——临时设施工程　　24 500

　贷：原材料　　20 000

　　应付职工薪酬　　3 000

　　银行存款　　1 500

② 完工交付使用：

借：临时设施　　24 500

　贷：在建工程——临时设施工程　　24 500

2. 临时设施摊销的核算

企业的各种临时设施应当在工程建设期间内按月进行摊销，需设置“临时设施摊销”账户核算。摊销方法可以采用工作量法，也可以采用工期法。当月增加的临时设施当月不摊销，从下月起开始摊销；当月减少的临时设施当月继续摊销，从下月起停止摊销。摊销时按摊销额借记“工程施工——合同成本”等账户，贷记“临时设施摊销”账户。

【例 3-8】 承上例，宏达公司将上述临时设施分 10 个月摊销，则本月摊销 2 450 元。作会计分录如下：

借：工程施工——合同成本 2 450

　贷：临时设施摊销 2 450

3. 临时设施清理的核算

企业出售、拆除、报废不需用或不能使用的临时设施，需设置“临时设施清理”账户核算。清理时对转入清理的临时设施，按临时设施账面净值，借记“临时设施清理”账户，按已提摊销额，借记“临时设施摊销”账户，按其账面原值，贷记“临时设施”账户；出售、拆除过程中发生的变价收入和残料价值，借记“银行存款”、“原材料”账户，贷记“临时设施清理”账户；发生的清理费用，借记“临时设施清理”账户，贷记“银行存款”等账户；清理后若发生净损失，借记“营业外支出”账户，贷记“临时设施清理”账户；若发生净收益，借记“临时设施清理”账户，贷记“营业外收入”账户。

【例 3-9】 承上例，按照【例 3-7】宏达公司因工程提前一个月完工，将临时材料库拆除，取得残料估价 200 元作材料入库，发生拆除费用 100 元以现金支付。作会计分录如下：

借：临时设施清理 2 450

　　临时设施摊销 22 050

　贷：临时设施 24 500

借：临时设施清理 100

　贷：库存现金 100

借：原材料 200

　贷：临时设施清理 200

借：营业外支出 2 350

　贷：临时设施清理 2 350

第四节 工程成本的核算

一、工程成本核算对象的确定与成本项目组成

（一）工程成本核算对象

工程成本核算对象，就是指在成本核算时，所选择的施工费用的归集目标。合理地划分工程成本核算对象，是正确组织工程成本核算的前提条件。在实际工作中，如果对工程成本核算对象划分过粗，如不管施工工程的具体情况，笼统地将所有的单项工程或单位工程合并为一个成本核算对象，就无法正确反映各单项或单位工程的实际成本水平，不利于考核和分析工程成本的升降情况。反之，如果把工程成本核算对象划分得过细，结果会增加核算工作量，却难以得到预期、准确的成本信息。

一般有以下几种方法。

① 一般情况下，应以每一独立编制施工图预算的单位工程为成本核算对象。

② 对于个别规模大、工期长的单位工程，可按分部工程划分成本核算对象。

③ 对于同一建设项目、同一施工地点、结构类型相同、开竣工时间接近的几个单位工程，可以合并为一个成本核算对象。

④ 对承建规模较小和比较零星的工程，可以建设单位为成本核算对象。

⑤ 改、扩建的零星工程，可以将开、竣工时间接近，属于同一建设项目的几个单位工程合并为一个成本核算对象。

⑥ 土石方工程、打桩工程，可以根据实际情况和管理需要，以一个单项工程作为成本核算对象，或将同一施工地点的若干个工程量较小的单项工程合并作为一个成本核算对象。

⑦ 独立施工的装饰工程的成本核算对象，应与土建工程成本核算对象一致。

⑧ 工业设备安装工程，可按单位工程或专业项目，如机械设备、管道、通风设备的安装、工业筑炉等作为成本核算对象。

工程成本核算对象一经确定，不得任意变更。

（二）工程成本项目

在核算施工的工程成本时，一般设置五个成本项目。

① 人工费用：指施工过程中直接从事建筑安装工程施工的建筑安装工人以及在施工现场直接为工程制作构件和运料、配料等售货员的工资、奖金、工资性质的津贴、劳动保护费等。

② 材料费用：指施工过程中耗用的构成工程实体的原材料、辅助材料、构（配）件、零件、半成品的费用和周转材料的摊销及租赁费用，不包括需要安装设备的价值。

③ 机械使用费：指施工过程中使用自有施工机械所发生的机械使用费和租用外单位施工机械的租赁费用及施工机械进出场费。

④ 其他直接费用：指直接用于工程施工，但不属于材料费、人工费、机械使用费的各项费用，包括在施工过程中发生的材料的二次搬运费、临时设施摊销费、生产工具（用具）使用费、检验试验费、工程定位复测费、场地清理费以及冬（雨）季施工增加费、夜间施工增加费等。

⑤ 施工间接费用：指企业各项目经理部为施工准备、组织和管理施工生产所发生的全部支出，包括现场项目管理人员的工资、奖金、行政管理用固定资产折旧费用及修理费、物料消耗、低值易耗品摊销、取暖费、水电费、办公费、差旅费、财产保险费、工程保修费、劳动保护费、排污费及其他费用。

二、工程成本核算程序

施工企业的成本核算一般实施二级或三级核算，对一些规模较小的企业也可以实行一级核算。在企业实行成本的二级或三级核算的体制下，公司级一般只核算期间费用，工程成本的总分类核算主要是在工区及施工队进行。

在进行工程成本核算时，对施工过程中发生的各项施工费用，首先应按照施工费用的用途和发生的地点进行归集。即有些费用可以直接记入各受益成本核算对象，有些费用则要先进行汇集，然后按一定的方法分配计入各受益成本核算对象的成本中去。

（一）工程成本核算的账户设置

为了核算工程成本费用的发生、汇总与分配情况，正确计算工程成本，施工企业应设置以下会计账户。

1. “工程施工”账户

本账户核算企业（建造承包商）实际发生的合同成本和合同毛利。本账户可按建造合同，分别对“合同成本”、“间接费用”、“合同毛利”进行明细核算。

企业进行合同建造时发生的人工费、材料费、机械使用费以及施工现场材料的二次搬运费、生产工具和用具使用费、检验试验费、临时设施折旧费等其他直接费用，借记本账户（合同成本），贷记“应付职工薪酬”、“原材料”等账户。发生的施工、生产单位管理人员职工薪酬、固定资产折旧费、财产保险费、工程保修费、排污费等间接费用，借记本账户（间接费用），贷记“累计折旧”、“银行存款”等账户。

期（月）末，将间接费用分配计入有关合同成本，借记本账户（合同成本），贷记本账户（间接费用）。

确认合同收入、合同费用时，借记“主营业务成本”账户，贷记“主营业务收入”账户，按其差额，借记或贷记本账户（合同毛利）。

合同完工时，应将本账户余额与相关工程施工合同的“工程结算”账户对冲，借记“工程结算”账户，贷记本账户。

本账户期末借方余额，反映企业尚未完工的建造合同成本和合同毛利。

2. “机械作业”账户

本账户核算企业（建造承包商）及其内部独立核算的施工单位、机械站和运输队使用自有施工机械和运输设备进行机械作业（包括机械化施工和运输作业等）所发生的各项费用。

企业及其内部独立核算的施工单位，从外单位或本企业其他内部独立核算的机械站租入施工机械发生的机械租赁费，在“工程施工”账户核算。

本账户可按施工机械或运输设备的种类等进行明细核算。

施工企业内部独立核算的机械施工、运输单位使用自有施工机械或运输设备进行机械作业所发生的各项费用，可按成本核算对象和成本项目进行归集。

机械作业的成本项目一般分为：人工费、燃料及动力费、折旧及修理费、其他直接费用、间接费用（为组织和管理机械作业生产所发生的费用）。

企业发生的机械作业支出，借记本账户，贷记“原材料”、“应付职工薪酬”、“累计折旧”等账户。

期（月）末，企业及其内部独立核算的施工单位、机械站和运输队为本单位承包的工程进行机械化施工和运输作业的成本，应转入承包工程的成本，借记“工程施工”账户，贷记本账户。对外单位、专项工程等提供机械作业（包括运输设备）的成本，借记“劳务成本”账户，贷记本账户。

本账户期末应无余额。

（二）施工费用在有关总分类账户间的归集结转程序

工程施工费用在总分类账户之间的归集结转程序，可按下列方法进行。

（1）将本期发生的各项施工费用，按其用途和发生地点，归集到有关成本、费用账户。

（2）月末，将归集在“工程施工——间接费用”账户中的施工间接费用，按照受益对象和受益数量，经分配后，转入“工程施工——合同成本”、机械作业“等账户。

（3）月末，将归集在“机械作业”账户的各项费用，计算机械作业成本，按照受益对象和受益数量，分配记入“工程施工——合同成本”账户。

（4）工程竣工（或月末结算工程价款时），计算或结算竣工工程（已完分部分项工程）的实际成本。

三、工程实际成本的核算

施工企业的工程成本，由人工费、材料费、机械使用费、其他直接费用成本项目构成，工程施工过程中发生的各项施工费用，首先按照确定的成本核算对象和上述确定的五个成本项目进行归集，能够直接计入有关成本核算对象的，直接计入，不能直接计入的，采用一定的分配方法分配计入，然后计算出各项工程的实际成本。

（一）人工费的核算

工程成本中的人工费，是指在施工过程中，直接从事工程施工的建筑安装工人以及在施工现场直接为工程制作构件和送料、配料等工人的工资、奖金、工资性质的津贴、职工福利费等。

1. 核算原则

（1）施工现场发生的人工费能分清受益对象的，则直接计入各受益工程的成本；

（2）施工现场发生的人工费不能分清受益对象的，则需按照每项工程的工人的实际工时或定额工时进行分配后计入各项工程成本。

2. 基本会计分录

借：工程施工——合同成本——××工程——人工费　×××

　　贷：应付职工薪酬　×××

【例 3-10】　某市第一建筑工程公司本年度有甲、乙两个单位工程，本月应付从事工程施工的工人的人工费 40 000 元，其中甲工程耗用 1 920 工时，乙工程耗用 1 280 工时，工资费用按工时分配。

$$\text{工资费用分配率}=\frac{40\,000}{1\,920+1\,280}=12.5\text{元/工时}$$

甲工程负担的人工费 = 1 920×12.5 = 24 000 元

乙工程负担的人工费 = 1 280×12.5 = 16 000 元

借：工程施工——合同成本——甲工程——人工费　24 000

　　工程施工——合同成本——乙工程——人工费　16 000

　　贷：应付职工薪酬　40 000

（二）材料费的核算

工程成本中的材料费，是指在工程施工过程中耗用的构成工程实体的主要的材料，结构件、配件、零件、半成品、其他材料费用和周转材料的摊销及租赁费用，不包括需安装设备的价值。

施工企业的材料中，除了主要用于工程施工外，还用于固定资产等专项工程，以及其他非生产性耗用。因此，企业进行材料费用核算，必须严格划分施工生产性耗用与非生产性耗用的界限，只有直接用于工程的材料才能计入工程成本的“材料费”项目中。

1. 核算原则

（1）施工现场发生的材料费能分清受益对象的，则直接计入各受益工程的成本。

（2）施工现场发生的材料费不能分清受益对象的，则需按照每项工程的材料定额耗用量或定额费用比例进行分配后计入各项受益工程的成本。

2. 基本会计分录

借：工程施工——合同成本——××工程——材料费

　贷：原材料——主要材料

【例 3-11】　市第一建筑工程公司本年度同一施工现场有甲、乙两个单位工程，本月两项工程共同发生主要材料费 500 000 元，本月两项工程的材料定额耗用量分别为 60 吨、40 吨，材料费用按材料定额耗用量分配。

材料费用分配率＝500 000÷(60+40)＝5 000 元/吨

甲工程负担的材料费＝5 000×60＝300 000 元

乙工程负担的材料费＝5000×40＝200 000 元

借：工程施工——合同成本——甲工程——材料费　300 000

　　　　　　　　　　　——乙工程——材料费　200 000

　贷：原材料——主要材料　500 000

（三）机械使用费的核算

工程成本中的机械使用费是指在施工过程中使用自有施工机械所发生的机械台班费和租入施工机械的租赁费，以及按规定支付的施工机械安装、拆卸和进出场费等。

企业施工中使用的施工机械，分为自有机械和租用施工机械。从外单位租入施工机械支付的租赁费，可以根据“机械租赁费结算单”所列金额，借记“工程施工”，贷记“银行存款”等账户。施工企业使用自有施工机械或运输设备进行机械作业所发生各项费用，先通过“机械作业”账户归集，月末再计算分摊及各工程项目应负担的施工机械使用费，并进行结转，借记“工程施工”账户，贷记“机械作业”。

（1）实行内部租赁的自有施工机械或运输设备进行机械作业所发生各项费用及从外部租入的机械发生的租金费用，直接计入各受益工程的成本。即：

借：工程施工——合同成本——××工程——机械使用费　×××

　贷：银行存款/应付账款　×××

（2）未实行内部租赁的自有施工机械或运输设备进行机械作业所发生各项费用，先通过“机械作业”账户归集，月末再按照各受益工程的实际工时计算分摊及各工程项目应负担的施工机械使用费，并进行结转。

① 发生机械使用费时：

借：机械作业　　　　　　　　　　　　　　　　　　×××

　贷：原材料/应付职工薪酬/累计折旧/银行存款等　　　　　　×××

② 月末分摊结转时：

借：工程施工——合同成本——××工程——机械使用费　×××

　　　　　　　　　　　——××工程——机械使用费　×××

　贷：机械作业　　　　　　　　　　　　　　　　　　　　　×××

【例3-12】　某市第一建筑工程公司未实行内部租赁的自有施工机械本月在对甲、乙工程施工时发生各项费用64 000元，甲工程耗用1 920工时，乙工程耗用1 280工时，机械使用费按工时分配。

① 发生机械使用费时：

借：机械作业　　　　　　　　　　　　　　　64 000

　贷：原材料/应付职工薪酬/累计折旧/银行存款等　　　　64 000

② 月末分摊结转时：

甲工程分配机械使用费=64 000÷(1 920+1 280)×1 920=38 400（元）

乙工程分配机械使用费=64 000÷(1 920+1 280)×1 280=25 600（元）

借：工程施工——合同成本——甲工程——机械使用费　38 400

　　　　　　　　　　　——乙工程——机械使用费　25 600

　贷：机械作业　　　　　　　　　　　　　　　　　　　64 000

（四）其他直接费用的核算

工程成本中的其他费用，是指在施工过程中发生的材料的二次搬运费、临时设施摊销费、生产工具用具使用费、检验试验费、工程定位复测费、工程点交费、场地清理费，以及冬雨季施工增加费、夜间施工增加费等，这些费用发生时，核算原则如下：

1．只有一个核算对象或能分清受益对象的，发生其他直接费时直接计入各受益工程的成本，作会计分录如下：

借：工程施工——合同成本——××工程——其他直接费用　×××

　贷：银行存款/临时设施摊销等　　　　　　　　　　　　×××

2．有两个及以上受益对象而共同发生的其他直接费用，可以通过“其他直接费用”账户进行归集，月末再按照各受益对象的预算成本进行分配计入各受益对象。作会计分录如下：

① 费用发生时：

借：其他直接费用　　　　　　　　　　　　　　×××

　贷：银行存款/临时设施摊销等　　　　　　　　　　　×××

② 月末分配结转时：

借：工程施工——合同成本——××工程——其他直接费用　×××

　贷：其他直接费用　　　　　　　　　　　　　　　　　×××

【例3-13】　市二建工程公司承包的1#、2#工程本月发生二次搬运费 3 500元，场地清理费 2 500

元，均以银行存款支付。本月临时设施摊销 6 000 元。1#、2#工程的预算成本分别为：1 000 万元、2 000 万元。

① 费用发生时：

借：其他直接费用 12 000

贷：银行存款 6 000

临时设施摊销 6 000

② 月末分配结转时：

1#工程分配：$1.2 \div (1\,000 + 2\,000) \times 1\,000 = 0.4$（万元）

2#工程分配：$1.2 \div (1\,000 + 2\,000) \times 2\,000 = 0.8$（万元）

借：工程施工——合同成本——1#工程——其他直接费用 4 000

——2#工程——其他直接费用 8 000

贷：其他直接费用 12 000

（五）间接费用的核算

间接费用的核算指企业各项目经理部为施工准备、组织和管理施工生产所发生的全部支出。作会计分录如下：

（1）只有一个核算对象或能分清受益对象的，发生间接费用时直接计入各受益工程的成本，会计分录如下：

借：工程施工——合同成本——××工程——间接费用 ×××

贷：银行存款/应付职工薪酬/累计折旧等 ×××

（2）有两个及以上受益对象而共同发生的间接费用，则在“工程施工——间接费用”进行归集，月末再按照各受益对象的直接费用进行分配计入各受益对象的成本。作会计分录如下：

① 费用发生时：

借：工程施工——间接费用 ×××

贷：银行存款/应付职工薪酬/累计折旧等 ×××

② 月末分配结转时：

借：工程施工——合同成本——××工程——间接费用 ×××

贷：工程施工——间接费用 ×××

【例 3-14】 市二建工程公司承包的 1#、2#工程，本月项目经理部发生费用如下：工资 40 000 元，水电费 1 000 元，折旧费 5 000 元，电话费 2 000 元，午餐补助 2 000 元。1#、2#工程的已经发生的直接费用分别为：450 万元、550 万元。

① 费用发生时：

借：工程施工——间接费用 50 000

贷：银行存款 5 000

应付职工薪酬 40 000

累计折旧 5 000

② 月末分配结转时：

1#工程分配：$5\div(450+550)\times450=2.25$（万元）

2#工程分配：$5\div(450+550)\times550=2.75$（万元）

借：工程施工——合同成本——1#工程——间接费用　　22 500

　　　　　　　　　　　　——2#工程——间接费用　　27 500

　贷：工程施工——间接费用　　50 000

四、已完工程实际成本的计算

已完工程是指完成了预算定额规定的全部工作内容，在本企业不再需要进行加工的分部分项工程，对于已完工程，按期计算其实际成本，并按施工合同的规定及时结算已完工程价款，为考核降低工程成本任务的完成情况提供依据。

（一）实行工程项目竣工后一次结算的已完工程实际成本的计算

实行工程项目竣工后一次结算工程价款时，"已完工程"即指已经甲乙双方验收、办理竣工决算、交付使用的工程项目。在这种情况下，施工过程中发生的各项成本费用，随时记入各成本核算对象的成本项目，进行工程成本的明细核算。竣工时，工程成本明细分类账中登记的工程成本累计总额，就是竣工工程的实际成本。

（二）实行按期结算工程价款的已完工程实际成本计算

采取按期结算工程价款，"已完工程"是指已经完成预算定额规定的全部工序的施工内容，在本企业不需要再进行加工的分部分项工程。分部分项工程是构成工程项目的基本要素，也是编制工程预算的最基本的计量单位，规定有一定的工作内容和质量标准。虽然这部分工程不是竣工工程，也不具有完整的使用价值，但企业也不需要再进行任何施工活动，可以确定它的工程数量和质量，故能够将其作为"已完工程"，计算它的实际成本，并按合同价格向业主收取工程价款。相反，凡在期末尚未完成预算定额规定的全部工序与内容的分部分项工程称为"未完工程"，这部分"未完工程"不能向业主收取工程价款。

期末未完工程实际成本确定以后，就可以在此基础上根据公式计算本期已完工程实际成本。

$$\text{已完工程实际成本}=\text{期初未完工程实际成本}+\text{本期发生的工程成本}-\text{期末未完工程实际成本}$$

在实际工作中，已完工程实际成本的计算，一般通过编制"已完工程成本计算表"进行。

未完工程实际成本可按预算单价进行计算，也可按实际成本进行计算。

1．按预算单价进行计算

月末未完工程在全月工程量中所占的比重较小，而且月初与月末未完工程的数额都没有太大变化时，为简化核算手续，企业可把月末未完工工程的预算成本作为它的实际成本。月末未完工程预算成本的确定方法主要有估量法和估价法两种。

（1）估量法，又称"约当产量法"。其基本做法是：将月末未完工工程的实物量，按其已完工序和已做工作占分部分项工程的百分比，折合成相当于已完工程的实物量，再乘以分部分项工程的预算单价，即可求出月末未完工程的预算成本。相关公式如下：

$$\text{未完工程预算成本}=\text{未完工程工程量}\times\text{估计完成程度}\times\text{相关分部分项工程预算单价}\times(1+\text{直接费费率})$$

因为月末未完工程的数额较小，所以未完工程不必分担施工间接费用

在实际工作中，期末未完工程预算成本的计算，是在期末对施工现场进行实地盘点的基础上，通过编制“未完施工盘点单”进行计算。然后根据“未完施工盘点单”所确定的未完施工成本，记入“工程施工合同成本明细账”的期末未完施工成本，并据以计算已完工程实际成本。

（2）估价法，先确定分部分项工程中各工序的单价，再乘以未完工序的实物量，即可求出未完施工的预算成本。相关公式如下：

工序单价=分部分项工程预算单价×工序占分部分项工程的比重

未完工程预算成本＝未完工序实物量×工序单价

【例 3-15】 宏达公司 A 工程 2011 年 3 月施工的分部分项工程由甲乙两道工序组成，甲工序、乙工序占该分部分项工程的比重分别为 60%、40%，该分部分项工程的预算单价为 20 元。月末盘点，未完成甲工序 150 平方米，未完成乙工序 40 平方米。

甲工序单价＝20×60%＝12（元）

乙工序单价＝20×40%＝8（元）

未完工程预算成本＝150×12＋40×8=2 120（元）

2. 按实际成本进行计算

若月末未完施工数额较大，而且月初月末未完工程数量悬殊时，未完工程成本应该采用实际成本进行计算，这样才能保证未完工程、已完工程实际成本的正确性。其计算公式为：

$$\text{未完工程实际成本}=\text{期末未完工程折合量}\times\frac{\text{本期实际发生的工程成本}+\text{期初未完工程成本}}{\text{本期已完工程数量}+\text{期末未完工程折合量}}$$

未完工程成本计算出来后，再据以按照前述公式计算已完工程的实际成本。

【例 3-16】 某施工企业承建的一项工程月初未完工程的实际成本为 100 万元，本月发生的施工成本为 1 100 万元；月末盘点确定的未完工程为 5 000 平方米，其完工程度为 40%，本月已完工程为 10 000 平方米。计算月末未完工程、本月已完工程的实际成本。

月末未完工程的折合量＝5 000×40%＝2 000（平方米）

$$\text{工程的单位实际成本}=\frac{1\,000\,000+11\,000\,000}{2\,000+10\,000}=1\,000\text{ 元/平方米}$$

月末未完工程实际成本＝ 1 000 元/平方米×2 000 平方米＝2 000 000（元）

本月已完工程的实际成本=100 000+11 000 000−2 000 000=10 000 000（元）

第五节 工程合同收入与合同费用的核算

一、建造合同的种类

按照《企业会计准则15号—建造合同》的规定，建造合同通常分为两种类型：固定造价合同与成本加成合同。

（一）固定造价合同，是指按照固定的合同价或固定单价确定工程价款的建造合同。实际工作多数建造合同价款都是通过投标定价方式确定的，即由建造承包商依据招标单位提供的有关资料提出自己的报价，经招标单位评标后决定造价并依此签订合同的方法，故目前大多数建造合同都属这种通过投标造价方式签订的固定造价合同。

（二）成本加成合同，是指以合同约定或其他方式议定的成本为基础，加上该成本的一定比例或定额费用来确定工程价款的建造合同。这类建造合同主要适用于一些特殊行业的特殊性资产的建造，比如，对某些军需品（如舰艇）采用的按实际成本加一定比例利润确定造价的方式，就属于成本加成合同。

将建造合同区别为上述两种类型的目的在于：①这两类合同风险的承担者不同。固定造价合同的风险主要由建造承包商承担，而成本加成合同的风险则主要由发包商承担；②两种合同的结果是否能够可靠估计的判断标准不同。

二、合同收入

（一）合同收入的内容

（1）合同规定的初始收入。

（2）因合同变更、索赔、奖励等形成的收入。

（二）合同变更款、索赔款及奖励款构成合同收入的条件

1. 合同变更款构成合同收入的条件

合同变更款只有在同时满足下列条件时才能构成合同收入：

① 客户能够认可因变更而增加的收入；

② 该收入能够可靠地计量。

如果不同时具备上述两个条件，则不能将合同变更款计入合同收入中。

2. 索赔款构成合同收入的条件

索赔款，是指因客户或第三方的原因造成的、由建造承包商向客户或第三方收取的、用以补偿不包括在合同造价中成本的款项。索赔款同时满足下列条件的，才能计入合同收入。

① 根据谈判情况，预计对方能够同意该项索赔。

② 对方同意接受的金额能够可靠计量。

如果不同时具备上述两个条件，则不能将索赔款计入合同收入。

3. 奖励款构成合同收入的条件

奖励款，是指工程达到或超过规定的标准，客户同意支付给建造承包商的额外款项。奖励款同时满足下列条件的，才能构成合同收入：

① 根据合同目前完成情况，足以判断工程进度和工程质量能够达到或超过规定的标准；

② 奖励金额能够可靠计量。

没有与客户达成一致意见，在这种情况下，建造承包商就不能将奖励款计入合同收入中。

三、合同费用

合同费用是建筑施工企业已经发生的与已确认的合同收入配比的工程或劳务的成本，是建筑施工企业的主营业务成本。其具体内容包括材料费、人工费、机械使用费、其他直接费和施工间接费。

四、合同收入与合同费用的确认

（一）合同收入与合同费用的确认方法

合同收入与合同费用的确认方法，要视资产负债表日建造合同的结果是否能够可靠估计而定。具体分为以下几种情况。

（1）在资产负债表日，建造合同的结果能够可靠估计的，应当根据完工百分比法确认合同收入与合同费用，即在资产负债表日，凡是建造合同的结果能够可靠估计的，企业就应当遵循权责发生制和配比的原则，按照完工百分比法来确认合同收入和合同费用，而不管建造承包商与客户的结算方式如何。

（2）建造合同的结果不能可靠估计的，不能使用完工百分比法确定合同收入与合同费用，而应当分别按下列情况处理。

① 合同成本能够收回的，合同收入根据能够收回的实际合同成本予以确认，合同成本在其发生的当期确认为合同费用。

② 合同成本不可能收回的，在发生时立即确认为合同费用，不确认合同收入。

也就是说，对于资产负债表日结果不能可靠估计的建造合同，也要定期确认合同收入与合同费用，但合同收入的确认数额要视其已发生的合同成本能够收回的多少而定。这里的合同成本能够收回数包括至本期末已经收回数，加上至本期末尚未收到，但估计未来能够收到的合同款。如果已发生的合同成本能够收回，则应按实际发生的合同成本确认合同收入，同时将实际发生的合同成本确认为合同费用；如果实际发生的合同成本只能收回一部分，则应按能够收回的金额确认合同收入，并将实际发生的合同成本确认为合同费用；如果实际发生的合同成本全部不能收回，则不能确认合同收入，但应将实际发生的合同成本确认为合同费用。

（二）建造合同结果能否可靠估计的判断标准

建造承包商应于每个资产负债表日，视建造合同的结果是否能够可靠地估计而采用不同的方法来确认合同收入与合同费用。

（1）固定造价合同的结果能够可靠估计，是指同时满足下列条件：

① 合同总收入能够可靠地计量；

② 与合同相关的经济利益很可能流入企业；

③ 实际发生的合同成本能够清楚地区分和可靠地计量；

④ 合同完工进度和为完成合同尚需发生的成本能够可靠确定。

只有上述 4 个条件同时得到满足，才能说固定造价合同的结果能够可靠估计，如果其中的一个条件没有得到满足，则不能说固定造价合同的结果能够可靠估计。

（2）成本加成合同的结果能够可靠估计，是指同时满足下列条件：

① 与合同相关的经济利益很可能流入企业；

② 实际发生的合同成本能够清楚地区分和可靠地计量。

只有上述两个条件同时得到满足，才能说成本加成合同的结果能够可靠估计，如果其中的一个条件没有得到满足，则不能说成本加成合同的结果能够可靠估计。

（三）确定合同完工进度的方法

完工百分比法，是指根据合同完工进度确认合同收入与合同费用的方法。可见完工百分比法的关键是要正确确定合同的完工进度。企业确定合同完工进度（或完工百分比）主要有下列 3 种方法：

① 累计实际发生的合同成本占合同预计总成本的比例；

② 已经完成的合同工作量占合同预计总工作量的比例；

③ 实际测定的完工进度。

（四）合同收入、合同费用的核算

建造合同执行过程中，平时除对实际发生的合同成本、开单结算及工程款回收情况及时进行核算外，还应根据权责发生制原则，于每一会计期末定期计算确认合同收入与合同费用，并及时确认与合同未来期间相关的预计损失。

1. 涉及的会计账户

①“主营业务收入”账户，用来核算当期确认的合同收入。对当期确认的合同收入，记入本账户的贷方；期末将本账户的余额全部转入“本年利润”账户的贷方，结转后，本账户应当无余额。

②“主营业务成本”账户，用来核算当期确认的合同费用。期末将本账户的余额全部转入“本年利润”账户的借方，结转后，本账户应当无余额。

③“工程施工——合同毛利”账户，反映至期末时建造合同已经发生并确认的合同毛利或损失，不包括与未来期间相关的合同预计损失。“工程施工——合同毛利”属工程施工账户的二级账户，用来核算按规定计算确认的报告期合同毛利（或亏损）数额，该数额等于报告期确认的合同收入与合同费用的差额。如果确认的合同收入大于合同费用（即报告期为盈利），则应借记本账户；如果报告期确认的合同收入小于合同费用（即报告期为亏损），则应贷记本账户。

④“应收账款”账户，用来核算建造承包商应收和实际已收的合同款项，预收的备料款也在本账户核算。已向客户开出工程价款结算账单应收的工程进度款记入本账户的借方，预收的备料款和实际收到的工程进度款记入本账户的贷方。本账户期末的借方余额通常表示建造承包商已办理结算，但尚未收到的工程款；如有贷方余额，则表示建造承包商实际收到的超过其已办理结算的工程款或预收的备料款。

⑤“工程结算”账户，用来核算根据合同规定向客户开出工程价款结算账单办理结算的价款。本账户是“工程施工”账户的备抵账户，已向客户开出工程价款结算账单办理结算的款项记入本账户的贷方，合同完成并竣工决算后，本账户与“工程施工”账户对冲后结平。

⑥“存货跌价准备——预计损失准备”账户，用来核算建造合同计提的损失准备。计提合同损失准备时，借记“资产减值损失”账户，贷记本账户；随着各期建造合同的完工程度的加大，已计提的预计损失准备应不断(随着合同费用的确认)转销，转销与未来期相关的合同预计损失时，借记“存货跌价准备——预计损失准备”账户，贷记“主营业务成本——预计损失转回”账户；至建造合同完工时，本账户应无余额。

2. 完工百分比法确定合同收入与合同费用的计算公式

（1）当期确认的合同收入=（合同总收入×完工进度）–至上期末累计已确认的合同收入

（2）当期确认的合同费用=（合同预计总成本×完工进度）–至上期末累计已确认的合同费用

（3）当期确认的合同毛利=（合同总收入–合同预计总成本）×完工进度–至上期末累计已确认的合同毛利

当合同预计总成本大于合同总收入时，则要预计合同损失，即：

预计合同损失=（合同预计总成本-合同总收入）×（1–完工进度）

五、工程价款结算方式

根据现行工程价款结算办法的规定，建筑安装工程价款的结算可根据不同情况，采用以下几种方式。

（1）按月结算，即实行半月（或分旬）预支、月终结算、竣工后清算的办法。

（2）分段结算，即当年开工，当年不能竣工的单项工程或单位工程，按照工程形象进度，划分不同阶段进行结算，分段结算可以按月预支工程款。

（3）工程竣工后一次结算，建设项目或单项工程全部建筑安装工程建设期在12个月以内的，或者工程承包合同价值在100万元以下的，可以实行工程价款每月预支，竣工后一次结算。

（4）双方约定的其他结算方式。

无论采用何种结算方式，“工程价款结算账单”，始终是办理工程价款结算的依据。工程价款结算账单中所列应收工程款应与随同附送的“已完工程月报表”中的工程预算造价相符。“已完工程月报表”和“工程价款结算账单”的格式如表3-1、表3-2所示。

表3-1　　已完工程月报表

发包单位名称：　　年　月　日　　单位：元

工程名称	预算价值或标价	建筑面积（平方米）	开、竣工日期		实际完成数		应收临时设施费和劳动保险费
			开工日期	竣工日期	至上月（期）止已完工程累计	本月（期）已完工程	
合计							

审核：　　制表人：

表 3-2　　　　　　　　工程价款结算账单

发包单位名称：　　　　　　　年　　月　　日　　　　　　　　　单位：元

<table>
<tr><th rowspan="2">工程名称</th><th colspan="2">合同</th><th rowspan="2">本月（期）应收工程款</th><th colspan="3">应扣款项</th><th rowspan="2">本月（期）实收工程款</th><th rowspan="2">本月（期）实收临时设施费和劳动保险费</th><th rowspan="2">累计已收工程款</th></tr>
<tr><th>预算价值和标价</th><th>应收临时设施费和劳动保险费</th><th>合计</th><th>预收工程款</th><th>预收备料款</th></tr>
<tr><td></td><td></td><td></td><td></td><td></td><td></td><td></td><td></td><td></td><td></td></tr>
<tr><td></td><td></td><td></td><td></td><td></td><td></td><td></td><td></td><td></td><td></td></tr>
<tr><td>合计</td><td></td><td></td><td></td><td></td><td></td><td></td><td></td><td></td><td></td></tr>
</table>

审核：　　　　　　　　　　　　　　　　　制表人：

为了保证工程按期收尾竣工，工程在施工期间，无论工期长短，其结算价款一般不得超过承包工程价值的 95%，结算双方可以在 5%的幅度内协商确定尾款比例，并在工程承包合同中订明。尾款应专户存入银行，待工程竣工验收后清算。施工企业如已向建设单位出具履约保函或有其他保证的，也可以不留工程尾款。

【例 3-17】　假定某建筑公司与客户签订了一项总金额为 13 000 万元的建造合同，承建一座水利工程。工程于 2010 年 1 月 1 日开工，预计 2012 年年底完工。最初，预计工程总成本为 9 000 万元，2011 年工程遇到了特殊技术阻碍，工程预计总成本增至 10 100 万元，且客户同意将合同价款提高到 14 500 万元。合同成本及其他有关资料见表 3-3。

表 3-3　　　　　　　　　　　资　料　　　　　　　　　　单位：万元

项　目	2010 年	2011 年	2012 年
合同总收入	13 000	14 500	14 500
到年末止已发生的合同成本	2 160	7 373	10 500
完成合同尚需发生成本	6 840	2 727	
预计合同总成本	9 000	10 100	10 500
预计利润	4 000	4 400	4 000
当年结算工程价款	5 000	3 000	6 500
当年实际收到工程价款	4 500	3 000	7 000

该建筑公司应根据上述资料进行账务处理如下：

1. 2010 年账务处理

① 发生的合同成本：

借：工程施工——合同成本 ——水利工程——××费　21 600 000

　贷：原材料、应付职工薪酬、累计折旧等　　　　　21 600 000

② 已办理结算的工程价款：

借：应收账款　　　　　　　　　　　　　　50 000 000

　贷：工程结算　　　　　　　　　　　　　　　50 000 000

③ 实际收到的合同价款：

借：银行存款　　　　　　　　　　　　　　　　　45 000 000

　贷：应收账款　　　　　　　　　　　　　　　　　　45 000 000

④ 计算确认本年合同收入：

2010 年合同完工进度 =(2 160 ÷ 9 000) × 100% = 24%

2010 年应确认的合同收入 = 13 000 × 24% = 3 120 (万元)

2010 年应确认的合同费用 = 9 000 × 24% = 2 160 (万元)

2010 年应确认的毛利 = 3 120 − 2 160 = 960 (万元)

借：主营业务成本——确认费用　　　　　　　　　21 600 000

　工程施工——合同毛利　　　　　　　　　　　　9 600 000

　贷：主营业务收入　　　　　　　　　　　　　　　　31 200 000

2. 2011 年账务处理

① 发生的合同成本：

借：工程施工——合同成本——水利工程——××费　52 130 000

　贷：原材料、应付职工薪酬、累计折旧等　　　　　　52 130 000

② 已办理结算的工程价款：

借：应收账款　　　　　　　　　　　　　　　　　30 000 000

　贷：工程结算　　　　　　　　　　　　　　　　　　30 000 000

③ 实际收到的合同价款：

借：银行存款　　　　　　　　　　　　　　　　　30 000 000

　贷：应收账款　　　　　　　　　　　　　　　　　　30 000 000

④ 计算确认本年合同收入与合同费用：

2011 年合同完工进度 =(7 373 ÷ 10 100) × 100% = 73%

2011 年应确认的合同收入 = 14 500 × 73% − 3 120 = 7 465（万元）

2011 年应确认的合同费用 = 10 100 × 73% − 2 160 = 5 213（万元）

2011 年应确认的毛利 = 7 465 − 5 213 = 2 252（万元）

借：主营业务成本——确认费用　　　　　　　　　52 130 000

　工程施工——合同毛利　　　　　　　　　　　　22 520 000

　贷：主营业务收入　　　　　　　　　　　　　　　　74 650 000

3. 2012 年账务处理

① 发生的合同成本：

借：工程施工——合同成本——水利工程——××费　31 270 000

　贷：原材料、应付职工薪酬、累计折旧等　　　　　　31 270 000

② 已办理结算的工程价款：

借：应收账款　　　　　　　　　　　　　　　　　65 000 000

　贷：工程结算　　　　　　　　　　　　　　　　　　65 000 000

③ 实际收到的合同价款：

借：银行存款　　70 000 000

　贷：应收账款　　70 000 000

④ 计算确认本年合同收入与合同费用：

2012 年合同完工进度= 100％

2012 年应确认的合同收入 = 14 500×100% − 10 585 = 3 915（万元）

2012 年应确认的合同费用 = 10 500 × 100% − 7 373 = 3 127（万元）

2012 年应确认的毛利 = 3 915 − 3 127 = 788（万元）

借：主营业务成本——确认费用　　31 270 000

　　工程施工——合同毛利　　7 880 000

　贷：主营业务收入　　39 150 000

将“工程施工”与“工程结算”账户余额对冲。

借：工程结算　　145 000 000

　贷：工程施工——合同成本——水利工程——××费　　105 000 000

　　　　　　——合同毛利　　4 000 000

【例 3-18】 假定某建筑企业签订了一项总金额为 580 万元的固定造价合同，承建一座桥梁。工程已于 2010 年 2 月开工，预计 2012 年 8 月完工。最初预计的工程总成本为 550 万元，到 2011 年年底，由于材料价格涨价等因素调整了预计总成本，预计工程总成本为 600 万元。该建筑企业于 2012 年 6 月提前两个月完成了桥梁合同，工程质量优良，客户同意支付奖励款 20 万元。建造该座桥梁的其他有关资料见表 3-4。

表 3-4　　有关资料　　单位：万元

项　目	2010 年	2011 年	2012 年
累计支出的合同成本	154	480	595
完成合同尚需发生成本	396	120	
当年实际结算的工程价款	174	296	130
当年实际收到工程价款	170	290	140

根据上述资料对该建筑企业的有关账务处理如下：

1. 2010 年的账务处理

① 发生的合同成本：

借：工程施工——合同成本——桥梁工程——××费　　1 540 000

　贷：原材料、应付职工薪酬、累计折旧等　　1 540 000

② 已办理结算的工程价款：

借：应收账款　　1 740 000

　贷：工程结算　　1 740 000

③ 实际收到的合同价款：

借：银行存款　　1 700 000

　贷：应收账款　　1 700 000

④ 计算确认本年合同收入与合同费用：

2010 年合同完工进度 = 154 ÷ (154 + 396) × 100% = 28%

2010 年应确认的合同收入 = 580 × 28% = 162.40（万元）

2010 年应确认的合同费用 = 550 × 28% = 154（万元）

2010 年应确认的毛利 = 162.40 − 154 = 8.40（万元）

借：主营业务成本——确认费用　　1 540 000

　工程施工——合同毛利　　84 000

　贷：主营业务收入　　1 624 000

2. 2011 年的账务处理

① 发生的合同成本：

借：工程施工——合同成本——桥梁工程——××费　　3 260 000

　贷：原材料、应付职工薪酬、累计折旧等　　3 260 000

② 已办理结算的工程价款：

借：应收账款　　2 960 000

　贷：工程结算　　2 960 000

③ 实际收到的合同价款：

借：银行存款　　2 900 000

　贷：应收账款　　2 900 000

④ 计算确认本年合同收入与合同费用：

2011 年合同完工进度 = 480 ÷ (480 + 120) × 100% = 80%

2011 年应确认的合同收入 = 580 × 80% − 162.40 = 301.60 (万元)

2011 年应确认的合同费用 = 600 × 80% − 154 = 326 (万元)

2011 年应确认的毛利 = 301.60 − 326 = −24.40 (万元)

2011 年应确认的合同预计损失 = (600 − 580) × (1 − 80%) = 4 (万元)

借：主营业务成本　　3 260 000

　贷：主营业务收入　　3 016 000

　　工程施工——合同毛利　　244 000

同时：

借：资产减值损失——合同预计损失　　40 000

　贷：存货跌价准备——预计损失准备　　40 000

3. 2012 年的账务处理

① 发生的合同成本：

借：工程施工——合同成本——桥梁工程——××费　　1 150 000

　贷：原材料、应付职工薪酬、累计折旧等　　1 150 000

② 已办理结算的工程价款：

借：应收账款　　1 300 000

　贷：工程结算　　1 300 000

③ 实际收到的合同价款：

借：银行存款　　1 400 000

　贷：应收账款　　1 400 000

④ 计算确认本年合同收入与合同费用：

2012年合同完工进度=100%

2012年应确认的合同收入$=(580+20)-(162.40+301.60)=136$(万元)

2012年应确认的合同费用$=595-(154+326)=115$(万元)

2012年应确认的毛利=136-115=21(万元)

2012年应转回的合同预计损失=4万元

借：主营业务成本　　1 150 000

　工程施工——合同毛利　　210 000

　贷：主营业务收入　　1 360 000

同时：

借：存货跌价准备——预计损失准备　　40 000

　贷：主营业务成本　　40 000

将"工程施工"与"工程结算"账户余额对冲：

借：工程结算　　6 000 000

　贷：工程施工——合同成本——桥梁工程——××费　　5 950 000

　　　　——合同毛利　　50 000

【小思考3-4】施工企业在期末针对"工程施工"、"工程结算"如何填列资产负债表报表项目？

六、分包工程结算的核算

一个工程项目如果有两个和两个以上的施工企业承担施工时，根据国家对建设工程管理的要求，建设单位和施工企业要实行承包责任制和总分包协作制。在这种情况下，要求一个施工企业作为总包单位向建设单位（发包单位）总承包，对建设单位负责，再由总包单位将专业工程分包给专业性施工企业施工，分包单位对总包单位负责。

分包给外单位施工的工程有两种情况：一种是分包工程作为自行完成的工作量；另一种是分包工程不作为自行完成的工作量。作为自行完成工作量的分包工程一般是企业对分包工程施工全过程按本企业施工组织计划进行管理，对分包工程的材料、人工、机械等消耗进行核算，并计算实际成本。不作为自行完成工作量的分包工程，以施工图预算或造价分包给分包单位后，企业在施工中只对分包单位承包的工程进行技术监督，结算已完分包工程价款，分包工程在施工中发生的费用由分包单位进行核算。

分包工程结算应设置的会计账户。为了反映与分包单位发生的备料款和工程款的预付和结算情况，应设置“预付账款——预付分包单位款”和“应付账款——应付分包单位款”等账户。

【例 3-19】 企业根据预付备料款额度，通过银行向分包单位预付备料款 26 200 元。作会计分录如下：

借：预付账款——预付分包单位款　　26 200

　贷：银行存款　　　　　　　　　　　　26 200

【例 3-20】 企业按工程分包合同规定，于月中根据工程进度预付分包单位工程款 13 000 元。作会计分录如下：

借：预付账款——预付分包单位款　　13 000

　贷：银行存款　　　　　　　　　　　　13 000

【例 3-21】 月终根据经审核的分包单位提出的“工程价款结算账单”结算应付已完工程款 32 000 元，应付临时设施费和劳动保险费 950 元，如作为企业自行完成的工作量，作会计分录如下：

借：工程施工　　　　　　　　　　32 950

　贷：应付账款——应付分包单位款　　32 950

如不作为企业自行完成的工作的工作量，则作会计分录如下：

借：主营业务成本　　　　　　　　32 950

　贷：应付账款——应付分包单位款　　32 950

【例 3-22】 企业根据合同规定，从应付分包工程款中扣除预付的工程款 13 000 元和预付备料款 2 500 元。作会计分录如下：

借：应付账款——应付分包单位款　　15 500

　贷：预付账款——预付分包单位款　　15 500

【例 3-23】 从银行存款中支付分包单位工程款 16 500 元和临时设施费、劳动保险费 950 元。作会计分录如下：

借：应付账款——应付分包单位款　　17 450

　贷：银行存款　　　　　　　　　　　　17 450

本章小结

施工企业会计核算与其他行业的会计核算相比，成本核算对象具有单件性；核算周期具有长期性；产成品和在产品的划分具有特殊性；工程价款的结算方式具有多样性等特点。施工企业的会计核算包括周转材料、临时设施的核算，工程施工成本的核算、合同收入、费用的核算。周转材料是

指企业在施工生产过程中能够多次使用并可基本保持原来的形态而逐渐转移价值的工具性材料，其核算分为购入、领用摊销及摊销额的调整的核算。临时设施是指施工企业为保证施工和管理的正常进行而建造的各种临时性生产、生活设施。其核算分为购建、摊销、清理的核算。工程施工成本的项目分为直接人工、直接材料、其他直接费用、机械使用费、施工间接费等成本项目，成本项目的归集分配较为复杂。施工企业应在建造合同执行过程中，平时除对实际发生的合同成本、开单结算及工程款回收情况及时进行核算外，还应根据权责发生制原则，于每一会计期末定期计算确认合同收入与合同费用，并及时确认与合同未来期间相关的预计损失。

关键术语

施工预算　　工程施工　　已完工程　　未完工程　　周转材料　　临时施设
单位工程　　单项工程　　机械作业　　建造合同　　合同收入　　合同成本　　分包工程

综合练习

一、单项选择题

1．施工企业临时设施的处理应通过（　　）账户进行核算。

A．固定资产清理　　B．待处理财产损溢　　C．临时设施清理　　D．在建工程

2．施工企业用银行存款购入2 000元作为施工队使用的办公用品，应借记（　）。

A．管理费用　　B．工程施工　　C．财务费用　　D．制造费用

3．企业在施工现场搭建临时办公室，发生的费用应先通过（　　）账户核算。

A．临时设施　　B．在建工程　　C．固定资产　　D．工程施工

4．确认建造合同收入的方法一般可以用（　　）。

A．特定履行法　　B．收现法　　C．交货法　　D．完工百分比法

5．施工企业期末在产品成本一般采用（　　）计算。

A．定额成本　　B．计划成本　　C．预算成本　　D．标准成本

6．施工企业按月计提临时设施摊销费时，应贷记（　　）账户。

A．临时设施摊销　　B．管理费用　　C．工程施工　　D．临时设施

7．甲工程将一批不需用模板退回，经计算应补提摊销21元，应借（　）账户。

A．周转材料　　B．周转材料摊销　　C．原材料　　D．工程施工

8．甲工程领用一批模板，实际成本36 000元，预计净残值率为2%，预计使用期限为20个月，则此批模板的月摊销额为（　）元。

A．1 800　　B．1 864　　C．1 764　　D．1 664

9. 一般情况下，施工企业应以（　　）为成本核算对象。

A. 分部工程　B. 分项工程　C. 单位工程　D. 工程项目

10. 工程成本中的间接费用包括（　　）。

A. 机械使用费　B. 临时设施摊销费

C. 工程保修费　D. 检测试验费

二、多项选择题

1. 下列各项，属于施工企业存货的有（　　）。

A. 结构件　B. 原材料　C. 周转材料　D. 工程施工

2. 下列各项收入中，属于施工企业的其他业务收入的有（　　）。

A. 销售辅助材料产生的收入　B. 提供运输劳务所取得的收入

C. 处置固定资产收益　D. 出租固定资产的租金收入

3. 完工百分比可以采用如下方法确定（　　）。

A. 由专业测量师对已经完成的工作或工程进行测量，并按一定方法计算劳务的完成程度

B. 已经提供的劳务占应提供劳务总量的比例

C. 已经发生的成本占估计总成本的比例

D. 会计人员谨慎估计

4. （　　）属于施工企业工程成本中的其他直接费用。

A. 材料的二次搬运费　B. 临时设施摊销费　C. 生产工具使用费　D. 检验试验费

5. 下列有关建造合同的会计处理，正确的有（　　）。

A. 建造合同结果能够可靠估计的，采用完工百分比法确认合同收入和合同费用

B. 建造合同的结果不能可靠估计的，也应使用完工百分比法确定合同收入与合同费用

C. 建造合同结果不能可靠估计且合同成本能够收回的，按合同成本确认合同收入

D. 建造合同结果不能可靠估计且合同成本不能收回的，合同成本在发生时计入合同费用

6. 施工企业工程成本核算应设置的账户有（　　）。

A. 工程施工　B. 机械作业　C. 其他直接费用　D. 存货

7. 施工企业的周转材料摊销方法一般有（　　）等几种。

A. 分次摊销　B. 五五摊销　C. 一次摊销　D. 定额摊销

8. 计算报废周转材料已提摊销额应考虑的因素有（　　）。

A. 残值　B. 该类周转材料账面已提摊销额累计

C. 报废周转材料计划成本　D. 该类周转材料账面计划成本

9. 施工企业在施工现场建造的（　　）属于临时设施。

A. 临时库房　B. 简易作业棚　C. 临时办公室　D. 道路

10. 施工企业成本核算与工业企业成本核算的区别有（　　）。

A. 成本计算对象不同　B. 成本核算账户不同

C. 在产品成本的计算方法不同　D. 成本计算期不同

三、判断题

1．施工企业对周转材料的核算和管理既不同于固定资产，也不同于低值易耗品。（　）

2．“工程施工”账户是核算施工企业施工成本的账户。（　）

3．施工企业从本企业其他内部独立核算的机械站租入施工机械，按照规定的台班费定额支付的机械租赁费，通过“机械作业”账户核算。（　）

4．施工企业与工业企业对“在产品”的界定基本一致。（　）

5．对间接费用在各成本核算对象间的分配，施工企业与工业企业都可选工时为分配标准。（　）

6．施工企业使用的材料，都应计入工程成本中的材料费项目。（　）

7．对于个别规模大、工期长的单位工程，可按分部工程划分成本核算对象。（　）

8．在施工过程中发生的材料的二次搬运费属于工程成本中的其他直接费用。（　）

9．合同费用是建筑施工企业已经发生的与已确认的合同收入配比的工程或劳务的成本，是建筑施工企业的主营业务成本。（　）

10．施工企业使用的材料都应计入工程成本中的材料费中。（　）

四、实践练习题

实践练习1

目的：练习施工企业周转材料的核算

资料：蓝天建筑公司承包的A工程发生下列业务：

1．领用全新架料一批，计划成本64 000元。

2．领用全新安全网（一次摊销）计划成本2 400元，材料成本差异率为-1%。

3．报废竹跳板一批，计划成本为16 000元，残值2 800元，已验收入库，材料的成本差异率为1%，跳板账面计划成本60 000元，已提摊销额48 000元。

4．将不需要的挡板退回仓库，计划成本10 000元，估计成新率60%，该批挡板总计划成本为116 000元，账面已提摊销额为52 200元。

5．按规定的摊销法，本期挡板应提摊销额为3 200元。

6．竣工盘点，发现短缺架料2 000元，该批架料账面计划成本为90 000元，在用架料账面累计摊销额为68 400元。

要求：为蓝天建筑公司对上述业务进行会计处理。

实践练习2

目的：练习施工企业施工成本、费用的核算

资料：某施工企业承担顺达公司的厂房A、B工程施工任务，本月发生部分经济业务如下：

1．用银行存款支付大中型机械进场运输费4 200元，其中A工程负担2 000元，B工程负担2 200元。

2．用银行存款支付A工程土方运输费17 000元。

3．用银行存款支付施工现场经理部差旅交通费10 400元，办公费2 282元，其他管理费1700元。

4．用银行存款支付企业行政管理部门办公费 14 000 元，差旅交通费 15 000 元，其他管理费 5 000 元。

5．月末，根据工资费用分配表列示：建筑安装工程施工工人工资 200 000 元（按工人工时比例分配，其中 A 工程工时 4 500 元，B 工程工时 5 500 元），企业行政管理人员工资 7 000 元。

6．本月施工发生材料费用 1 000 000 元，其中 A 工程耗用 400 000 元，B 工程耗用 600 000 元。

7．本月租用运输及机械施工支付租金 30 000 元，其中 A 工程负担 12 000 元，B 工程负担 18 000 元。

8．本月发生的施工间接费用按照工程的直接费用比例进行分配。

要求：根据以上资料编制会计分录，计算 A、B 工程本月的实际总成本。

实践练习 3

目的：练习建造合同收入、合同费用的核算

资料：天龙建筑公司签订了一项总额为 2 000 万元的建造合同，承建一座桥梁。工程已于 2010 年 5 月开工，预计 2012 年 8 月完工。最初，预计工程总成本为 1 800 万元，到 2011 年年底，由于材料价格上涨等因素调整了预计总成本，预计工程总成本已为 2 100 万元。该项工程于 2012 年 5 月提前 3 个月完成了建造合同，客户同意支付奖励款 300 万元。建造该项工程的其他有关资料如下：（单位：万元）

项目	2010 年	2011 年	2012 年
至目前为止已发生的成本	630	1 575	2 080
完成合同尚需发生成本	1 170	525	—
已结算工程价款	900	900	500
实际收到价款	850	860	590

要求：根据上述资料，编制天龙建筑公司 2010 年、2011 年和 2012 年相关业务的会计分录。（金额单位用万元表示）

实践练习 4

目的：练习临时设施的核算

资料：

1．2012 年 3 月 20 日，行健建筑公司以银行存款 46 000 元购入旧房屋一幢，作为施工管理临时办公室。

2．2011 年 3 月 22 日，行健建筑公司的 M 工程为施工现场搭建临时材料库，领用各种材料的计划成本为 8 000 元，材料成本差异率为 1%，支付工资 1 200 元，以银行存款支付其他费用 500 元，该材料库于 2011 年 4 月 2 日完工投入使用。

3．假设上述临时设施根据工程需要应在 20 个月摊销完。请编制 2011 年 5 月份摊销分录。

4．在财产清查时，发现盘亏临时设施一项，其账面原价 33 600 元，累计已提摊销额为 10 400 元。

要求：根据上述资料，编制行健建筑公司相关业务的会计分录。

实践练习5

目的：练习施工企业往来的核算

资料：民强建筑公司发生以下经济业务：

1．10月31日收到乙分包单位开出的“工程价款结算账单”，应付工程价款800 000元，可扣回的已预付分包单位工程款和备料款共计180 000元。11月2日以银行存款支付剩余的工程价款。

2．收到发包单位拨付备料款680 000元，存银行。

3．收到发包单位工程结算款800 000元，存银行。

4．应付职工工资160 000元，其中：建筑安装工程施工人员工资110 000元，机械施工机上人员工资15 000元，项目部管理人员工资20 000元，企业行政管理人员工资15 000元。

5．向银行提取现金160 000元，支付职工工资。

6．计提本期营业税50 000元。

7．购买原材料，买价100 000元、增值税17 000元，材料已入库，款未付。

要求：根据上述资料，编制民强建筑公司相关业务的会计分录。

实践练习6

目的：练习施工企业成本、费用的核算

资料：中兴公司发生以下经济业务：

1．企业承包A工程10月领用各类材料的计划成本为：主要材料126 000元，结构件60 000元。

2．施工现场领用一批模板，其成本为30 000元。

3．月末分配工资270 000元，其中施工工人工资200 000，行政管理部门人员工资70 000元。编制相应的会计分录。

4．本月机械使用费共计160 000元，工作了400个台班，其中：甲工程实际使用300个台班，乙工程实际使用100个台班，按台班分配法分配自有施工机械的使用费。

5．计提固定资产折旧90 000元，其中：施工机械折旧70 000元，企业行政管理部门使用固定资产折旧20 000元。

6．用银行存款支付电费19 520元，其中施工机械用电8 650元，施工生产照明用电6 720元，企业行政管理部门照明用电4 150元。

7．报废施工机械一台，原值40万元，已提折旧36万元，清理费用0.1万元，残值收入0.3万元，均通过库存现金收付，该设备已清理完毕。

8．用银行存款为该工程支付排污费14万元。

要求：根据上述资料，编制中兴公司相关业务的会计分录。

第4章 房地产开发企业会计

【知识目标】

- 了解房地产企业经营业务的特点和会计核算的特点
- 掌握房地产企业开发成本的会计核算
- 掌握房地产开发产品销售的会计核算

【能力目标】

- 理解房地产企业会计与其他行业会计的区别
- 熟悉房地产企业会计核算使用的主要会计账户
- 掌握房地产企业开发成本、开发产品销售业务的会计核算

第一节 房地产开发企业业务与会计核算的特点

一、房地产开发企业的业务特点

（一）房地产开发企业的概念

房地产，又称不动产，是房屋和土地财产的总称。房地产开发企业是以土地开发和房屋建筑为对象，从事开发和经营房地产的企业。

（二）房地产开发企业的业务特点

房地产开发企业业务范围主要包括地产开发、经营、使用权的出让或转让抵押；房产的建设、出售、出租、抵押和维修以及房地产信托信息咨询、代理、物业管理等经济活动。是具有先导性、基础性、带动性和风险性的产业，属于第三产业。

房地产开发企业的业务特点是以房地产开发作为商品经营来运作，其特点表现在如下四个方面。

1. 长期性：因为从房地产项目的投资决策、破土动工到商品房的竣工、配套设施全部完成，少则几年，多则几十年，经历规划、勘察、设计、施工、验收等许多阶段，因而，房地产开发具有长期性。

2. 计划性：企业征用的土地、建设的房屋、基础设施以及其他设施都应严格控制在国家计划范围之内，按照规划、征地、设计、施工、配套、管理"六统一"原则和企业的建设计划、销售计划进行开发经营。

3. 庞大性：房地产开发企业无论是投入的资金还是建设实体，与其他企业相比都是巨大的。

4. 风险性：由于房地产经营企业投入的资金数额较大，而且资金周转周期长，具有不可确定性因素很多，因而较易遭风险的冲击。

5. 复杂性：因为房地产开发经营是一项错综复杂，纵横交叉的系统工程，它不仅涉及土地管理部门、城市规划部门、勘察设计单位、施工、拆迁等部门，而且涉及商品房开发道路、地下设施、水电、邮政、交通、通信、商业、文教、卫生、娱乐、绿化建设等相配套方面，因而与其他企业相比，它具有复杂性。

由于房地产开发企业具有上述业务特点，因此，房地产业在国民经济中有着十分重要的地位和作用，它既是一个高附加值的产业部门，对国家财政提供了大量的积累，而且还是一个导向型产业，可以带动相关产业的发展。

【小思考 4-1】房地产开发企业与施工企业的业务有什么不同？

（三）房地产开发的分类

（1）房地产开发按业务侧重的不同可分为两类。

第一类是从事城市房地产开发和交易的，即所谓房地产开发，是指在依法取得国有土地使用权的土地上进行基础设施、房屋建设；所谓房地产交易，包括房地产转让、房地产抵押和房屋租赁。

第二类是从事开发经营成片土地的，即简称成片开发。它是指在依法取得国有土地使用权后，依照规划对土地进行综合性的开发建设，形成工业用地和其他建设用地条件，然后转让土地使用权或者转让、出租地面建筑物。

（2）房地产开发按项目的运作方式的不同可分为三类。

第一类，也是通常的运作，即取得土地使用权，进行房屋的建设，而后出售新建房屋的方式。

第二类，是把土地由生地变为建设熟地之后再转让的方式。

第三类，其他方式。如购买房屋后出租；购买房屋后出租一段时间再转让；或者购买房地产后等待一段时间再转让；或者接手在建工程后继续开发等。

二、房地产开发企业会计核算的特点

房地产开发企业会计是指运用价值形式对房地产企业开发经营过程中经济活动进行的综合反映和监督的一门专业会计。与其他企业会计相比较，它有如下特点。

（一）核算对象较为特殊，核算周期具有长期性

房地产开发企业会计核算对象包括对房地产开发、转让、销售、出租等经济活动进行反映与监督，因而房地产开发经营首先必须根据市场需求，对建筑基地、基础设施、地上地下情况、周围环境、规划设计、拆迁安置，建筑用料、投资来源等作出周密的调查研究，概预算各开发项目的费用、验收交付费用、不可预见费用、税收费用、管理费用、财务费用及预计利润，然后在此基础上核算出开发成本、销售成本、投资回收期、投资利润率等指标是否达到预测的目标。同时因为房地产开发具有长期性，因此其核算周期具有长期性。

（二）成本核算较为复杂

由于房地产开发企业经营方式可分为自行投资委托他人施工、自行投资自行建设和中介服务三种方式。因为房地产开发企业的费用归集分配的复杂化，所以房地产开发企业的成本核算一般应结合开发顺序、开发产品的特点、用途、结构、装修、层高、施工队伍、招投标情况等因素综合考虑后确定。

（1）开发产品的开发顺序可分为规划设计、征地拆迁、组织施工、竣工验收、产品销售五个阶段，以开发顺序的每个阶段作为成本核算的对象，进行成本费用的归集，使成本随着产品的开发同步流转。

（2）一般的开发产品，可以按独立编制的概、预算或施工图中所列的单项开发工程、发包工程为成本核算对象，便于分析产品概、预算和施工合同的完成情况。

（3）规模较大，较复杂的开发产品，可以按开发产品的一定区域，部位或发包工程作为核算对象，如工程分期开发，亦可以按开发期作为成本核算的对象。

（4）同一开发地点，结构类型，用料差异不大的群体开发建设产品，可以合并为一个成本核算对象，以简化成本核算手续。

（三）收入的确认较为特殊

房地产开发企业收入的确认，价款结算的特殊性具体表现如下三方面。

1. 在销售成立时确认营业收入实现

当房地产开发企业已经提供产品，办妥财产移交手续或已履行了劳务，而且客户已经付款或已提供了同意付款的证明时，销售即告成立。销售的成立，标志着企业已通过交换，用产品或劳务等换取了现金，银行存款等货款或应收账款、应收票据等索取货款的权利，这时的营业收入理所当然也就成立了，确认的凭据是销售合同和销售发票等。

2. 在收到货款时确认营业收入实现

由于房地产业的特点，决定了房地产的售价都很高，一般客户都不可能一下子拿出那么多的资金，因此银行按揭贷款销售方式在房地产业中很普遍。银行按揭贷款销售方式是在房屋等开发产品在建时实施，房地产企业在收到买房人首付款及其在银行的按揭贷款时分次确认营业收入实现，并按该期营业收入占全部营业收入的比例结转销售成本。

3. 在生产或完成时确认营业收入实现

由于房地产开发企业的特点，决定了房地产开发产品往往需经长达数年，甚至十多年的开发才能完工；对这些长期工程损益的确认，在会计处理上是一个特殊的问题。可按《企业会计准则》劳务收入和建造合同收入的确认原则进行确认。

（四）结算业务的频繁性和由此引起的财务关系的复杂性

因为房地产开发经营不仅涉及土地管理部门、城市规划部门、勘察设计单位、施工、拆迁等部门，而且涉及商品房开发道路、地下设施、水电、邮政、交通、通信、商业、文教、卫生、娱乐、绿化建设等相配套的各方面，因此涉及多方结算而且频繁，并由此引起的财务关系较为复杂。

【小思考 4-2】房地产开发企业与其他行业的会计有哪些不同？

第二节 房地产开发企业开发成本的核算

一、开发产品成本的内容

房地产开发企业的成本核算，一般应结合开发顺序、开发产品的地点、用途、结构、装修、屋高、施工队伍、招投标情况等因素综合考虑确定其核算对象，即费用的归集和分配的承担者。

开发产品成本是指房地产开发企业在开发房地产过程中所发生的各项费用支出。

（1）开发产品成本按其用途划分，可分为如下四类。

① 土地开发成本，指房地产开发企业在开发土地（即建设场地）过程中所发生的各项费用支出。

② 房屋开发成本，指房地产开发企业在开发各种房屋（包括商品房、出租房、周转房、代建房等）过程中所发生的各项费用支出。

③ 配套设施开发成本，指房地产开发企业开发能有偿转让的大配套设施和开发不能有偿转让、不能直接计入开发产品成本的公共配套设施所发生的各项费用支出。

④ 代建工程开发成本，指房地产开发企业接受委托单位的委托，代为开发除土地、房屋以外其他工程等所发生的各项费用支出，如市政工程。

(2) 开发产品成本按其成本项目划分，可分为如下六个成本项目。

① 土地征用及拆迁补偿费（或批租地价），指房地产开发企业按照政府部门总体建设规划开发房地产而征用土地所发生的各项费用，包括土地征用费、劳动力安置费以及原有建筑物的拆迁补偿费、耕地占用税或采用批租方式取得土地的批租地价。

② 前期工程费，指房地产开发企业在土地、房屋开发前发生的规划、设计、可行性研究以及水文地质勘察、测绘、场地平整、通水、通电等费用。

③ 基础设施费，指房地产开发企业在土地、房屋开发过程中发生的供水、供电、供气、排污、排洪、通信、照明、绿化、环卫设施以及道路等基础设施工程费用。

④ 建筑安装工程费，指房地产开发企业在土地、房屋开发项目过程中按建筑安装工程施工图施工所发生的各项建筑安装工程费和设备费。

⑤ 配套设施费，指房地产开发企业在开发小区内所发生的，可计入土地、房屋开发成本但不能有偿转让的公共配套设施费用，如锅炉房、水塘、居委会、派出所、幼托、消防、自行车棚、公厕等设施支出。

⑥ 开发间接费，指房地产开发企业内部独立核算单位及开发现场为开发房地产而发生的各项间接费用，包括现场管理机构人员工资、福利费、折旧费、修理费、办公费、水电费、劳动保护费、周转房摊销等费用。

综上所述，土地开发成本、房屋开发成本、配套设施开发成本和代建工程成本都可能分别包括上述六项成本中的某几项成本或全部项成本。

【小思考 4-3】房地产开发企业与施工企业在成本项目上有何区别？

二、成本核算对象的确定

（一）一般的开发项目，以每一独立编制的概算或施工图预算所列单项工程为成本核算对象。

（二）同一开发地点、结构类型相同的群体开发项目，开竣工时间相近、由同一施工单位施工的，可以并为一个成本核算对象。

（三）对于个别规模较大、工期较长的开发项目，可以结合经济责任制的需要，按开发项目的一定区域和部位，划分成本核算对象。

三、开发成本的核算账户及核算程序

（一）核算账户

房地产企业开发成本的核算需设置“开发成本”、“开发间接费用”两个账户。

(1)“开发成本”账户。该账户核算房地产企业在房地产开发过程中发生的开发成本。账户借方核算发生的开发成本，贷方核算结转完工开发项目的开发成本，期末如有余额在借方，则表示未完工开发项目的开发成本。该账户按照开发项目、成本核算对象、成本项目分别设置三级明细账。

(2)“开发间接费用”账户。该账户核算房地产开发企业内部独立核算单位在开发现场组织管理开发产品而发生的各项费用。账户借方核算发生的开发间接费用，贷方核算期末结转出去的开发间接费用，期末结转后该账户无余额。

(二) 开发成本核算的一般程序

开发产品成本的核算程序是指房地产开发企业核算开发产品成本时应遵循的步骤和顺序。其一般程序是：

① 按成本核算对象开设开发产品成本明细账；

② 按成本核算对象归集开发产品的直接费用；

③ 期末将开发间接费用进行分配，计入各受益开发产品的成本明细账；

④ 计算已完工开发产品的实际成本；

⑤ 按已完开发产品的实际功能和去向，将开发产品实际成本结转进入有关账户。

四、开发间接费用的核算

(一) 内容

开发间接费用是指房地产开发企业内部独立核算单位在开发现场组织管理开发产品而发生的各项费用。这些费用虽也属于直接为房地产开发而发生的费用，但它不能确定其为某项开发产品所应负担，因而无法将它直接记入各项开发产品成本。

(二) 核算

企业内部独立核算单位为组织和管理开发项目而发生的费用先通过“开发间接费用”账户核算，月份终了，再按一定的分配标准分配计入有关开发成本核算对象。其会计处理如下：

(1) 发生开发间接费用时：

借：开发间接费用

　贷：银行存款/应付职工薪酬/累计折旧/周转房——摊销等

(2) 月末分配结转时：

借：开发成本——房屋开发

　　　　——土地开发

　　　　——配套设施开发

　　　　——代建工程开发

　贷：开发间接费用

期末开发间接费用的分配方法如下。

方法一：直接费用比例法——按各开发产品的直接费用比例进行分配

分配率＝本月发生的开发间接费用÷本月各开发产品的直接费用总和

某项开发项目应分配的开发间接费用＝分配率×本月该开发产品的直接费用

【例 4-1】 某开发企业 2012 年 5 月共发生开发间接费用 87 360 元，其中：现场管理人员工资 30 000 元，计提折旧 17 360 元，支付购买办公用品费 20 000 元，支付水电费 10 000 元，支付电话费 10 000 元。应分配该费用的各开发项目的本月直接费用（即实际成本）分别为：A 商品房 10 万元，B 商品房 24 万元，出租房 15 万元，周转房 14 万元，大型配套设施商店 16 万元、商品性土地 25 万元，合计 104 万元。

发生开发间接费用：

借：开发间接费用　　87 360

　贷：银行存款　　40 000

　　应付职工薪酬　　30 000

　　累计折旧　　17 360

按直接费用比例法分配开发间接费用如下：

分配率＝87 360÷1040 000=0.084

A 商品房分配：0.084×10万元＝0.84万元

B 商品房分配：0.084×24万元＝2.016 万元

出租房分配：0.084×15 万元＝1.26 万元

周转房分配：0.084×14 万元＝1.176 万元

商店分配：0.084×16 万元＝1.344 万元

商品性土地分配：0.084×25 万元＝2.1 万元

借：开发成本——房屋开发——A 商品房—开发间接费用　　8 400

　　——B 商品房—开发间接费用　　20 160

　　——出租房—开发间接费用　　12 600

　　——周转房—开发间接费用　　11 760

　——土地开发——商品性土地—开发间接费用　　21 000

　——配套设施开发——商店—开发间接费用　　13 440

　贷：开发间接费用　　87 360

方法二：预算间接费用比例法-按各开发项目预算开发间接费用比例进行分配。

分配率＝本月发生的开发间接费用÷本月各开发产品的预算开发间接费用总和

某项开发产品应分配的开发间接费用＝分配率×本月该开发产品预算开发间接费用

【例 4-2】 2012 年 5 月发生开发间接费用 14.4 万元，均用银行存款支付。本月应分配该费用的各开发项目的预算间接费用分别为：A 商品房 6 万元，B 商品房 4 万元，商店 2 万元，合计 12 万元。会计处理如下：

分配率＝14.4÷12=1.2

A 商品房分配：1.2×6=7.2（万元）

B 商品房分配：1.2×4=4.8（万元）

商店分配：1.2×2=2.4（万元）

借：开发成本——房屋开发——A 商品房—开发间接费用　　72 000

——B 商品房—开发间接费用　　48 000

——配套设施开发-商店—开发间接费用　　24 000

贷：开发间接费用　　144 000

【小思考 4-4】房地产开发企业的开发间接费用与工业企业的制造费用核算是否相同？

五、配套设施费的核算

（一）配套设施的种类

第一类是开发小区内开发的不能有偿转让的公共配套设施，包括项目内的居民委员会、派出所、幼儿园、水塔、自行车棚等；

第二类为能有偿转让的城市规划中的大型配套设施，包括以下 3 种：

① 开发项目内为居民提供居住服务的给排水、供水、供电、供气的增容增压，交通道路等；

② 开发小区内营业性公共配套设施，商店，银行，邮局等；

③ 开发小区内非营业性公共配套设施，如中小学、文化站、医院等。

（二）配套设施开发成本的核算

对配套设施成本费用的归集，可分为如下 3 种情况。

（1）对能有偿转让的配套设施支出，应在“开发成本——配套设施开发”账户进行归集，完工后结转为“开发产品”。

（2）对不能有偿转让的配套设施支出，按照下列原则进行核算：

① 能分清并直接计入某个成本核算对象的不能有偿转让的配套设施支出，可直接计入有关房屋等开发成本，并在“开发成本——房屋开发”账户中归集其发生的支出；

② 不能直接计入有关房屋开发成本的不能有偿转让的配套设施支出有两种情况：

- 配套设施与房屋等开发产品不同步开发，或房屋等开发完成等待出售或出租，而配套设施尚未全部完成的，经批准后可按配套设施的预算成本或计划成本，预提配套设施费。

A．预提时，一般可按以下公式进行：

配套设施费预提率＝配套设施预算成本÷受益的各开发产品预算成本之和

某项开发产品预提的配套设施费

＝该项开发产品的预算成本×配套设施费预提率

借：开发成本——房屋开发——××工程—配套设施费

贷：应付账款——预提配套设施费

B．实际开发发生成本时：

借：开发成本——配套设施开发

贷：银行存款/应付账款

C．开发完工时：

房地产开发企业按预提率计算各项开发产品的配套设施费时，其与实际支出数的差额，应在配套设施完工时，按预提数的比例，调整增加或减少有关开发产品的成本。

借：应付账款　（预提数）

　　开发成本——房屋开发　（差额）

　贷：开发成本——配套设施开发（实际成本）

- 配套设施与房屋等开发产品同步开发的，按配套设施开发中发生的实际成本计入“开发成本——配套设施开发”中，完工时转入房屋开发成本。

A．实际开发时：

借：开发成本——配套设施开发

　贷：银行存款/应付账款

B．开发完工结转其实际成本时：

借：开发成本——房屋开发——××工程——配套设施费

　贷：开发成本——配套设施开发

【例 4-3】　资料：

（1）某房地产开发企业从 2010 年 1 月起开发长乐小区，在开发过程中，共建造三项配套设施，即：501 商店设施、502 水塔设施、503 幼儿园设施。其中 501 商店设施有偿转让给个人，502 水塔设施与商品房同步开发，503 幼儿园设施在商品房完工以后建造。为了及时计算出售商品房等的开发成本，对 503 幼儿园设施以各项开发产品的预算成本为基数采用预提方式计入有关开发产品成本。

（2）长乐小区各项开发产品的预算成本如下：

201 商品房	2 600 000 元
202 商品房	2 500 000 元
301 出租房	1 350 000 元
501 商店配套设施	550 000 元
503 幼儿园配套设施	420 000 元

（3）2010 年度内，商店、水塔、幼儿园共发生了下列各项支出（单位：元）

	501 商店设施	502 水塔设施	503 幼儿园设施
① 用银行存款支付征地拆迁费	50 000	6 000	50 000
② 用银行存款支付前期工程费	20 000	14 000	20 000
③ 应付建筑公司基础设施费	50 000	30 000	50 000
④ 用银行存款支付建安工程费	300 000	250 000	
⑤ 分配水塔配套设施费	30 000		
⑥ 分配开发间接费用	40 000		

（4）预提应由商品房、出租房和商店设施开发成本负担的幼儿园设施配套设施费；

（5）501 商店设施完工验收，结转其实际开发成本，准备有偿转让；

（6）2011 年，用银行存款支付建筑公司建造幼儿园设施建筑安装工程款 305 000 元；

（7）503 幼儿园设施完工验收，计算其实际开发成本，并将其成本冲减预提的配套设施费。如实际开发成本大于预提配套设施费，将少提数追加分配给 301 出租房开发成本。

要求 根据上列材料：

（1）计算 503 幼儿园设施配套设施费预提率；

（2）计算各项商品房、出租房、商店设施应提的幼儿园设施配套设施费；

（3）为各项经济业务编制会计分录。

企业会计处理如下：（计算过程以万元为单位）

1．幼儿园配套设施费的核算

幼儿园设施费预提率＝42 万元÷(260+250+135+55)×100%=6%

各开发产品预提的幼儿园设施费：

201 商品房预提：6%×260=15.6 （万元）

202 商品房预提：6%×250=15（万元）

301 出租房预提：6%×135=8.1（万元）

501 商店预提：6%×55=3.3 （万元）

借：开发成本——房屋开发——201 商品房——配套设施费　156 000
　　　　　　　　　　——202 商品房——配套设施费　150 000
　　　　　　　　　　——301 出租房——配套设施费　81 000
　　开发成本——配套设施开发——501 商店——配套设施费　33 000
　贷：应付账款——预提配套设施费　420 000

2010 年发生的幼儿园分配的开发成本：

借：开发成本——配套设施开发——503 幼儿园——征地拆迁费　50 000
　　　　　　　　　　　　　　　　——前期工程费　20 000
　　　　　　　　　　　　　　　　——基础设施费　50 000
　贷：银行存款　70 000
　　　应付账款　50 000

2011 年发生的幼儿园开发成本：

借：开发成本——配套设施开发——503 幼儿园——建筑安装费　305 000
　贷：银行存款　305 000

幼儿园实际开发成本＝5＋2＋5＋30.5＝42.5 万元＞预提数 42 万元

借：开发成本——房屋开发——301 出租房——配套设施费　5 000
　　应付账款——预提配套设施费　420 000
　贷：开发成本——配套设施开发——503 幼儿园——征地拆迁费　50 000
　　　　　　　　　　　　　　　　——前期工程费　20 000
　　　　　　　　　　　　　　　　——基础设施费　50 000

——建筑安装费　305 000

2．502 水塔开发成本的核算

2010 发生开发成本

借：开发成本——配套设施开发——502 水塔——征地拆迁费　6 000

——前期工程费　14 000

——基础设施费　30 000

——建筑安装费　250 000

贷：银行存款　270 000

应付账款　30 000

完工将成本 30 万元分配给各项开发产品：其中分配给 501 商店 3 万元，其余 27 万元按预算成本比例分配给 201.202 商品房，301 出租房。

分配率＝27÷(260+250+135)×100%=4.186%

201 商品房分配：4.186%×260=10.8836 万元

202 商品房分配：4.186%×250=10.465 万元

301 出租房分配：4.186%×135=5.6511 万元

借：开发成本——房屋开发——201 商品房——配套设施费　108 836

——202 商品房——配套设施费　106 450

——301 出租房——配套设施费　56 511

贷：开发成本——配套设施开发——502 水塔——征地拆迁费　6 000

——前期工程费　14 000

——基础设施费　30 000

——建筑安装费　220 000

3．501 商店开发成本的核算

借：开发成本——配套设施开发——501 商店——征地拆迁费　50 000

——前期工程费　20 000

——基础设施费　50 000

——建筑安装费　300 000

——配套设施费　30 000

——开发间接费　40 000

贷：银行存款　370 000

应付账款　50 000

开发成本——配套设施开发——502 水塔——建筑安装费　30 000

开发间接费用　40 000

因原预提了幼儿园配套设施费 3.3 万元，因此其实际开发成本为：

3.3+49=52.3（万元）

借：开发产品——501 商店　　　　　　　　　　　　　　　523 000

　贷：开发成本——配套设施开发——501 商店——征地拆迁费　　　50 000

　　　　　　　　　　　　　　　　　　　　——前期工程费　　　20 000

　　　　　　　　　　　　　　　　　　　　——基础设施费　　　50 000

　　　　　　　　　　　　　　　　　　　　——建筑安装费　　　300 000

　　　　　　　　　　　　　　　　　　　　——开发间接费　　　40 000

　　　　　　　　　　　　　　　　　　　　——配套设施费　　　63 000

【小思考 4-5】 房地产开发企业的配套设施有几种？如何核算？

六、土地开发成本的核算

（一）土地开发产品的种类

一是商品性建设场地即为销售或有偿转让而开发的土地，二是自用建设场地即为本企业兴建商品房和其他用房直接使用而开发出来的土地。

（二）土地开发成本的核算

土地开发和房屋开发是房地产开发企业的两个最主要的经营业务。根据土地开发支出的一般情况，房地产开发经营企业对土地开发成本的核算，可设置如下几个成本项目：(1) 土地征用及拆迁补偿费或土地批租费 (2) 前期工程费；(3) 基础设施费；(4) 开发间接费。其中土地征用及拆迁补偿费是指按照城市建设总体规划进行土地开发所发生的土地征用费、耕地占用税、劳动力安置费及有关地上、地下物拆迁检验费等。但对拆迁旧建筑物回收的残值应估价入账并冲减有关成本、开发土地如通过批租方式取得的，应列入批租地价。前期工程费是指上地开发项目前期工程发生的费用，包括规划、设计费，项目可行性研究费，水文、地质勘察、测绘费，场地平整费等。基础设施费是指土地开发过程中发生的各种基础设施费，包括道路、供水、供电、供气、排污、排洪、通信等设施费用。开发间接费指应由商品性土地开发成本负担的开发间接费用。土地开发项目如负担不能有偿转让的配套设施费的，还应设置“配套设施成本”成本项目，用以核算应计入土地开发成本的配套设施费。

土地开发成本，在“开发成本—土地开发成本”账户内核算，包括因开发土地而发生的各项费用。如果在土地开发过程中涉及二个或二个以上的成本核算对象，其土地开发成本待场地开发完工后按一定的标准分配计入有关成本核算对象；如果土地开发采用出包方式的，则应根据承包企业提出的“工程价款结算账单”，结算开发成本；如果土地开发完成后不转让而自己使用，其土地开发费用能分清核算对象则可以直接计入“开发成本—房屋开发成本”的有关成本项目中，开发间接费用也可以不通过土地开发这一分配环节而直接摊入“开发成本—房屋开发成本”的成本项目“开发间接费用”中。

【例 4-4】　南宁居住区综合开发公司，为开发琅东住宅区基地发生的开发建设费用如下：

（1）土地征用及拆迁补偿费：

土地补偿费 130 万元，青苗补偿费 20 万元，耕地占用税 120 万元，粮油差价补偿费 45 万元，菜地建设费 220 万元，农村设施补偿费 300 万元，养老安置用房费 2 500 万元，单位拆迁补偿费 250 万元，计 4 055 万元，扣除出售拆迁回收材料费 55 万元，共计支出 4 000 万元。

借：开发成本——土地开发　　40 550 000

　贷：银行存款等　　40 550 000

借：银行存款　　550 000

　贷：开发成本——土地开发　　550 000

（2）前期工程费用：

水文地质勘察费 15 万元，测绘费 2 万元，钻探打桩费 20 万元，场地平整费 1 万元，共计 38 万元。

借：开发成本——土地开发　　380 000

　贷：银行存款　　380 000

（3）基础设施费和建筑安装工程费：

按照合同规定，经过验收，应付南方建筑公司地下水管、排污等设施费用 80 万元，建筑安装费 50 万元。

借：开发成本——土地开发　　1 300 000

　贷：应付账款——应付工程费　　1 300 000

（4）开发间接费：

通过分配，应由土地开发负担的居住区综合开发中心现场管理组织费 40 万元。

借：开发成本——土地开发　　400 000

　贷：开发间接费用　　400 000

【例 4-5】　上例中土地开发总成本 4 208 万元，总面积 84 160 平方米，根据规划，其中 20 160 平方米转让给外商用于建设花园住宅，以便于筹集资金继续开发房屋 22 000 平方米用于职工住宅建设，余下的土地作为供出售用的公寓房建设用地。土地开发结束，经验收合格，对转让用地商品房用地，自用土地成本应予结转。

土地开发单位成本=42 080 000÷84 160=500 元/平方米

花园住宅用地总价=20 160×500=10 080 000 元

职工住宅用地总价=22 000×500=11 000 000 元

公寓房用地总价=42 000×500=21 000 000 元

作会计分录以下：

借：开发产品——土地　　10 080 000

　开发成本——房屋开发成本——职工住宅　　11 000 000

　　　　　——房屋开发成本——公寓房　　21 000 000

　贷：开发成本——土地开发　　42 080 000

【小思考 4-6】土地开发成本包括哪些项目？

七、房屋开发成本的核算

（一）房屋开发的种类

房地产开发企业开发的房屋主要有四种：一是为销售而开发的商品房；二是供出租经营而开发的经营房；三是为安置拆迁居民暂时过渡用的周转房；四是受其他单位委托，代为开发建设的代建房。这些房屋开发的成本核算，均在“开发成本——房屋开发成本”账户中核算。

（二）费用的归集与分配的原则

企业在开发的房屋中所发生的各项费用，能分清成本核算对象的，如土地征用及拆迁补偿费，前期工程费，基础设施费和建设安装费等直接费用，可以直接计入“开发成本——房屋开发”的有关成本项目中；不能分清成本负担对象或涉及两个成本核算对象的费用，应先在其他账户，如“开发间接费用”、“开发成本——土地开发成本”、“开发成本——配套设施开发成本”等账户中归集，期末再按一定的标准分配计入房屋开发成本；房屋开发采取出包方式的，应根据承包企业提出的“工程价款结算账单”，承付工程款，计入本账户的有关成本项目中；房屋开发采用自营方式的，所发生的施工费用，可按实际发生数直接计入“开发成本——房屋开发成本”账户下的建筑安装费用成本项目中，不能采用预算价格或应付账款进行核算，如果企业自营施工的工程比较大，可以先在“工程施工”、“施工间接费用”等账户内核算和归集，期末再按实际成本转入“开发成本——房屋开发成本”账户的建筑安装工程费成本项目。

房屋开发成本的成本项目包括：（1）土地开发成本；（2）建筑安装费；（3）配套设施费；（4）开发间接费。

房地产企业房屋开发的形式有两种：一是采用出包方式；二是采用自营方式。

（三）出包工程的核算

出包工程即是将整个工程全部出包或分包给承包的建筑公司建造。凡是开发工程在建筑期间与承包商签订的建筑、施工、安装、水电等各项支出均包括在出包工程成本内。其成本核算在“开发成本——房屋开发成本”中核算。其核算程序如下：

（1）转入土地开发成本；

（2）预付备料款、工程款；

（3）根据施工企业“工程价款结算账单”，结算工程价款，确认开发成本，同时扣除预付工程款、工程质量保证金，竣工验收后付清余款；

（4）结转分配开发间接费用；

（5）结转分配公共配套设施成本；

（6）根据开发成本计算表，计算结转完工开发产品的成本。

具体核算内容的会计分录如下。

（1）转入土地开发成本。

借：开发成本——房屋开发——××工程——征地拆迁费等

　贷：开发成本——土地开发

（2）预付备料款、工程款。

借：预付账款——预付工程款

——预付备料款

贷：银行存款

（3）根据“工程价款结算账单”，结算工程价款，确认开发成本，同时扣除预付备料款、工程款和质量保证金后并付清余款。

A．收到“工程价款结算账单”：

借：开发成本——房屋开发——××——建筑安装费

贷：应付账款

B．抵扣工程预付款和备料款：

借：应付账款

贷：预付账款——预付工程款

——预付备料款

C．实际结算时：

借：应付账款

贷：银行存款

其他应付款——质量保证金（竣工后预留）

如果企业对建筑安装工程采用招标方式发包，并将几个工程一并招标发包的，则在工程完工结算工程价款时，应按各项工程的预算造价比例计算分配各项工程的实际建筑安装费。

$$某项工程分配的建筑安装费=总标价\times\frac{该项工程的预算造价}{一并发包的各项工程造价之和}$$

【例 4-6】 某开发企业将 A、B 两栋商品房一并招标发包给市第二建筑公司，合同总标价 1 000 万元，A、B 两栋商品房的预算造价分别为 720 万元、480 万元。则 A、B 商品房各分配的实际建筑安装费如下：

A 商品房分配：

1 000×720÷(720+480)=600 万元

B 商品房分配：

1 000×480÷(720+480）=400 万元

借：开发成本——房屋开发——A 商品房——建筑安装费　　6 000 000

——B 商品房——建筑安装费　　4 000 000

贷：应付账款　　10 000 000

（4）结转分配的开发间接费用。

借：开发成本——房屋开发——××工程—开发间接费用

贷：开发间接费用

（5）根据公共配套设施费用计算分配表，结转公共配套设施成本。

① 不同步开发的，预提的配套设施费：

借：开发成本——房屋开发——××工程——配套设施费

  贷：应付账款—预提配套设施费

② 同步开发的，将实际的配套设施费分配转入：

借：开发成本——房屋开发——××工程——配套设施费

  贷：开发成本——配套设施开发

（6）根据开发成本计算表，计算结转完工开发产品的成本。

借：开发产品（形成商品房的）

  周转房（形成周转房的）

  固定资产（形成自用房的）

  投资性房地产（准备出租的）

  贷：开发成本——房屋开发——××工程——××费

【例 4-7】 中大房地产公司开发南园小区，以银行存款支付征地及拆迁补偿费 1 500 万元、前期工程费 200 万元，基础设施费 300 万元，土地开发完毕。现准备建造 A、B 两栋商品房及配套设施锅炉房一座。

A 商品房分摊的土地开发成本为 1 200 万元（其中：征地及拆迁补偿费 900 万元、前期工程费 120 万元，基础设施费 180 万元），B 商品房 800 万元（其中：征地及拆迁补偿费 600 万元、前期工程费 80 万元，基础设施费 120 万元），（锅炉房不分配土地开发成本），公司将 A、B 商品房一并招标发包给市第二建筑公司建造，合同总标价 5 000 万元，A、B 商品房的预算造价各为 2 800 万元、2 400 万元，锅炉房与商品房同时施工。

在建造中发生下列业务：

（1）按合同陆续预付备料款 2 500 万元，工程款 1 000 万元；

（2）工程采用竣工后一次结算方法，建筑公司在工程完工时开来"工程价款结算账单"，列明应结算价款 5 000 万元，扣除预付款 3 500 万元和工程质量保证金 500 万元后，余款在房屋验收合格后支付完毕。

（3）A、B 商品房各负担开发间接费用 120 万元、80 万元。

（4）A、B 商品房各负担配套设施锅炉房的开发费用 100 万元、60 万元。

要求：作出 A.B 商品房开发成本核算全过程的会计分录。

企业会计处理如下：

1. 转入土地开发成本

借：开发成本——房屋开发——A 商品房——征地及拆迁补偿费	9 000 000
——前期工程费	1 200 000
——基础设施费	1 800 000
——B 商品房——征地及拆迁补偿费	6 000 000
——前期工程费	800 000

——基础设施费 1 200 000

贷：开发成本——土地开发——南园小区——征地及拆迁补偿费 15 000 000

——前期工程费 2 000 000

——基础设施费 3 000 000

2. 建造中

（1）预付备料款 2 500 万元，工程款 1 000 万元：

借：预付账款——预付备料款 25 000 000

——预付工程款 10 000 000

贷：银行存款 35 000 000

（实际中每付一笔做一笔分录）

（2）建筑安装工程费：

收到结算账单时，计算 A、B 商品房各负担的建筑安装工程费：

A 商品房分配：5 000×2 800÷（2 800+2 400）=2 692（万元）

B 商品房分配：5 000×2 400÷（2 800+2 400）=2 308（万元）

借：开发成本——房屋开发——A 商品房——建筑安装费 26 920 000

——B 商品房——建筑安装费 23 080 000

贷：应付账款 50 000 000

抵扣工程预付款和备料款：

借：应付账款 35 000 000

贷：预付账款——预付工程款 10 000 000

——预付备料款 25 000 000

验收后结清余款：

借：应付账款 15 000 000

贷：其他应付款——质量保证金 5 000 000

银行存款 10 000 000

（3）A、B 商品房各负担开发间接费用 120 万元、80 万元：

借：开发成本——房屋开发——A 商品房——开发间接费 1 200 000

——B 商品房——开发间接费 800 000

贷：开发间接费用 2 000 000

（4）A、B 商品房各负担配套设施锅炉房的开发费用 100 万元、60 万元：

借：开发成本——房屋开发——A 商品房——配套设施费 1 000 000

——B 商品房——配套设施费 600 000

贷：开发成本——配套设施——锅炉房 1 600 000

（5）计算商品房开发总成本：

A 商品房开发成本＝1200＋2692＋120＋100＝4112（万元）

B 商品房开发成本＝800＋2308＋80＋60＝3248（万元）

借：开发产品——A 商品房　　41 120 000

　　　　　　——B 商品房　　32 480 000

　贷：开发成本——房屋开发——A 商品房——征地及拆迁补偿费　　9 000 000

　　　　　　　　　　　　　　　　　　——前期工程费　　1 200 000

　　　　　　　　　　　　　　　　　　——基础设施费　　1 800 000

　　　　　　　　　　　　　　　　　　——建筑安装工程费　　26 920 000

　　　　　　　　　　　　　　　　　　——开发间接费用　　1 200 000

　　　　　　　　　　　　　　　　　　——配套设施费　　1 000 000

　　　　　　——房屋开发——B 商品房——征地及拆迁补偿费　　6 000 000

　　　　　　　　　　　　　　　　　　——前期工程费　　800 000

　　　　　　　　　　　　　　　　　　——基础设施费　　1200 000

　　　　　　　　　　　　　　　　　　——建筑安装工程费　　23 080 000

　　　　　　　　　　　　　　　　　　——开发间接费用　　800 000

　　　　　　　　　　　　　　　　　　——配套设施费　　600 000

【小思考 4-7】房屋开发成本如何归集核算？

（四）自营工程的核算

1. 自营工程成本项目

由于房地产开发企业在开发基础设施、建筑安装等工程中具有多样性和固定性的特点，而且每一工程都有它的独特形式和结构，需要一套单独的设计图纸。因此，在建设它时，要采用不同的施工方法和施工组织。工程的这些特点，使工程施工具有个体性。因此，房地产开发企业的基础设施、建筑安装等工程的施工属于单件生产，在对工程组织成本核算时，必须采用定单成本核算法。定单成本核算法是指：凡是可以直接计入各项工程的生产费用，应直接计入各项工程成本；凡是不能直接计入各项工程而应由有关工程共同负担的生产费用，要先按照发生地点先行归集，然后按照一定的标准，定期分配计入有关工程成本。

按定单成本核算法计算工程成本，必须确定工程成本计算的对象。工程成本核算的对象，通常是指单位工程。根据单位工程来组织工程成本核算，便于反映工程预算的执行结果，分析工程成本超降的原因，及时反映施工活动的经济效益。

为了便于核算各项工程成本和分清工程成本趋降的原因，必须对生产费用按照经济用途加以分类。施工单位的生产费用按照它的经济用途，一般应分为下列成本项目。

（1）材料费，指在施工过程中所耗用的构成工程实体的材料、结构件的实际成本以及周转材料的摊销和租赁费用。

（2）人工费，指直接从事工程施工工人（包括施工现场制作构件工人，施工现场水平、垂直运输等辅助工人，但不包括机械施工人员）的工资、奖金、津贴和职工福利费。

（3）机械使用费，指在施工过程中使用自有施工机械所发生的费用，包括机上操作人员工资，职工福利费，燃料动力费，机械折旧、修理费，替换工具及部件费，润滑及擦拭材料费，安装、拆卸及辅助设施费，养路费，牌照税，使用外单位施工机械的租赁费，以及按照规定支付的施工机械进出场费。

（4）其他直接费，指现场施工用水、电、蒸汽费，冬雨季施工增加费，夜间施工增加费，土方运输费，材料二次搬运费，生产工具用具使用费．工程定位复测费，工程点交费，场地清理费等。

（5）施工间接费，指施工单位为组织和管理工程施工所发生的全部支出，包括施工单位管理人员工资、职工福利费、办公费、差旅交通费、行政管理用固定资产折旧修理费、低值易耗品摊销、财产保险费、劳动保护费、民工管理费等。

上述材料费、人工费、机械使用费和其他直接费，由于是直接耗用于工程的施工过程，叫做直接费，可以直接记入“工程施工”账户和各项工程成本。施工间接费由于是属于组织和管理工程施工所发生的各项费用：要按照一定标准分配计入各项工程成本，叫做间接费，在核算上应先将它记入“施工间接费用”账户，然后按照一定标准分配计入各项工程成本。

2. 自营工程的核算

自营工程的核算可以比照施工企业施工成本的核算进行，下面讲述房屋开发成本的账务处理过程：

如果上例中琅东住宅基地的开发由南宁市新区综合开发公司所属工程队自己建筑施工，其成本核算处理方法有两种。

① 开发过程中所发生的各项费用，直接计入“开发成本——土地开发成本，房屋开发成本，配套设施开发成本或代建工程开发成本”账户下各有关成本项目中。这种方法一般适合于自营中小型开发工程。

借：开发成本——土地开发　　×××

　　　　　——房屋开发　　×××

　　　　　——配套设施开发　　×××

　贷：银行存款　　×××

　　　原材料　　×××

　　　库存设备　　×××

　　　应付职工薪酬等　　×××

② 另外增设“工程施工”和“施工间接费用”，用来归集和核算自营工程在开发过程中所发生的建筑安装费用。月末，按实际成本结转入“开发成本——土地开发成本，房屋开发成本，配套设施开发成本或代建工程开发成本”账户。这种方法一般适合于大中型自营工程的开发。

借：工程施工　　×××

　贷：银行存款　　×××

　　　原材料　　×××

库存设备　　　　　　　　　　×××
应付职工薪酬等　　　　　　　　×××
借：施工间接费用　　　　　　　　×××
贷：银行存款　　　　　　　　　×××
原材料　　　　　　　　　　×××
应付职工薪酬等　　　　　　　　×××

月末，结转“施工间接费用”

借：工程施工　　　　　　　　　×××
贷：施工间接费用　　　　　　　×××

月末，结转建筑安装工程成本

借：开发成本——土地开发　　　　×××
——房屋开发　　　　×××
——配套设施开发　　×××
贷：工程施工　　　　　　　　　×××

八、代建工程开发成本的核算

（一）代建工程成本项目

代建工程开发成本项目一般分为五项：（1）土地征用及拆迁补偿费；（2）前期工程费（3）基础设施费；（4）建筑安装工程费；（5）开发间接费、在实际工作中，应根据代建工程支出内容设置使用。

（二）代建工程开发成本的核算

代建工程是指房地产开发企业接受委托单位的委托，代为开发的各种工程，包括土地、房屋、市政工程等。现行制度规定：房地产开发企业代委托单位开发的土地（即建设场地）、各种房屋所发生的各项支出，应分别通过“开发成本——商品性土地开发”和“开发成本——房屋开发”账户进行核算，并在这两个账户下分别按土地、房屋成本核算对象和成本项目归集各项支出，进行代建工程项目开发成本的明细分类核算。除土地、房屋以外，房地产开发企业代委托单位开发的其他工程如市政工程等，其所发生的支出，则应通过“开发成本——代建工程开发”账户进行核算。因此，房地产开发企业在“开发成本——代建工程开发 ”账户内核算。

房地产开发企业发生的各项代建工程支出和对代建工程分配的开发间接费用，应记入“开发成本——代建工程开发”账户的借方和“银行存款”、“应付账款——应付工程款”、“原材料”、“应付职工薪酬”，“开发间接费用”等账户的贷方。同时应按成本核算对象和成本项目分别归类计入各代建工程开发成本明细分类账。完成全部开发过程并经验收的代建工程，应将其实际开发成本自“开发成本——代建工程开发”账户的贷方转入“开发产品”账户的借方，并在将代建工程移交代建单位，办妥工程价款结算手续后，将代建工程开发成本自“开发产品”账户的贷方转入“主营业务成本”账户的借方。

【例 4-8】 南宁住宅区综合开发公司受市政府委托，代为扩建开发小区旁一条道路，扩建过程中，用银行存款支付拆迁补偿费300万元，前期工程费16万元，应付南通建筑工程公司的基础设施工程款54万元，分配开发间接费8万元。作会计分录如下：

借：开发成本——代建工程开发——××工程——拆迁补偿费　3 000 000

——前期工程费　160 000

——基础设施费　540 000

——开发间接费　80 000

贷：银行存款　3 160 000

应付账款　540 000

开发间接费用　80 000

道路扩建工程完工并验收，结转已完工程成本时：

借：开发产品——代建工程　3 780 000

贷：开发成本——代建工程开发——××工程——拆迁补偿费　3 000 000

——前期工程费　160 000

——基础设施费　540 000

——开发间接费　80 000

第三节 房地产开发企业开发产品销售、转让核算

房地产开发产品的种类包括：土地、房屋、配套设施、代建工程四类。其开发产品销售转让核算通过设置“主营业务收入”、“主营业务成本”等账户进行核算。

一、商品房销售的核算

（一）商品房销售的方式及相关规定

商品房包括期房和现房，鉴于其高价值性和高风险性，销售往往采用预售。对其销售方式可按下列标准划分。

一是按是否立即交房分为现售、预售；

二是按结算方式分为分期收款销售、按揭贷款销售、一次性收款销售。

房地产商品销售的前提是首先要取得预售许可证和销售许可证，在此基础上，经过签订预售合同并预收房款、签订正式销售合同、工程竣工验收合格并交付买方验收确认、收取房款、办理产权过户等销售环节，因此房地产收入的确认同一般的生产企业相比具有一定的特殊性。

（二）销售房屋建筑面积的确定

目前对于销售房屋建筑面积的确定，国家出台的相关规定有以下几点。

（1）商品房销售面积计算及公用建筑面积分摊规则；

（2）城市商品房预售管理办法；

（3）城市房地产转让管理规定；

（4）商品房销售管理办法。

房屋可整栋出售，也可以分单元、分套出售。销售面积按照下列方法确定：

（1）商品房整栋销售，商品房的销售面积即为整栋商品房的建筑面积（地下室作为人防工程的，应从整栋商品房的建筑面积扣除）。

（2）商品房按“套”或“单元”出售，商品房的销售面积即为购房者所购买的套内或单元内建筑面积（以下简称套内建筑面积）与应分摊的公用建筑面积之和。

商品房销售面积＝套内建筑面积＋分摊的公用建筑面积

① 套内建筑面积由以下三部分组成：套（单元）内的使用面积；套内墙体面积；阳台建筑面积。

套内建筑面积的计算公式为：

套内建筑面积=套内使用面积＋套内墙体面积＋阳台建筑面积

② 公用建筑面积按以下方法计算：

- 整栋建筑物的建筑面积扣除整栋建筑物各套（单元）套内建筑面积之和，并扣除已作为独立使用空间销售或出租的地下室、车棚及人防工程等建筑面积，即为整栋建筑物的公用建筑面积。
- 公用建筑面积分摊系数计算。

将整栋建筑物的公用建筑面积除以整栋建筑物的各套套内建筑面积之和，即得到建筑物的公用建筑面积分摊系数。

公用建筑面积分摊系数=公用建筑面积÷套内建筑面积之和

- 公用建筑面积分摊计算。

各套（单元）的套内建筑面积乘以公用建筑面积分摊系数，得到购房者应合理分摊的公用建筑面积。

分摊的公用建筑面积＝公用建筑面积分摊系数×套内建筑面积

商品房销售时，买卖双方均要签订《房屋买卖合同》，分套出售的，应以建筑面积作为计算房屋价格的基本单位。

（三）房屋销售的会计处理

1. 房屋销售收入的确认

房地产收入的确认应同时具备以下条件：

（1）工程已经竣工并验收合格；

（2）具有经购买方认可的结算通知书；

（3）履行了合同规定的义务，且价款已经取得或确信可以取得（与实测面积相对应的房款已确定，收到价款、开出发票或收到支付款的承诺函）；

（4）成本能够可靠地计量。

具体确认方法按照结算方式而定：

（1）采取一次性全额收款方式销售开发产品的，应于实际收讫价款或取得索取价款凭据（权利）之日，确认收入的实现。

（2）采取分期收款方式销售开发产品的，应按销售合同或协议约定的价款和付款日期确认收入的实现。付款方提前付款的，在实际付款日确认收入的实现。

（3）采取银行按揭贷款方式销售开发产品的，应按销售合同或协议约定的价款确定收入额，其首付款应于实际收到日确认收入的实现，余款在银行按揭贷款办理转账之日确认收入的实现。

（4）采取预售方式销售开发产品的，在签订正式合同、办理移交时确认收入的实现。

【小思考 4-8】房地产企业的销售方式有哪些？其销售收入如何确认？

2. 房屋销售收入核算

（1）一次性全额收款方式下的核算。

一次性全额收款方式下，收入、费用确认较准确，按一般销售确认，即实际收到价款或取得收款凭证且办妥房屋移交手续时确认收入。

【例 4-9】 某栋房屋的建筑面积共为 6 000 平方米（100 套房屋），其中房屋的公用建筑面积为 1 000 平方米（其中有 100 平方米属于可以单独出售的地下车位），各套房屋“套内”建筑面积为 50 平方米。出售价格 3 000 元 / 平方米。现出售 10 套房屋，已办妥产权移交手续并收到价款。

① 计算每套房出售面积：

公用面积分摊率＝（1 000－100）÷5 000×100%=18%

每套出售面积＝50×(1+18%) ＝59 平方米

② 分录：

出售收入为：10×59×3 000=1 770 000（元）

借：银行存款　　　　1 770 000

　贷：主营业务收入—商品房销售收入　　　　1 770 000

该栋房屋的开发成本为 1 500 元 / 平方米，营业税率为 5%，则同时结转房屋销售成本，计提营业税。

借：主营业务成本——商品房销售成本　　　　885 000（10×59×1 500）

　贷：开发产品——商品房　　　　885 000

借：营业税金及附加　　　　88 500（177 万×5%）

　贷：应交税费——应交营业税　　　　88 500

如整栋出售不必进行上述计算，分录相同。

（2）分期收款销售。

企业采用分期收款销售的，按合同或协议约定的收款日期确认收入。会计分录如下：

① 将房屋移交购买单位或个人时：

借：发出商品

　贷：开发产品

② 按合同或协议约定的收款日期确认销售收入并结转销售成本时：

借：银行存款

贷：主营业务收入

同时：

借：主营业务成本

贷：发出商品

（3）通过银行按揭销售。

先签订房屋买卖合同，首付款于收到时确认收入，余款在贷款办理转账之日确认收入。

【例 4-10】 某房地产公司通过按揭出售商品房现房一套，销售总价为 100 万元，收取定金 1 万元，银行按揭风险抵押金为 5%，首付款为 30%。商品房开发成本为 60 万元。

① 收到定金：

借：银行存款　　10 000

贷：预收账款　　10 000

② 签订合同，收到首付款：（房屋总价的 30%）

借：银行存款　　290 000

预收账款　　10 000

贷：主营业务收入　　300 000

③ 按揭贷款到账（余款在贷款办理转账）：

借：银行存款　　650 000

其他应收款　　50 000

贷：主营业务收入　　700 000

若收到首付款与按揭款均在同一会计年度发生的，则（2）（3）分录可合并为：

借：银行存款　　940 000

其他应收款　　50 000

预收账款　　10 000

贷：主营业务收入　　1 000 000

同时结转销售成本：

借：主营业务成本　　600 000

贷：开发产品　　600 000

④ 签发房产证交给银行，收回风险抵押金：

借：银行存款　　50 000

贷：其他应收款　　50 000

（4）预售（期房销售）。

房地产开发企业为了筹集开发资金而预先向客户收取一定数量的订金，待开发完毕再交付房屋并结清销售房屋的价款，这种销售方式称为预售。企业会计处理如下：

① 预收订金时，通过“预收账款”核算；

② 签订正式合同，办理移交时确认收入。

【例 4-11】 新兴房地产公司在开发建设某商品房时，为筹集开发建设资金，通过预售方式向客户收取房价的 10%作为定金，15 天后又向客户收取房价的 20%，45 天后再一次向客户收取房价的 30%，余下的 40%在产权移交时向客户收取，商品房建筑面积 4 000 平方米已经售罄，售价为 2 500 元/平方米。一年后房屋竣工决算的实际总成本为 6 000 000 元。

（1）预售时、签订认购书收取定金 10%。

借：银行存款　　　　　　　　　　　1 000 000

　贷：预收账款　　　　　　　　　　　1 000 000

15 天后收取 20%房款

借：银行存款　　　　　　　　　　　2 000 000

　贷：预收账款　　　　　　　　　　　2 000 000

45 天后收取 30%房款

借：银行存款　　　　　　　　　　　3 000 000

　贷：预收账款　　　　　　　　　　　3 000 000

（2）签订正式销售合同、办理产权移交时确认收入。

借：应收账款　　　　　　　　　　　10 000 000

　贷：主营业务收入—商品房销售收入　　10 000 000

同时冲抵预收账款、结清价款

借：预收账款　　　　　　　　　　　6 000 000

　　银行存款　　　　　　　　　　　4 000 000

　贷：应收账款　　　　　　　　　　　10 000 000

预结转成本：（假如商品房的预算成本为 6 000 000 元）

借：主营业务成本—商品房销售成本　　　6 000 000

　贷：应付账款　　　　　　　　　　　6 000 000

竣工决算后结转实际开发成本的，则：

借：应付账款

　贷：开发成本——房屋开发——××工程

另外长期工程合同收入的确认可用完工百分比法确认，不讲述。

若是按揭贷款销售，会计处理与上述现房按揭销售基本相同。不同的是销售成本只能预转，即：

借：主营业务成本

　贷：应付账款

完工后，进行转账：

借：应付账款

　贷：开发成本——房屋开发——××工程

二、土地转让的核算

房地产开发企业开发的商品性土地，可以将土地使用权进行转让。但在向其他单位转让时，必须按照法律和合同的规定，投入一定的资金，完成相应的开发。土地使用权的转让，应签订转让合同，在合同中载明土地的位置、四周边界和面积、地上附着物、土地用途、建筑物高度、绿化面积，土地转让期限、土地转让金的支付方式和违约责任等。土地转让的交易方式，可以采用协议、招标、拍卖等方式。土地转让的价格，根据地理位置、经济环境、土地用途、土地转让期限，房地产市场供求等因素决定，并报当地土地管理机关备案。

对其他单位转让的土地，应在移交转让土地、并将发票账单提交买主时确认收入。会计分录如下：

（1）确认转让收入：

借：银行存款（或应收账款）

　贷：主营业务收入——土地转让收入

（2）结转转让土地的开发成本：

借：主营业务成本——土地转让成本

　贷：开发产品——土地（商品性土地）

三、配套设施转让的核算

大型配套设施可以有偿转让房地产开发经营企业在房地产开发过程中按照城市建设规划开发的大型配套设施，可以进行有偿转让，对有偿转让给有关单位的配套设施，应在办理财产交接手续，并将配套设施工程价款账单提交有关单位时确认收入。会计分录如下：

（1）确认收入：

借：银行存款（或应收账款）

　贷：主营业务收入——配套设施销售收入

（2）月份终了，应将转让配套设施的实际开发成本进行结转：

借：主营业务成本——配套设施销售成本

　贷：开发产品——配套设施

四、代建工程移交的核算

房地产开发企业代委托单位开发的代建工程，应在工程竣工验收、办理财产交接手续，并将代建工程价款结算账单提交委托单位时确认收入。会计分录如下：

借：银行存款（或应收账款）

　贷：主营业务收入——代建工程结算收入

月份终了，应将移交代建工程的实际开发成本进行结转：

借：主营业务成本——代建工程结算成本

　贷：开发产品——代建工程

对于已经办理销售、转让和交付手续，而产权尚未移交出去的开发产品，房地产开发企业应设置“代管房产备查簿”，进行实物管理，但不得将这部分财产入账。企业在代管房产过程中取得的收入和发生的各项支出，应作“其他业务收入”和“其他业务支出”处理。

【例 4-12】 某房地产开发企业本期销售商品房 5 套，收入 300 万元，商品房开发成本 200 万元；转让土地 1 000 平方米，收入 500 万元，土地开发成本 300 万元；销售商铺 2 间，收入 80 万元，商铺开发成本 40 万元；移交代建工程一项，收入 400 万元，代建工程开发成本 250 万元。上述业务均办妥相关手续并提交了相关发票或账单，已符合收入确认条件，价款均收到存入银行。

要求：

（1）做出销售、转让的会计分录。

（2）计提相关流转税金及教育费附加（商品房、土地、商铺销售的营业税 5%，代建工程税率 3%，城建税率 7%，教育费附加率 3%。企业的会计处理如下：

（1）确认收入：

借：银行存款　　12 800 000
　贷：主营业务收入——商品房销售收入　　3 000 000
　　　　　　　　　——土地转让收入　　5 000 000
　　　　　　　　　——配套设施转让收入　　800 000
　　　　　　　　　——代建工程结算收入　　4 000 000

（2）结转成本：

借：主营业务成本——商品房销售成　　2 000 000
　　　　　　　　——土地转让成本　　3 000 000
　　　　　　　　——配套设施转让成本　　400 000
　　　　　　　　——代建工程结算成本　　2 500 000
　贷：开发产品——商品房　　2 000 000
　　　　　　　——商品性土地　　3 000 000
　　　　　　　——商铺　　400 000
　　　　　　　——代建工程　　2 500 000

（3）计提税金：

应交营业税＝（300＋500＋80）×5%＋400×3%＝56（万元）

应交城建税＝56×7%＝3.92（万元）

应交教育费附加＝56×3%＝1.68（万元）

借：营业税金及附加　　616 000
　贷：应交税费——应交营业税　　560 000
　　　　　　　——应交城建税　　39 200
　　　　　　　——应交教育费附加　　16 800

第四节 周转房的分类及其核算

一、周转房的分类

房地产开发企业的周转房是指用于安置拆迁居民、产权归企业所有的各种房屋，包括：①在开发过程中已明确其为安置拆迁居民的房屋；②搭建用于安置拆迁居民的临时性简易房屋；③开发的在未销售前用于安置拆迁居民的商品房。

二、周转房的核算

房地产企业的周转房核算需设置“周转房”账户，该账户为资产类账户，核算房地产企业的周转房成本。借方核算购入、建造等增加的周转房成本，贷方核算销售等减少的周转房成本，期末余额在借方，表示在用周转房的成本。该账户下设“在用周转房”、“周转房摊销”两个二级账户进行明细核算。

（一）周转房增加的核算

企业开发建成的周转房，应在其竣工后，借记“开发产品”账户，贷记“开发成本”账户。明确作为周转房后，按其实际成本，借记“周转房——在用周转房”账户，贷记“开发产品”账户。

【例 4-13】 兴华房地产开发公司为安置新安小区的动迁居民，将其建造的 2#楼作为周转房，实际成本为 3 000 000 元，根据房屋交付使用等凭证，作会计分录如下：

借：开发产品　　3 000 000

　贷：开发成本　　3 000 000

借：周转房——在用周转房　　3 000 000

　贷：开发产品　　3 000 000

（二）周转房摊销的核算

周转房随着使用及自然力的侵蚀，会逐渐发生损耗而减少其价值，因此，应根据周转房的使用年限按月摊销其损耗价值。这部分损耗价值，应作为开发期间的费用，将它计入土地、房屋的开发成本。周转房摊销额的基本计算公式如下：

月摊销率＝（1－估计净残值率）÷（摊销年限×12）

月摊销额=周转房账面原值×月摊销率

周转房损耗价值的摊销额，应在“周转房——周转房摊销”账户核算。每月计提的周转房摊销额，对能确定其由某项土地或房屋开发项目负担的，应计入该土地或房屋的开发成本，借记“开发成本——土地开发”或“开发成本——房屋开发”账户，贷记“周转房——周转房摊销”账户。对不能确定其由某项土地或房屋开发项目负担的周转房摊销额，应借记“开发间接费用”账户，贷记“周转房——周转房摊销”账户。

【例 4-14】接【例 4-13】，2#楼周转房预计可使用 70 年，预计净残值率为 5%，则每月摊销额计算如下：

月摊销率＝(1−5%)÷(70×12)=0.113%

月摊销额=3 000 000×0.113%=3390（元）

作会计分录如下：

借：开发间接费用　　　　　　　　　　3 390

　贷：周转房——周转房摊销　　　　　　　3 390

（三）周转房修理费用的核算

由于周转房是为了安置因开发项目等建筑产品的开发建设而动迁的居民，是直接服务于某开发项目的，因此，周转房在使用过程中发生的修理费用，应作为有关开发项目的成本。按其实际发生的成本，借记“开发成本”、“开发间接费用”账户，贷记“银行存款”、“应付职工薪酬”等账户。

【例 4-15】 2#楼周转房发生修理费用 50 000 元，以银行存款支付，计入开发间接费用，应作会计分录如下：

借：开发间接费用　　　　　　　　　　50 000

　贷：银行存款　　　　　　　　　　　　50 000

（四）周转房改变用途对外销售的核算

与固定资产出售核算不同，改变用途对外销售的周转房，应视作开发产品对外销售处理。在销售成立时，借记“银行存款”、“应收账款”等账户，贷记“主营业务收入”账户；同时，按其摊余价值，借记“主营业务成本”账户，按其已提累计摊销额，借记“周转房——周转房摊销”账户，按其原值，贷记“周转房——在用周转房”账户。

【例 4-16】接【例 4-13、4-14、4-15】，2#楼周转房在使用 2 年后因拆迁居民搬入新居腾空而改变用途对外出售，出售价款 350 万元，款项收到入账。作会计分录如下：

（1）确认销售收入：

借：银行存款　　　　　　　　　　3 500 000

　贷：主营业务收入　　　　　　　　　3 500 000

（2）结转销售成本：

借：主营业务成本　　　　　　　　　　　　　　　　2 918 640

　　周转房——周转房摊销（按其已提累计摊销额=3390×24）　81 360

　贷：周转房——在用周转房　（按其原值）　　　　　3 000 000

【小思考 4-9】什么叫周转房？其核算包括哪些内容？

本章小结

房地产开发企业的开发产品成本，按其开发项目种类可分为土地开发成本、房屋开发成本、配

套设施开发成本、代建工程开发成本。各类开发产品成本，在核算上又将其费用分为土地征用及拆迁补偿费、前期工程费、建筑安装工程费、基础设施费、公共配套设施费、开发间接费用六个成本项目。对于费用发生时能分清成本核算对象的，直接计入其开发成本；如果费用发生时分不清成本核算对象，或应由两个或两个以上成本核算对象负担的，应先通过有关账户进行归集，再采用一定的方法分配结转。完工工程通过“开发产品”账户核算。开发产品的销售转让应根据销售方式的不同分别确认收入，根据主营业务收入应与其相关的成本、费用配比的原则，开发企业在将各期实现的主营业务收入入账时，应同时将其相关的主营业务成本结转入账。

关键术语

房地产　房地产开发企业　开发成本　土地开发成本　房屋开发成本

配套设施开发成本　代建工程开发成本　配套设施　开发产品　商品房　周转房

综合练习

一、单项选择题

1．房地产开发企业的开发间接费用一般按下列（　　）标准分配。

A．施工人员工资　　B．开发产品的直接成本

C．开发产品的材料成本　　D．开发产品的机械使用费

2．房地产开发企业的周转房的摊销费一般计入（　　）。

A．开发产品　　B．开发间接费用　　C．主营业务成本　　D．其他应付款

3．房地产开发企业所交的销售税金为（　　）。

A．增值税　　B．消费税　　C．营业税　　D．所得税

4．房地产开发企业对周转房进行修理，发生的修理费应计入（　　）账户。

A．开发产品　　B．主营业务成本　　C．开发间接费用　　D．销售费用

5．房地产开发企业采用按揭销售时，收取的首付款应计入（　　）贷方。

A．银行存款　　B．预收账款　　C．主营业务收入　　D．应付账款

6．房地产开发企业开发的不能有偿转让的配套设施的成本应计入（　　）。

A．开发间接费用　　B．各受益的开发产品的成本

C．管理费用　　D．销售费用

7．房地产开发企业与施工企业在（　　）方面的会计核算显著不同。

A．收入确认　　B．所有者权益　　C．负债　　D．固定资产

8．房地产开发企业将几个工程一并招标发包的，则在工程完工结算工程价款时，应按各项工程

的（ ）比例计算分配各项工程应负担的实际建筑安装费。

A．计划成本　B．工人工时　C．实际成本　D．预算造价

二、多项选择题

1．房地产开发成本按用途分为（ ）

A．土地开发成本　B．房屋开发成本

C．配套设施开发成本　D．前期工程费

2．房地产业开发产品的种类包括（ ）。

A．土地　B．房屋　C．配套设施　D．代建工程

3．开发成本中的前期工程费包括（ ）。

A．土地征用费　B．勘察测绘费　C．规划设计费　D．项目可行性研究费

4．房地产开发企业开发的房屋有（ ）

A．商品房　B．周转房　C．出租房　D．代建房

5．商品房销售方式按照付款方式分为（ ）

A．一次性收款销售　B．分期收款销售

C．按揭贷款销售　D．预售

6．房地产开发企业业务范围主要包括（ ）

A．地产开发、经营、使用权的出让

B．房产的建设、出售、出租、抵押和维修

C．房地产信托信息咨询、代理

D．物业管理

7．房地产开发企业开发的商品房成本包括（ ）

A．土地开发成本　B．建筑安装成本

C．开发间接费　D．能有偿转让的配套设施费用

8．购房者采用按揭贷款购买商品房时，房地产公司商品房销售收入的确认时间为（ ）

A．收到首付款时　B．收到全部商品房价款时

C．按揭贷款到账时　D．签订销售合同时

三、判断题

1．房地产开发企业的配套设施开发成本均计入开发产品成本。（ ）

2．房地产企业对于配套设施与房屋非同步开发的，可预提配套设施费，预提配套设施费的范围仅仅包括不能有偿转让的公共配套设施。（ ）

3．房地产开发企业的主营业务成本即为已销售的开发产品的开发成本。（ ）

4．房地产开发企业预售房地产的收入确认时间是收到客户交来价款时。（ ）

5．商品房销售面积即为其建筑面积。（ ）

6．房地产开发企业的成本项目与施工企业基本相同。（ ）

7．商品房销售按照收款方式分为现售和预售。（ ）

8. 开发间接费用是指房地产开发企业内部独立核算单位在开发现场组织管理开发产品而发生的各项费用。（　　）

9. 不能有偿转让的配套设施支出应全部计入受益开发产品的开发成本中去。（　　）

10. 商品房开发前发生的规划、设计、可行性研究以及水文地质勘察等费用属于基础设施费。（　　）

四、实践练习题

实践练习 1

目的：练习开发间接费用的核算。

资料：某房地产开发企业所属内部独立核算开发分公司在 2012 年 7 月份共发生了下列开发间接费用的经济业务；

1. 应付管理员工资 12 000 元；

2. 用银行存款支付办公费用 2 100 元，差旅交通费 2 500 元，设备修理费 2 450 元；

3. 开发管理部门固定资产原值 800 000 元，月折旧率为 2.5%

4. 不能确定为某项开发项目安置拆迁居民周转使用的周转房原值为 1 000 000 元，该幢周转房的月摊销率为 4‰；

5. 用银行存款支付劳动保护费 3 400 元，支付水电费 700 元，支付其他间接费用 500 元；

6. 本月应分配开发间接费用的各项开发产品实际发生的直接成本如下：

201 商品房	75 000 元
202 商品房	120 000 元
301 出租房	70 000 元
351 周转房	65 000 元
401 商品性土地	30 000 元

要求根据上列材料：

1. 计算各项开发产品应分配的开发间接费用；

2. 编制 7 月份开发间接费用分配表；

3. 为各项经济业务编制会计分录。

实践练习 2

目的：练习土地开发成本的核算

资料：某房地产开发企业的安乐开发小区，在 2012 年度内，共发生下列土地开发支出和有关土地开发成本结转经济业务：

1. 用银行存款支付征地拆迁费 525 000 元

2. 应付设计单位前期工程款 125 000 元；

3. 用银行存款支付建筑公司基础设施工程款 150 000 元；

上列各项土地开发支出，按各开发产品用地面积进行分配，各开发产品用地面积如下：

201 商品房	2 000 平方米
202 商品房	3 000 平方米
301 出租房	2 000 平方米
401 商品性土地	10 000 平方米
451 自用土地	8 000 平方米

4．401 商品性土地 应分配的开发间接费用为 40 000 元；

5．401 商品性土地和 451 自用土地开发完成并经验收，等待以后转让和用作房屋的建造；

6．451 自用土地根据规划设计要求，用于建造 203 商品房、302 出租房和 351 周转房。自用土地开发成本按房屋用地面积进行分配，各幢房屋用地面积如下：

203 商品房	3 000 平方米
302 出租房	3 000 平方米
351 周转房	2 000 平方米

要求根据上列资料：编制各项经济业务的会计分录。

实践练习 3

目的：练习房屋开发成本的核算

资料：

1．某房地产开发企业的康乐开发小区，在开发规划中，共建造 201.202.203 三栋商品房，301 出租房、351 周转房和 501 银行储蓄所、502 幼托设施。其中 501 银行储蓄所有转让给工商银行。

2．康乐开发小区发生的土地征用及拆迁费、前期工程费、基础设施费按各项开发产品的用地面积进行分配。502 幼托设施根据小区施工组织设计在造好其他房屋以后建造，先以各项预算成本为基数采用预提方式计入各项开发产品成本，以便及时计算出售商品房等的开发成本。各项开发产品的用地面积和预算成本分别如下：

	用地面积	预算成本
201 商品房	3 000 平方米	2 500 000 元
202 商品房	2 200 平方米	2 000 000 元
203 商品房	2 000 平方米	1 800 000 元
301 出租房	2 000 平方米	1 800 000 元
351 周转房	2 000 平方米	1 500 000 元
501 银行储蓄所	300 平方米	400 000 元
502 幼托设施	500 平方米	600 000 元

3．康乐开发小区在 2008 年内，共发生了下列有关开发支出：

（1）用银行存款支付土地征用及拆补偿费 480 000 元

（2）用银行存款支付前期工程费 480 000 元

（3）用银行存款支付基础设施 720 000 元

4．将 201 商品房、301 出租房和 351 周转房的建筑安装工程发包给中华建筑公司施工，这三项工程的工程标价分别为 1 650 000 元、1 180 000 元、950 000 元。完工验收后用银行存款支付。

5．将 202、203 商品房的建筑安装工程发包给华东建筑公司施工，这两项工程的标价为 2 574 000 元（其中 202 商品房建筑安装工程的预算造价为 1 400 000 元，203 商品房建筑安装 工程的预算造价为 1 200 000 元），完工验收后用银行存款支付。

6．501 银行储蓄所和 502 幼托设施的建筑安装工程由企业所属建筑装饰公司承建，其中 501 银行储蓄所建筑安装工程已经完工，实际工程成本为 275 000 元。

7．用银行存款支付各项开发间接费用 571 740 元。

8．将 502 幼托设施的配套设施以预提办法计入各项开发产品的成本。

9．按各项开发产品的直接成本，将发生的开发间接费用分配计入各项开发产品的成本。

10．将各项商品房、出租房、周转房和银行储蓄所进行完工验收，并结转其开发成本，等待出售、出租、有偿转让和交付使用。

11．2009 年，502 幼托设施建筑工程完工，实际工程成本为 480 000 元，结算其实际开发成本，并将其成本冲减预提的配套设施费。如实际开发成本小于预提配套设施费，将多提数冲减尚未出售和出租的 203 商品房、301 出租房的开发成本。

要求根据上列资料：

1．计算各项开发产品应分配的土地征用拆迁费、前期工程费、基础设施费；

2．计算 502 幼托设施配套设施预提率；

3．编制开发间接费用分配表；

4．为各项经济业务编制会计分录。

实践练习 4

目的：练习开发产品及其销售、转让的核算

资料：

1．某房地产开发企业在 2012 年 6 月份开发完成如下开发产品，并经验收合格。

开发产品编号名称	实际开发成本
201 商品房	2 000 000 元
202 商品房	3 500 000 元
241 配套设施——商店	500 000 元
242 配套设施——银行储蓄所	300 000 元
261 商品性土地	800 000 元
262 自用土地	600 000 元
271 代建工程	1 200 000 元

2．2012 年 7 月，对下列开发产品进行销售和转让：

（1）将201商品房整栋销售，售价2 800 000元，收入价款存入银行结算户；

（2）将202商品房分套出售，该栋商品房共有建筑面积4 200平方米，其中“公用”建筑面积700平方米。7月份共销售30套每套“自用”建筑面积为50平方米的套房，每平方米建筑面积售价6 400元，除10套价款暂欠外，其余20套价款存入银行结算户；

（3）242配套设施银行储蓄所，以420 000元有偿转让给当地工商银行，收入价款存入银行结算户；

（4）261商品性土地，以1 120 000元转让给华东房产公司，收入价款存入银行结算户；

（5）271代建工程，已向委托单位办理工程交接手续，收到价款1 680 000元已存入银行结算户；

（6）上列销售、转让开发产品的实际开发成本，于月终进行结转。

3．241配套设施商店，用作本企业从事第三产业的经营用房屋。

4．262自用土地留待以后开发商品房使用。

要求根据上列资料，为有关开发产品及销售、转让业务编制会计分录。

第5章 旅游、饮食、服务业会计核算

【知识目标】

- 了解旅游、饮食、服务企业的业务特点和会计核算的特点
- 掌握旅游企业营业收入、营业成本的核算
- 掌握饮食企业营业收入、营业成本的核算和饮食品价格的计算
- 掌握服务企业营业收入、营业成本的核算

【能力目标】

- 理解旅游、饮食、服务企业会计与其他行业会计的区别
- 掌握旅游、饮食、服务企业的营业收入、营业成本的会计核算

第一节 旅游、饮食、服务业的业务及其会计核算的特点

一、旅游、饮食、服务业的业务特点

（一）旅游业的业务特点

旅游业是指组织旅游者外出远行，并为之提供食、宿、交通、导游等业务的行业。与其他行业相比，旅游业在服务对象、经营范围、经营内容等方面都具有不同的特点。

1. 服务对象复杂多样

由于旅游者的消费水平差异较大，而且他们对旅游业的要求亦会随时间的变化而变化，从而使旅游业的服务对象层次不一、复杂多样。所以，旅游业应不断改善服务质量，增加服务项目，提高服务档次，以满足旅游者不断变化的游览需求。

2. 部分业务人员具有不确定性

旅游业的每条旅游线，每个景点都需要为旅客配备导游以及提供名胜古迹的讲解员。为了减少旅行社的支出，目前旅行社的导游除少数专职的以外，很大部分是业余兼职。所以，旅游业的部分业务人员具有不确定性。

3. 无需固定完备的服务设施

旅游业组织出游所需的交通设施及交通工具大多依靠民航、铁路和出租汽车，食宿大多依靠饭店、餐厅，参观游览则依靠各地的名胜古迹。所以，旅游业一般无需固定完备的服务设施。

4. 收付业务以现金交易为主

旅游业的顾客有自行组团、集体报名参加的，也有散客及由旅行社组团的，除了自行组团外，旅游者缴纳的旅游费大多是现金，而交付各个景点的费用，一般也由导游随身携带现金付款。所以，旅游业的收付业务大多是现金交易。

（二）饮食业的业务特点

饮食业是指从事加工烹制饮食品，当即将饮食品供应给顾客食用的行业。如各种类型的酒家、餐厅、饭馆、小吃店等。饮食业集饮食品制作销售于一体，但其与工业、商业相比却具有独特的经营特点。

（1）从饮食制品的生产阶段看，饮食业具有与工业企业不同的特点。首先，工业企业生产的产品一般不直接与消费者见面，而饮食制品则是产销直接见面；其次，工业企业的生产机械化、电气化程度高，而饮食业大多是手工操作，对制作者有较高的技艺要求；最后，工业企业的经营规模一般比较大，经营方式相对固定，而饮食业的经营规模则比较小，经营方式比较灵活。

（2）从饮食制品的销售来看，饮食业又具有与零售商业企业不同的特点。首先，饮食业当场制作和销售的是能直接食用的商品，对饮食制品质量标准的技艺要求复杂；其次，饮食业既要提供商品又要提供顾客消费的场所；最后，随着消费层次的提高，服务规格逐步走向高档化、规范化，饮食业需根据顾客的需求提供各种必要的服务项目。

（三）服务业的业务特点

服务业是指利用一定的场所、设备和工具提供服务性劳动的行业。如住宿、美容、沐浴、照相、洗染、娱乐、修理、保管等服务行业。作为第三产业的一个重要组成部分，服务业在其经营业务上有其特点。

（1）服务业的服务过程就是消费者的消费过程。服务业的经营业务主要是直接为消费者提供服务，而且所提供的往往是带有一定技艺的服务性劳动，并辅以相适应的服务性设备来满足消费者的需要。服务过程就是消费过程，服务结束，消费也就随之终止。

（2）有些服务业兼有加工生产和销售的职能。照相、洗染、修理等服务行业除了具有服务的职能外，还有加工生产、销售的职能，而且是边生产边销售，其生产经营过程短，且生产直接与消费者见面。

二、旅游、饮食、服务业会计核算的特点

由于旅游、饮食、服务业具有它们独特的经营特点，相应地，在会计核算上也具有与别的行业会计核算不同的特点。

（一）收入、成本和费用种类繁多，核算较复杂

旅游饮食服务业一般均有系统配套的经营业务展开的特点。如旅游业，除了经营旅游业务外，还可开展客房、餐饮、售货、娱乐等其他经营业务；饮食业除了经营餐饮业务外，还可开展娱乐、售货及其他经营业务；服务业也能兼营客房、餐饮、娱乐、美容、售货、洗染、照相等多种经营业务。为了分别考核各项经营业务的经营成果，要求分别核算和监督各项经营业务的收入、成本和费用。

（二）核算方法较为特殊

旅游饮食服务业除了以服务为中心外，还从事商品的生产加工和销售，从而具有生产、销售和服务三种职能，因此，它具有多行业会计核算的特点，会计核算格外要求准确、快捷、灵活，在进行会计核算时，就需要根据经营业务的特点，采用不同的核算方法。如餐饮业，加工饮食制品，具有工业企业的性质；将饮食制品直接供应给消费者，又具有商品流通企业的性质；同时，为消费者提供消费设施、场所和服务，又具有服务企业的性质。然而生产、销售和服务在很短的时间内完成，并且饮食制品花色繁多、数量零星，不可能像工业企业那样区分产品种类并分别计算其总成本和单位成本，而只能计算饮食制品的总成本。因此，根据不同的业务性质，采用特殊的核算方法，是旅游饮食服务业会计核算的显著特点之一。

（三）自制商品与外购商品分别核算

有的旅游饮食服务业既经营自制商品，又经营外购商品。为了分别考核自制商品与外购商品的经营成果，加强对自制商品的管理与核算，需要对自制商品和外购商品分别进行核算。

（四）涉及外币业务核算

涉外的旅游饮食服务企业在会计核算时，对涉及外币的收支应按照外汇管理条例和外汇兑换管理办法，办理外汇存入、转出和结算等业务，而且还应采用复币记账，核算原币和人民币以及汇兑损益。

【小思考 5-1】旅行饮食服务业与其他行业相比有哪些业务特点和会计核算特点？

第二节 旅游经营业务的核算

一、旅游经营业务营业收入的核算

旅游经营业务收入是旅游企业为旅游者提供服务所取得的收入。由于旅游的景点、旅游的天数、提供的食宿标准、交通工具的不同，其收费标准也不相同。

（一）旅游费标准的确定和收款方式

旅游费标准的确定方法一般有两种：一种是事先确定。即按旅游团人数计算交通、住宿、用餐、门票、导游等开支总和，计算出每位旅游者应承担的开支，并乘以外加毛利率（一般为 10%~15%），事先确定收费标准。采用这种确定方法的，实际支出由于价格波动等因素而发生增减时，收费标准一般不得变更，因此，这种事先确定收费标准的方法也称为包账。另一种是事后计算。即按旅游的实际支出费用，外加一定的毛利来收取旅游费。采用这种方法收费的，如果价格波动，收费标准也随之波动，这种按实际支出外加毛利计算收费标准的方法也称为开账。

旅游费的收款方式一般有两种：一种是按团体收费，即当自行组团或团体报名参加旅游时，由组团单位联系人向旅行社办理登记手续，填写团体旅游登记表，旅行社按登记表上的人数、收费标准向组团单位计收旅游费；另一种是个别登记收费（俗称散客）。即旅游者个人报名参加旅游，向旅行社办理报名手续，填写报名单，旅行社按收费标准收取旅游费。无论是按团体收费还是个别登记收费，旅行社业务部门都必须在收取旅游费时开具一式数联发票，一联交旅游者收执，一联交财会部门入账，一联留存业务部门备查。

旅行社业务部门每日营业终了时，应按收取凭证分类计算，并根据当天的旅游费收入及收款情况编制一式两联的旅游业务收入日报表，连同收入款项及收款原始凭证一同交财会部门。

（二）旅游费收入的确认

旅行社取得旅游业务收入，按照权责发生制原则处理，即按下列方法确认旅游收入。

（1）组织境外旅游者到境内旅游的，应以旅行团体离境（或离开本地）时确认收入；

（2）组织境内旅游者到境内旅游的，接团社应以旅行团体离开本地时，组团社应以旅行团体旅行结束返回时确认收入；

（3）组织境内旅游者到境外旅游的，应以旅行团体旅游结束返回时确认收入。

（三）旅游费收入的核算

旅行社的营业收入是指旅行社通过各项经营业务所得的全部收入，包括旅行社按照规定的旅游服务收费标准，在一定时期内提供各种劳务获得的全部收入。其具体包括综合服务收入、组团外联收入、零星服务收入、劳务收入、票务收入、地游及加项收入和其他服务收入。

（1）综合服务收入，是指旅行社为旅行者提供综合服务而取得的收入。包括房费收入；餐费收入；车费收入；文杂费收入（即文娱、宣传、行李托运、门票等杂项收入）；陪同费收入；其他收入。

（2）组团外联收入，是指由组团社自组外联，向旅行者收取的住宿、用餐、旅游交通、翻译导游、文娱活动费等收入。其收入内容与综合服务收入相同，只不过是组团的方法和渠道不同。

（3）零星服务收入，是指旅行社接待零星旅客和接受代办事项所得的服务收入。其收入内容亦与综合服务收入一致，只不过是接待零散客人以及受托代办事项所得的收入。

（4）劳务收入，是指旅行社派翻译导游人员参加组团社全程陪同所取得的劳务收入。

（5）票务收入，是指旅行社向游客代售汽车票、火车票、飞机票等的手续费收入。

（6）地游及加项收入，是指旅行社接待旅行者某地一、二日游的小包价及增加游览项目和风味小吃等所取得的收入。

（7）其他服务收入，是指不属于上述各项的其他服务收入。

旅行社的营业收入应通过“主营业务收入”账户进行核算。旅行社平时取得的各项经营业务收入，记入该账户的贷方，月末，将其贷方余额通过借方转入“本年利润”账户，该账户月末应无余额。

1. 组团社的核算

财会部门根据业务部门报来的旅游业务收入日报表，借记“库存现金”或“银行存款”等账户，贷记“应收账款”账户；待旅游活动结束时，才确认收入的实现，借记“应收账款”账户，贷记“主营业务收入”账户。具体处理如下：

（1）收款（旅游业务收入日报表、收款单）：

借：库存现金/银行存款

贷：应收账款

（2）确认收入（待旅游活动结束时的结算账单）：

借：应收账款

贷：主营业务收入

【例 5-1】 阳春旅行社财会部门收到业务部门报来的旅游业务收入日报表，收到散客现金 2 400 元，团体旅游的转账支票 16 000 元。会计分录如下：

借：库存现金　　2 400

银行存款　　16 000

贷：应收账款　　18 400

该项旅游活动结束时，作会计分录如下：

借：应收账款　　18 400

贷：主营业务收入——综合服务收入　　18 400

如果预收旅游费后发生游客退票业务，则收取的退票手续费也作为营业收入处理。

【例 5-2】 以上例的有关资料为例，假设由于特殊原因团体游客不能如约参加旅游，予以办理退票手续。根据规定，按旅游费的 5%扣除退票手续费 800 元，余款签发转账支票退还。会计分录如下：

借：应收账款　　16 000

贷：银行存款　　15 200

主营业务收入　　800

2. 接团社的核算

接团社的营业收入是由组团社按拨款标准及规定，拨付的综合服务费、城市间交通费、加项服务费、全程陪同费等。拨付的款项对组团社来说是构成营业成本的一部分，对接团社来说则是营业收入。

接团社在旅游团离开本地后及时向组团社报送“旅游团（者）费用拨款结算通知单”，此“拨款单”一式三联，配有全程陪同的由全程陪同携带并填写，没有全程陪同的由地方陪同携带并填写。每到一地要将旅游团（者）名称、总社计划号码、旅行等级、旅行社名称、提供项目等填写清楚，交接团社接待部再转财务部门，财务部门按照拨款标准计算出应拨费用后，自留一联，将其余两联寄给组团社财务部门。组团社财务部门经审核无误后及时拨款。接团收入计算如下：

旅行社接团收入＝∑（某等级旅行团人数×日综合服务费收费标准×停留天数）

因为接团社是先接待客人旅游，然后再与组团社进行结算，所以是先做确认收入的会计处理，后面再做收款的会计处理，即：

① 接待旅客旅游活动结束时，作会计分录如下：

借：应收账款

　贷：主营业务收入

② 与组团社结算时，作会计分录如下：

借：库存现金/银行存款

　贷：应收账款

【例 5-3】 A 旅行社（接团社）为 B 旅行社接团一批，于 10 月 6 日将旅客送离本地，A 旅行社 10 月 6 日向 B 旅行社（组团社）发出拨款结算通知单，金额为 96 400 元。该笔款项于 10 月 8 日收到。根据有关凭证，A 旅行社（接团社）会计处理如下：

① 10 月 6 日确认收入：

借：应收账款——应收国内结算款（B 旅行社）　96 400

　贷：主营业务收入　　96 400

② 10 月 8 日，收到款项时：

借：银行存款　96 400

　贷：应收账款——应收国内结算款（B 旅行社）　96 400

二、旅游经营业务营业成本的核算

旅游经营业务营业成本是指直接用于接待旅游者并为其提供各项服务所发生的全部支出。主要包括旅游者的膳食费、住宿费、旅览车船票、门票、交通费、行李托运费、票务费、文娱费、专业活动费、签证费、导游费、劳务费、宣传费、保险费、机场建设费等。如果是由旅行社自行安排旅游车辆的，则还包括其耗用的汽油费、桥路费、车辆折旧费、司机工资等。

（一）组团社的会计处理

1. 既组团又接团的（一条龙服务）

（1）旅游经营业务营业成本的预支。

旅游经营业务发生时，由导游携带现金支付门票费等，因此导游应填写“预领旅游费凭单”向财会部门预领现金，财会部门根据预领凭单预支旅游费时，作会计分录如下：

借：应付账款　　　　　　　　×××

　贷：库存现金或银行存款　　　　×××

【例 5-4】 阳春旅行社导游李清向财会部门预领旅游费 10 000 元，财会部门开出现金支票预付。会计分录如下：

借：应付账款　　　　　　　　10 000

　贷：银行存款　　　　　　　　10 000

对于旅行社自备客车耗用的汽油等，财会部门应根据库房领料单的实际领用数，借记“应付账款”账户，贷记“原材料”账户。

【例 5-5】 阳春旅行社组织灵水风光一日游，由旅行社自备大客车往返，共领用汽油 650 元。财会部门根据领料单，作会计分录如下：

借：主营业务成本　　　　　　650

　贷：应付账款　　　　　　　　650

借：应付账款　　　　　　　　650

　贷：原材料——汽油　　　　　　650

（2）旅游经营业务营业成本的结转。

旅行社组织旅游结束后，财会部门应根据导游报销的各项游览费用，将旅行社代付的房费、餐费、车费、游览费、导游工资等结转营业成本，作会计分录如下：

借：主营业务成本

　贷：应付账款

【例 5-6】 阳春旅行社导游李清带团游览结束，报销各项游览费用 9 000 元，另付导游工资 300 元，财会部门收回剩余现金 700 元，结清李清的预领款。作会计分录如下：

借：主营业务成本——××　　9 300

　　库存现金　　　　　　　　700

　贷：应付账款　　　　　　　　10 000

2. 只组团不接团的

组团社拨付给接团社的款项即为其成本，作会计分录如下：

收到拨款通知单时：

借：主营业务成本　　　　×××

　贷：应付账款　　　　　　×××

实际支付时：

借：应付账款　　　　　　×××

　贷：银行存款　　　　　　×××

（二）接团社的会计处理

接团社按照其实际发生的成本费用进行结转主营业务成本（与组团社自己接团的成本结转相同），作会计分录如下：

借：主营业务成本

贷：应付账款

【例 5-7】 A 旅行社（接团社）为 B 旅行社接团一批，于 10 月 6 日将旅客送离本地，A 旅行社 10 月 7 日向 B 旅行社（组团社）发出拨款结算通知单，金额为 96 400 元。该笔款项于 10 月 8 日收到。A 旅行社接团实际支出为 80 000 元，由导游预支出现金开支。作会计分录如下：

借：主营业务成本　　80 000

贷：应付账款　　80 000

【小思考 5-2】 旅行社的营业收入、营业成本有哪些？

第三节 饮食经营业务的核算

一、饮食制品原材料的核算

（一）原材料的分类与计价

1. 原材料的分类

饮食业的原材料可以按在餐饮产品中所起的作用分类，又可以按其存放地点分类。

（1）按作用分类，可分为：

① 粮食类，指制作主食品的籼米、粳米、糯米、面粉等原材料。

② 副食类，指鸡、鸭、鱼、肉、蛋、各种蔬菜、木耳等干菜。

③ 调味品类，指调料、油、盐、酱、醋等。

（2）按存放地点分类，可分为：

① 入库管理的原材料，指购进量大、能较长时间储存的材料。为粮油、干货、调味品等。

② 不入库管理的原材料，指购进量少且不能长时间储存的材料。如肉、鱼、蔬菜等鲜活材料。

2. 原材料的计价

为了正确计算原材料的成本，必须对原材料进行合理的计价。原材料的计价分外购原材料的计价和自制原材料的计价两种。

（1）外购原材料的计价

对于外购原材料，应按采购过程中实际发生的成本、费用为依据进行计价，其实际成本应由两部分内容组成。

① 买价。指供货方的销售价格。

② 进货费用。指能够直接认定受益对象或容易分摊的运输费、装卸费、保管费用及应缴纳的

税金等费用。对于分不清受益对象，或品种较多而分摊困难的进货费用，可在“销售费用”账户列支。

(2) 自制原材料的计价

自制原材料的成本包括耗用的材料、制作人员工资及其他费用，一般不包括管理费用。

至于委托外部加工材料的实际成本，应由被加工材料成本、加工费和往返运费构成。

(二) 原材料的核算

1. 原材料购入的核算

原材料购入时按买价和进货费用作为入账成本，若取得增值税专用发票的，支付的增值税进项税也计入其入账成本。

原材料购入时，若为入库管理的，则借记“原材料”账户，贷记“银行存款”或“库存现金”等账户；若直接交厨房使用的，则借记“主营业务成本”账户，贷记“银行存款”或“库存现金”等账户。

2. 仓库原材料发出的核算

饮食企业发出原材料时，借记“主营业务成本”账户，贷记“原材料”账户。

【例 5-8】 某饮食企业第一厨房领用原材料 2 400 元，第二厨房领用原材料 1 800 元。财会部门根据出库单，作会计分录如下：

借：主营业务成本——第一厨房　　2 400
　　　　　　　　——第二厨房　　1 800
　贷：原材料　　4 200

由于各种材料一般都是多批购进，每批购进的单价常会因季节、调价等原因而各不相同，因此，在发出原材料时，通常可采用个别计价法、加权平均法、先进先出法等方法确定其单价。

3. 原材料调拨的核算

原材料调拨是指所属内部不独立核算单位之间调拨。

饮食企业内部不独立核算单位之间的原材料调拨属于内部移库，即在会计核算上原材料（或主营业务成本）总金额不发生变动，仅在明细账上反映为此增彼减。

【例 5-9】 某饮食企业由中餐厅仓库调拨给快餐厅仓库一批原材料，实际成本 1 500 元。财会部门根据内部调拨单，作会计分录如下：

借：原材料——快餐厅　　1 500
　贷：原材料——中餐厅　　1 500

如果是内部厨房之间的调拨，由于厨房领料时已从“原材料”账户转入“主营业务成本”账户，所以仅调整“主营业务成本”账户的所属明细账即可。

【例 5-10】 某饮食企业由第一厨房调拨给第二厨房原材料一批，实际成本 380 元，财会部门根据内部调拨单，作会计分录如下：

借：主营业务成本——第二厨房　　380
　贷：主营业务成本——第一厨房　　380

二、饮食制品成本的核算

饮食制品的成本包括所耗用的原材料，其现行核算方法主要有“永续盘存制”和“实地盘存制”两种。

1．永续盘存制

永续盘存制适用于实行领料制的餐饮企业。原材料的耗用实行领料制，每月所领用的原材料月末不一定全部被耗用，还会有一些在制品和未出售的制成品；相应地，月初亦会有已领未用的原材料、在制品及尚未出售的制成品。为了准确地反映饮食制品的实际成本，采用“永续盘存制”的饮食企业，应于月末对未耗用的原材料、在制品和未出售的制成品进行盘点，作假退料处理。在此基础上计算出耗用原材料成本，作会计分录如下：

（1）月初结存领用原材料时：

借：主营业务成本

　贷：原材料

（2）本月平时购入、领用原材料时：

A．入库管理的

购入时：

借：原材料

　贷：银行存款或库存现金

仓库发出原材料时：

借：主营业务成本

　贷：原材料

B．购入直接交厨房的

借：主营业务成本

　贷：库存现金/银行存款

（3）月末，盘点厨房，对剩余原材料、半成品和待售制成品盘存额作假退料处理：

借：原材料

　贷：主营业务成本

（4）月末计算本月耗用材料总成本

本月耗用原材料成本=厨房月初结存额+本月厨房领用额-厨房月末盘存额

【例 5-11】 某快餐厅采用“永续盘存制”核算饮食制品成本，快餐厅厨房 2012 年 5 月份共领用原材料 85 000 元，上月末剩余原材料 2 600 元，本月末盘存原材料 3 100 元。

5 月初，根据 4 月份“月末剩余原材料、半成品和待售制成品盘存表”填制领料单，作会计分录如下：

借：主营业务成本　　　　　　　2 600

　贷：原材料　　　　　　　　　　2 600

5 月份平时领料作会计分录：

借：主营业务成本　　　　　　　　85 000

　贷：原材料　　　　　　　　　　　85 000

5 月末，用“月末剩余原材料、半成品和待售制成品盘存表”代替“退料单”作假退料处理。作会计分录如下：

借：原材料　　　　　　　　　　　3 100

　贷：主营业务成本　　　　　　　　3 100

该企业 5 月份的饮食制品实际成本为 84 500 元（即：2 600+85 000−3 100）。

2. 实地盘存制

实地盘存制适用于没有条件实行领料制的餐饮企业。采用“实地盘存制”的饮食企业平时领用原材料时，不填写领料单，不进行账务处理，月末根据实地盘点得出的仓库原材料和厨房原材料盘存金额，倒挤出本月耗用的原材料成本。

作会计处理如下：

（1）购入时，只作入库的原材料的会计分录如下：

借：原材料

　贷：银行存款或库存现金

（2）平时从仓库领用和购入直接交厨房的原材料不作分录，月末盘点后计算出发出材料总成本时再作会计分录。

（3）月末盘点仓库和厨房后计算出发出材料总成本时，结转本月耗用原材料成本：

本月耗用原材料成本=月初仓库和厨房结存额+本月购进总额−月末仓库和厨房盘存总额

借：主营业务成本

　贷：原材料　　　　　　（从仓库领用原材料的总额）

　　银行存款或库存现金（直接交厨房原材料的总额）

【例 5-12】 某餐馆采用“实地盘存制”核算饮食制品成本，本月初仓库和厨房共结存原材料 1 500 元，本月购进原材料总额 49 000 元，月末通过实地盘点，计算出仓库和厨房结存总额 1 700 元。有关耗用原材料成本的计算和会计分录如下：

本月耗用原材料成本=1 500+49 000−1 700=48 800（元）

借：主营业务成本　　　　　　　　48 800

　贷：原材料　　　　　　　　　　　48 800

【小思考 5-3】 饮食企业的原材料和主营业务成本的核算与工业企业相比有何不同？

三、饮食制品销售的核算

（一）饮食制品售价的制定

1. 销售毛利率法

销售毛利率法是根据所耗原材料成本和饮食制品的销售毛利率，以内扣方式确定饮食制品售价的一种计算方法。其计算公式如下：

$$售价=\frac{原材料成本}{1-销售毛利率}$$

【例 5-13】 某餐厅所售的爆炒腰花每碟耗用原材料成本为 5.5 元，销售毛利率为 45%。求每碟爆炒腰花的售价。

$$每碟爆炒腰花售价=\frac{5.5}{1-45\%}=10.00（元）$$

2. 成本毛利率法

成本毛利率法是根据所耗原材料成本和饮食制品的成本毛利率，以外加方式确定饮食制品售价的一种计算方法。其计算公式如下：

$$成本毛利率=\frac{毛利}{成本价}\times100\%$$

饮食制品售价＝成本价×(1＋成本毛利率)

【例 5-14】 某餐厅所售的清蒸鲶鱼每盘耗用原材料成本为 20 元，成本毛利率为 50%。求每盘清蒸鲶鱼的售价。

每盘清蒸鲶鱼售价=20×(1+50%)=30.00（元）

（二）饮食企业销售货款的结算方式

1. 柜台统一售票

顾客在用餐前先到账台购买专用定额小票或购买固定品名筹码，然后凭小票或筹码领取食品，也可由服务员根据小票的编号和顾客手中的副联票签对号后将食品送至桌上。

2. 服务员开票收款

服务员到桌边，先由顾客点菜付款，然而由服务员开票、收款并负责到账台结算，收款员在小票上签章后，一联由服务员送至厨房领菜，另一联留存。每天营业结束后，服务员和收款员分别统计所收金额，核对无误后，由服务员在收款员的“收款核对表”上签字证明。

3. 先就餐后结算

顾客入座点菜后，由服务员填写小票一式两联，顾客不立即付款。小票的第一联交厨房作为取菜凭证留存，顾客进餐后，服务员凭第二联向顾客算账收款。

4. 一手钱一手货

顾客直接以货币到柜台购买饮食制品。饮食制品交服务员销售时，由产销双方登记数量，每天业务终了时，由服务员进行盘存核对，用应收销售金额与实收金额进行对比，编制“产销核对表”。

（三）饮食企业销售收入的核算

1. 一般销售收入的核算

饮食企业每天营业结束后，由收款员根据“收款核对表”、“收款登记表”和“产销核对表”等凭证，汇总编制“营业收入日报表”，与所收现金一并交财会部门，或由收款员自行填写现金解款单将所收现金存入银行，凭银行解款单回单向财会部门报账。销售收入的现金，不得用于坐支，如有长短款，应在“营业收入日报表”中分别填列，不得以长补短。

财会部门根据营业部门收款员交来的“营业收入日报表”，借记“库存现金”（或“银行存款”）账户，贷记“主营业务收入”账户。若有长短款，则通过“待处理财产损溢”账户处理。

【例 5-15】 某饮食企业财会部门收到营业部门转来“营业收入日报表”，列明应收金额 5 468 元，实收现金 5 463 元，现金已同时交来，短缺现金 5 元原因待查。

（1）根据“营业收入日报表”作会计分录如下：

借：库存现金　　5 463
　　待处理财产损溢——待处理流动资产损溢　　5
　贷：主营业务收入　　5 468

（2）将现金存入银行，根据解款单回单联，作会计分录如下：

借：银行存款　　5 463
　贷：库存现金　　5 463

（3）查明短缺现金 5 元系工作中出现差错所致，经批准由企业列支，作会计分录如下：

借：管理费用　　5
　贷：待处理财产损溢——待处理流动资产损溢　　5

【例 5-16】 某酒楼财会部门收到营业部门转来“营业收入日报表”及银行解款单回单联，列明当日营业收入 13 205 元。作会计分录如下：

借：银行存款　　13 205
　贷：主营业务收入　　13 205

2. 宴会销售收入的核算

饮食企业承办宴席，要先填制订单，注明宴席时间、人数、桌数及消费标准，并附上菜单。订单一式两份，餐厅与顾客双方签字后各执一份。预订宴席一般要预收定金，以免顾客取消宴席时，企业遭受不必要的损失。

宴席的销售价格以桌为单位，烟、酒、饮料等按实用数量另行收费。

【例 5-17】 某对新婚佳人到运天大酒店预订婚宴 10 桌，每桌收费标准 800 元，计 8 000 元，运天大酒店预收定金 800 元。

（1）收到定金（现金）时，作会计分录如下：

借：库存现金　　800
　贷：应收账款——宴席定金（××）　　800

（2）宴席结束，10 桌宴席按预订消费，外加酒水 1 000 元，扣除定金后，收到现金 7 200 元。作会计分录如下：

借：库存现金　　8 200
　　应收账款——宴席定金（××）　　800
　贷：主营业务收入——宴席收入　　8 000
　　　　　　　　　——小卖部收入　　1 000

（3）将所收现金 9 000 元存入银行。作会计分录如下：

借：银行存款　　　　　　　　　　8 200

　贷：库存现金　　　　　　　　　　8 200

第四节 服务业经营业务的核算

服务业是指利用一定的场所、设备和工具提供服务性劳动的行业。它与前述的旅游业、饮食业一样，都属于第三产业。服务业的经营方式多种多样，服务项目名目繁多，包括住宿，沐浴、洗染、美容、娱乐、照相、修理等。在此，主要介绍旅馆经营业务与娱乐业经营业务的核算。

一、旅馆经营业务的核算

（一）旅馆经营业务核算的特点

旅馆经营业务是以提供住房、生活设施的使用权和用服务人员的劳动服务来满足旅客需要而收取一定费用的服务业务。

旅馆的客房是一种特殊的商品，出售的只是其使用权，而不是所有权，即客人买到的仅是某一时期的使用客房的住宿权。客房可出租但不能储存，如果在规定的时间内不出租，其效用就自然消失，价值就无法收回。另外，旅馆业务的服务过程和消费过程在时间上和空间上都是一致的。

旅馆经营业务除了客户经营外，还附设有餐厅、小卖部、理发室、美容室、洗衣部、办理长途电话及其他出租业务等，因此，旅馆业收入的核算包括客房业务收入和附设业务收入的核算。

客房经营情况的好坏主要是看其出租和收入情况，反映这一信息的是客房出租率和租金收入率两个指标。

客房出租率，又称客房利用率，是指已出租客房占可以出租客房的比例。

$$客房出租率=\frac{计算期客房实际出租间天数}{可出租客房间数\times计算期天数}\times100\%$$

【例 5-18】 悦来宾馆现有可供出租的客房 200 间，3 月份共出租 4 650 间天，则该宾馆 3 月份的客房出租率为：

$$客房出租率=\frac{4\,650}{200\times31}\times100\%=75\%$$

租金收入率，是指在一定时期内客房的实收房租总额占应收房租总额的比例。

$$租金收入率=\frac{报告期内实收房总额}{\sum(某类可出租客房数量\times该类客房日租金)\times报告期天数}\times100\%$$

【例 5-19】 悦来宾馆现有可供出租的总统套间一间，每天租金 1 580 元；豪华套间 19 间，每间每天租金 880 元；豪华标准间 80 间，每间每天租金 580 元；普通标准间 70 间，每间每天租金 480 元；单人间 30 间，每间每天租金 380 元。3 月份实收房租总额 2 448 504 元，则该宾馆 3 月份的租金收入率为：

$$租金收入率=\frac{2\ 448\ 504}{(1\times1\ 580+19\times880+80\times580+70\times480+30\times380)\times31}\times100\%=72\%$$

【小思考 5-4】同一企业同一时期的客房出租率与租金收入率是否一致？为什么？

（二）客房业务收入的核算

客房业务收入是通过出租客房而取得的收入。客房一经出租，不论房租收入与否，都作为收入实现处理，客房出租收入的入账价值以客房出租的实际价格为准。

宾馆的总服务台负责接待前来入住的客人，并负责与客人办理宿费结算。一般情况下，客人入住时，办完登记手续后，要根据预计住宿的时间先预交一定的押金，客人退房时，再到总服务台办理结算，多退少补。每日营业终了，总服务台应编制“营业收入日报表”和“内部交款单”，连同当日收到的现金及宿费发票记账联一并送交宾馆财务部，财务部对总服务台送交的报表、发票及款项审核无误后，据以入账。

客房出租的收款方式有先收款、后住店和先住店、定期或离店时结算收款两种方式。

1. 先收款、后住店结算方式的核算

采用先收款、后住店的结算方式核算客房收入，财会部门应在每日业务终了时，根据服务台交来的“营业收入日报表”作相应的账务处理。

【例 5-20】 某旅店采用先收款后住店的结算方式核算客房收入，当日收到服务总台交来的“营业收入日报表”及本日收到的现金，本日预收房金 500 元，本日营业收款 2 600 元。

（1）根据“营业收入日报表”的“预收房金”栏中“本日交付”的数额，作会计分录如下：

借：库存现金　　　　　　　　　　500

　贷：应收账款——预收房金　　　　　　500

（2）根据“营业收入日报表”中“营业收款”栏的数额，作会计分录如下：

借：应收账款——预收房金　　　　2 600

　贷：主营业务收入　　　　　　　　　2 600

（该收入已于前一天预收。每日如此，依次类推。）

2. 先住店、后结算方式的核算

采用先住店、后结算的方式核算客房收入，财会部门的账务处理除了顺序不同外，其内容及最终结果与前一种方式基本相同。

【例 5-21】 某旅店采用先住店后结算的方式核算客房收入，当日收到服务总台交来的“营业收入日报表”及本日收到的现金，本日应收营业款 3 700 元，本日住客交来所欠房金 1 400 元。

（1）根据“营业收入日报表”中“营业收款”栏的数额，作会计分录如下：

借：应收账款——应收房金　　　　3 700

　贷：主营业务收入　　　　　　　　　3 700

（2）根据“营业收入日报表”中“住客结欠房金”栏中“本日支付”的数额，作会计分录如下：

借：库存现金　　　　　　　　　　　　　　1 400

　贷：应收账款——应收房金　　　　　　　　　1 400

另外，宾馆收入还可以按不同的客人来进行核算，一般宾馆接待的客人有：会议客人、长住客人、团体客人、散客。

【例 5-22】 宏大百货公司召开大型订货会，与红星宾馆签订了租房合同，会议租房共 5 天，包租 120 间房（两人间），每天每间租价 280 元人民币，另租大型会场 4 天，每天租价 2 500 元，使用小会议室 12 次，每次 250 元，会议伙食每天每人 35 元，先预收定金 10 万元。

红星宾馆的会计处理如下：

（1）预收定金

借：银行存款　　　　　　　　　　　　　100 000

　贷：应收账款——预收定金　　　　　　　　100 000

（2）确认每天租房收入

借：应收账款　　　　　　　　　　　　　33 600

　贷：主营业务收入——客房收入　　　　　　33 600

（3）确认 5 天会议室出租收入

借：应收账款　　　　　　　　　　　　　13 000

　贷：主营业务收入——客房收入　　　　　　13 000

（4）确认 5 天伙食收入

借：应收账款　　　　　　　　　　　　　42 000

　贷：主营业务收入——饮食收入　　　　　　42 000

（5）会议结束结清账款

应补收款＝33 600×5＋13 000＋42 000-100 000＝123 000 元

借：银行存款　　　　　　　　　　　　　123 000

　　应收账款——预收定金　　　　　　　　100 000

　贷：应收账款　　　　　　　　　　　　　　223 000

（三）附设业务收入的核算

附设业务收入是指旅馆除了客房收入以外所取得的其他服务性收入。如附设文印、出租物品收入等。取得附设业务收入时，财会部门根据服务部门报来的日报表及现金，借记“库存现金”账户，贷记“其他业务收入”账户。

【例 5-23】 某旅店附设服务部经营租赁业务，某日共收到出租自行车、相机等租金收入 200 元，财会部门根据服务部交来的日报表及现金，作会计分录如下：

借：库存现金　　　　　　　　　　　　　　200

　贷：其他业务收入——出租业务收入　　　　　200

【小思考 5-5】 宾馆收入确认与工商企业收入确认是否相同？为什么？

二、娱乐业经营业务的核算

（一）娱乐业经营业务

娱乐业经营业务是指利用拥有的固定资产、低值易耗品等劳动资料为消费者提供娱乐场所及相应服务的服务性业务。包括经营音乐茶座、保龄球场、网球场、歌舞厅、游泳池、乒乓球室、滑冰场、游戏机房、电脑室、制陶室等业务。娱乐业的经营特点是为丰富消费者的精神文化生活提供服务，在满足消费者娱乐需求的同时，又要有适当的赢利，还要注意精神文明，所以，必须加强对娱乐经营业的管理与核算。

（二）娱乐业经营业务的核算

娱乐业的经营方式一般是消费者凭票入场，出售门票时一手给票，一手收钱。每天营业终了，营业员应根据售出门票数及收取的现金填制一式两份营业日报表，并于当晚以前将其中一联连同现金送交财会部门。

财会部门将营业日报表与交来的现金核对无误后，借记“库存现金”账户，贷记“主营业务收入”账户。

服务企业的营业成本核算较少，如舞厅、电影院为顾客提供免费的饮料等，发给顾客后可以作为营业成本入账。

本章小结

旅游、饮食和服务企业会计具有核算对象多样性、成本核算特殊性和货币结算涉外性等特点。旅游业经营业务中旅行社可充当组团社与接团社等不同的角色。旅游企业的旅游收入和旅游成本较为特殊。餐饮业饮食制品成本的核算有“领料制”和“以存计耗”两种核算方法。饮食制品定价可采用销售毛利率法或成本毛利率法。服务业的宾馆、理发、美容、浴池、照相、洗染、修理及娱乐业营业收入根据每日的“主营业务收入日报表”记账。

关键术语

旅游饮食服务业　旅游企业会计　饮食企业会计　服务企业会计　旅行社

饭店　宾馆　营业收入　营业成本

综合练习

一、单项选择题

1．某餐厅的西芹牛肉每碟耗料成本为16元，规定的销售毛利率为60%，则每碟西芹牛肉的售价为（　　）元。

A．30　　B．32　　C．35　　D．40

2．旅馆客房业务收入的入账金额为（　　）。

A．预收的定金　　B．实际收款

C．客房的实际出租价　　D．客房规定的出租价

3．餐饮业不宜入库管理的原材料是（　　）。

A．粮食　　B．豆油　　C．调味品　　D．蔬菜

4．旅游业预收旅游费后，发生游客退票业务，则收取的退票手续费应（　　）。

A．冲销售费用　　B．增加主营业务收入

C．增加营业外收入　　D．冲管理费用

5．采用成本毛利率法制定饮食制品售价的公式为（　　）。

A．售价＝成本×（1＋销售毛利率）

B．售价＝成本×（1＋成本毛利率）

C．售价＝成本÷（1－销售毛利率）

D．售价＝成本÷（1－成本毛利率）

6．下列（　　）行业的企业最适用于在收入方面主要收取现金的核算、管理方式。

A．制造业　　B．旅游业　　C．施工企业　　D．商品批发业

7．为旅游者提供旅游服务所支付的各项直接费用是旅行社的（　　）。

A．营业费用　　B．营业成本　　C．营业外支出　　D．管理费用

8．旅行社组团预收包价旅游费用时，在反映银行存款增加的同时，还应反映（　　）。

A．营业收入的增加　　B．应收账款的减少

C．预付账款的增加　　D．营业费用的增加

9．旅行社组织国内旅游者到国外旅游，应以（　　）时间作为营业收入的入账时间。

A．出发　　B．到国外

C．旅行结束返程前　　D．旅行结束返回

10.对于餐饮业，外购原材料若直接交厨房使用的，则借记（　　）。

A．主营业务成本　　B．原材料　　C．管理费用　　D．生产成本

二、多项选择题

1．旅游经营业务的营业成本包括（　　）。

A．导游费　　B．宣传费　　C．票务费　　D．住宿费

2．餐饮业的原材料包括（　　）。

A．主食　　B．燃料　　C．调味品　　D．副食

3．下列（　　）行业中提供的劳务收入属于其主营业务收入。

A．工业　　B．商业　　C．饮食业　　D．旅游

4．旅游饮食服务业会计核算的特点有（　　）。

A．收入、成本种类多　　　　B．涉及外币业务核算
C．自制商品与外购商品分别核算　　　　D．收入入账采用收付实现制

5．饮食制品成本的核算方法有（　　）。

A．收付实现制　　B．权责发生制　　C．永续盘存制　　D．实地盘存制

6．饮食业外购材料的成本包括（　　）。

A．买价　　B．进货费用　　C．采购人员的差旅费　　D．应缴纳的税金

7．饮食业在发出原材料时，通常可采用（　　）等方法确定其价值。

A．个别价法　　B．加权平均法　　C．先进先出法　　D．后进先出法

8．以下对客房业务收入说法正确的是（　　）。

A．客房业务收入是通过出租客房而取得的收入
B．客房一经出租，不论房租收入与否，都作为收入实现处理
C．客房出租收入的入账价值以客房出租的实际价格为准
D．客房出租收入的入账价值以客房规定的价格为准

9．以下（　　）属于旅游业的综合服务收入。

A．餐费收入　　B．陪同收入　　C．票务收入　　D．零星服务收入

10．旅游费标准的确定方法一般有（　　）。

A．事先确定　　B．事后计算　　C．按团体收费　　D．个别登记收费

三、判断题

1．饮食企业销货款结算方式与房地产企业相同。（　　）

2．饮食业采用“永续盘存制”核算材料成本时，因为发出材料时都有账簿记录，则月末不需要盘点。（　　）

3．与其他行业比较，旅游、饮食服务业的营业成本构成较为简单。（　　）

4．餐饮业的生产成本一般只算总成本，不算单位成本。（　　）

5．宾馆主要是以出租客房的使用权为其主营业务的。（　　）

6．旅游企业的交易均为现金收付。（　　）

7．餐饮企业不论月末对盘存的原材料是否办理假退料手续，本月消耗的原材料总成本都应是“主营业务成本”账户的借方发生额合计数。（　　）

8．永续盘存制适用于实行领料制的餐饮企业。（　　）

9．旅行社的成本即为旅客代付的各种费用，如门票费等。（　　）

10．饮食业自制原材料的成本包括耗用的材料成本、制作人员工资和管理费用。（　　）

四、实践练习题

实践练习1

目的：练习营业收入、营业成本的结转

资料：春蕾旅行社组织上海至无锡的2日游，由旅行社自派豪华型大客车，发生如下经济业务。

1．4月20日，新光机械厂组织劳模38人无锡2日游，交来旅游费5 700元，约定5月1日出发，沿途承担餐点、门券、导游费、游览交通费。

2．4月21日，由散客庄大伟兄弟俩前来报名参加2日游，交来旅游费350元，安排为5月1日的游班。

3．4月30日，导游黄平到财务科预借旅游费4 600元，财务科以现金付讫。

4．4月30日，驾驶员张力到库房领用汽油1 000元，以供应日游豪华型客车之用。

5．5月3日，导游黄平前来报账，共用门券费600元，餐费2 400元，住宿费1 200元，又支付导游黄平工资100元，退回现金300元，财会部门根据上述凭单当即结转成本。

6．5月3日，根据库房领用汽油凭单，结转5月1日组织的无锡2日游耗用汽油的营业成本。

7．5月3日，将5月1日组织的无锡2日游班的旅游费收入结转营业收入。

要求：编制会计分录

实践练习2

目的 ：练习退票核算

资料：春蕾旅行社举办上海至桂林7日游，飞机往，火车返，旅行社提供食宿、游览、导游服务，旅游费1 500元。

1．5月10日，东方机器厂组团报名参加5月20日开班的桂林7日游，共计40人，每人1 500元，计60 000元，旅行社到东方机器厂交来支票一张计60 000元。

2．5月15日，东方机器厂因另有生产任务，无法安排旅游，洽谈同意作退票处理。根据规定计收全部旅游费的10%作为手续费，余额由银行存款退回。

要求：编制会计分录

实践练习3

目的：练习旅游费的计算

资料：春蕾旅行社组织上海至南京、扬州、镇江4日游，游点有中山陵、雨花台、瘦西湖、金山寺等。火车往返，包括餐点、游览费、导游费等，以10人为一旅游团。支出情况如下：火车往返每人50元，预计门券共800元，4天餐点共3 000元，3天住宿费共900元，导游工资200元，外加毛利率为10%。

要求：试计算每个旅游者应收费金额

实践练习4

目的：练习旅馆业先住店后结算方法的核算

资料：春江旅店实行先住店后结算方法，营业收入日报表资料如下。

营业收入日报表

编制单位：一楼服务台　　　　2011 年 2 月 3 日

营业收款		结欠房金		备注
房金	1 000.00	上日结欠	200.00	
资料	50.00	本日应收	1 050.00	
暖气		本日交付	900 .00	
其他		本日结欠	350 .00	
		长款　—	短款　—	
合计	1 050 .00	实收现金（大写）：玖百元整		
附列资料			出租间数：8　重号间数：无 出租床位：25　空床床位：—	

交款人：王立　　收款人：张金

1．财会部门根据营业日报表上的实收现金数，点验现金相符，收讫入账。

2．查对结欠房金账项，上月结欠数、本日应收数、本日结欠数与营业收入日报表相符，按当日营业收款数作收入入账。

要求：编制会计分录

实践练习 5

目的：练习采用永续盘存制的原材料成本核算

资料：（一）绿村酒楼 2 月份期初原材料结存情况如下：

1．仓库结存粮食类原材料 5 225 元，其中大米 950 千克，每千克 2.50 元，面粉 950 千克，每千克 3 元，干菜类原材料 24 000 元、其他类原材料 7 000 元。

2．厨房有副食类的原材料共计 12 000 元、其他类原材料 400 元。

（二）本月发生下列经济业务：

1．2 日，向三昌百货店购进木耳 100 千克，每千克 50 元，开出转账支票一张，结清货款。木耳已验收入库。

2．5 日，向黄新区副食品店购进冻猪肉 500 千克，每千克 16 元；肉鸡 200 千克，每千克 12 元。上述冻猪肉及肉鸡已由厨房验收，货款当即已 3 个月到期的商业承兑汇票付讫。

3．10 日，向上海水产公司购进条虾 100 千克，每千克 30 元；虾 50 千克，每千克 45 元，货已由厨房验收，签发转账支票付讫货款。

4．12 日，向鲜得来调味品厂购进味精 100 千克，每千克 2.50 元，面粉 1 400 千克，每千克 3 元，货已验收入库，货款已转账支票付讫。

5．本月从仓库领用如下：粮食类 4 650 元，干杂类 13 400 元，其他类 5 750 元。

6．月末，仓库进行盘点，结存粮食原材料 4 550 元，其中大米 800 千克，每千克 2.50 元，面粉 850 千克，每千克 3 元，干菜类原材料 15 600 元、其他类原材料 2 500 元；厨房间结存副食品类原材料 250 元、其他类原材料成本 1 500 元。

要求：编制会计分录（有计算的写出计算过程）

实践练习 6

目的：练习饮食业的价格制定

资料：丰泽饭庄 2 月 5 日菜肴的配料资料如下：

1．新上市佛跳墙菜肴，计划每锅佛跳墙用净牛肉 0.5 千克，每千克 25 元；上等火腿上方 0.2 千克，每千克 110 元；鱼翅 0.2 千克，每千克 1 200 元；海参 0.2 千克，每千克 100 元；其他调配料 15 元。

2．推出双菇炒冬笋的菜肴，用冬笋 0.1 千克，每千克 16 元；冬菇 0.1 千克，每千克 60 元；蘑菇 0.15 千克，其他调配料 0.5 元。

3．推出清蒸甲鱼上等名菜一只，每盆清蒸甲鱼一只重 0.5 千克，每千克 200 元；其他调配料 1 元。

要求：

1．如果销售毛利率为 40%，计算每种菜肴价格。

2．如果成本毛利率为 67%，计算每种菜肴价格。

实践练习 7

目的：练习饮食业营业收入的核算。

资料：新光饭店 2011 年 2 月份发下列有关的经济业务：

1．1 日，营业部门转来营业收入日报表如下：

营业收入日报表

项目	应收金额	实收金额	溢款（+）缺款（-）
一楼	2 450.00	2 452.00	+2.00
二楼	2 810.00	2 810.00	
三楼	4 200.00	4 190.00	-10.00
合计	9 460 .00	9 452 .00	-8.00

根据营业收入日报表入账，溢缺款原因待查。

2．1 日，将实收金额存入银行。

3．2 日，查明作日营业溢缺款属于服务员工作中差错所造成，报经领导批准，由企业管理费用列支。

4．3 日，受顾客李丽委托，预定宴席 5 桌，每桌 1 000 元，预收定金 500 元。

5．4 日，市外贸局预定 2 月 6 日宴席 2 桌，每桌 1 200 元，预收定金 200 元。

6．5 日，顾客李丽如期开宴，除宴席每桌 1 000 元外，每桌加烟、酒、饮料 200 元，除定金抵补酒席款外，另付现金 5 500 元。

7．6 日上午，业务部门接到外贸局电话预定酒席因故取消，将定金转为企业收入。

要求：编制会计分录。

第6章 交通运输企业会计

【知识目标】

- 了解交通运输企业的业务特点和会计核算的特点
- 了解交通运输企业营运费用的内容
- 掌握公路运输企业营业收入、营业成本的核算

【能力目标】

- 理解交通运输企业会计核算与其他行业会计的区别
- 掌握公路运输企业营运收入的核算
- 掌握公路运输企业营运成本的核算

第一节 交通运输企业概述

一、交通运输企业的含义及其分类

交通运输企业，是指设立在我国境内，行政上具有独立的组织机构，经济上实行独立核算、自负盈亏，主要从事运送旅客和货物等经营活动的物质生产企业。它主要包括从事公路运输的企业，从事水路运输的企业，从事铁路运输的企业、从事民用航空及管道运输的企业。其基本任务是组织公路、水路、铁路、民用航空和管道运输，安全、迅速、准确、低耗地完成运输任务，满足社会对客货运输的需要。

交通运输企业按其运输方式不同，主要分为以下五类。

（一）公路运输企业

公路运输企业，是指使用汽车和其他运输工具运送旅客和货物的企业。由于公路运输的主要运输工具是汽车，所以公路运输企业也称汽车运输企业。公路运输具有机动灵活、直达、快速、方便、货损货差少、覆盖面广、流动分散、服务对象多、运输条件经常发生变化等特点，特别适用于短途货物集散和高档工业品及鲜活货物的运输。

（二）水路运输企业

水路运输企业，是指利用船舶、排筏和其他浮运工具，在江河、湖泊、水库、人工水道和海上运送旅客和货物的企业。水路运输具有运量大、运距长、占地少、耗能少、投资少、成本低等特点，特别适用于大宗、长途货物和超重、超长、超高、超大件货物的运输。远隔重洋、跨海的大宗运输和陆岛运输，更是水路运输的优势，为其他运输方式所无法替代。

（三）铁路运输企业

铁路运输企业，它是以铁路、通讯信号设施、车站（包括直接为运输服务的各生产段）机车车辆互相配套形成输送能力的企业，铁路运输具有安全程度高、运输速度快、运输距离长、运输能力大、运输成本低等优点，且具有污染小、潜能大、不受天气条件影响的优势，是公路、水运、航空、管道运输所无法比拟的。

（四）民用航空运输企业

民用航空运输企业是指使用飞机(或其他飞行器)运送人员、物资和邮件的企业。民用航空运输具有受政府的管制较大，属于国家控制的产业；具有安全、快捷的优点；航空运输的成本昂贵，投资较大；国内外航空运输企业之间的关系非常密切；航空运输有技术含量高，操作比较复杂等特点。

（五）管道运输企业

管道运输企业是指通过大型钢管、泵站和加压设备等组成的运输系统完成运输工作的企业。管道运输具有运量大（输油管道可以连续运行 ）；建设投资相对较小，占地面积少，受地理条件限制少；基本不受气候影响，可以长期稳定运行；设备运行比较简单，易于就地自动化和进行集中遥控、沿线不产生噪声，有利于环境保护；漏失污染少等特点。管道运输是随着石油和天然气产量的增长而发展起来的，目前已成为陆上油、气运输的主要运输方式，近年来输送固体物料的管道，如输煤、输精矿管道，也有很大发展。

二、交通运输企业的业务特点

交通运输企业是从事运送旅客和货物的特殊物质生产企业，与其他行业的企业相比，主要具有下列特点。

（一）运输的基本功能是实现旅客和货物的位移

交通运输生产的结果是被运输对象位置的移动，即交通运输企业的产品是人和货物场所的变动。运送旅客是使人们移动位置，满足其工作和生活的需要；运送货物是使产品变动场所，实现其使用价值，满足社会的需要。交通运输企业不创造新的物质产品，即不能生产出任何脱离运输生产过程而独立存在的“产品”以供销售、调拨或储存，其生产活动只是实现客货空间的位移，生产的成果是一种劳务。

（二）运输活动不改变运输对象的属性或形态

运输包括生产过程的运输和流通过程的运输。在生产过程中，运输是生产的直接组成部分；在流通过程中，运输使生产过程得以继续和完成。运输过程既不改变运输对象的形状、数量，也不改变运输对象的性质。

（三）运输产品的生产过程和消费过程同时发生

交通运输企业区别于其他行业商品经济活动的最大特点，就是运输空间、地域和时间都具有极强的依附性。运输产品的效用是与运输过程不可分离地结合在一起的。运输产品不具有实物形态，既不能储存，也不能调拨，只能在运输过程中被消费。它的交换价值，同任何其他商品的交换价值一样，是由其中消耗的劳动力和劳动资料的价值，加上运输劳动者剩余劳动所创造的剩余价值决定的。如果这种效用——场所的变动是个人消费的，则其价值就与消费过程一起消失；如果属于生产消费，它本身就是处于运输中的商品的一个生产阶段，则其价值就作为追加价值转移到被运输的商品中去。在旅客运输中，位移直接进入人们的消费领域，旅客在随同运输工具移动的过程逐步消费；在货物运输中，位移的效用也随着货物送达而消失。因此，运输产品具有鲜明的时空特性，交通运输企业必须使自己的运输能力配置密切配合社会的需要。

（四）运输产品位移的计量具有特殊性

运输产品位移的计量，不仅要考虑运输对象沿运输线路所经过的路程，而且要考虑运输对象本身的数量——旅客的人数或货物的重量。所以，运输产品的计量单位是一个复式单位，即人公里、吨公里或换算吨公里。

【小思考 6-1】 交通运输业的业务与工商业相比有哪些特点？

三、交通运输企业会计核算的特点

从上述可见，交通运输企业所从事的主要是客货运输和装卸等业务的运营生产活动，与其他工商等企业的生产经营活动相比具有许多显著的特点，因此其会计核算与工商等企业比较也有所区别。具体表现如下。

（一）不需要进行在产品和产成品的核算

交通运输企业的产品是旅客和货物的位移，只是人和物场所的变动，不具有实物形态，即其生产过程和销售过程合并在一起，其生产的完成就是销售的完成。因此，不需要进行在产品和产成品的核算。

（二）存货和运营成本的核算较为特殊

一是交通运输企业运营时消耗的燃料、轮胎较多，其存货核算的重点就是燃料、轮胎，它们并不构成成品的实体，其领用、摊提的核算有其独特的方法，对运营成本的影响较大，这与工商企业的存货核算是不同的；二是交通运输企业的成本计算对象和计量单位不同于其他企业，因为其成本计算对象是旅客和货物的周转量，是实物产品，即要以车船等交通设备的班次、航次等作为成本计算对象。同时旅客和货物的位移不仅与数量有关，而且与距离有关，因此其运营成本是以运数、距离等复合单位来计量的。

（三）运营收入的结算和核算较为复杂

交通运输企业的生产经营活动是在广阔的空间内进行的，具有点多、线长、流动、分散的特点，而且作业环节多而复杂，管理和核算单位多，导致其结算较为复杂；正因为如此，其收入的种类多种多样，其运营收入往往需要通过设立在各个特定地点的车站、港口进行计费、收款，且各种运输方式的运价、费率、收款方式、清算办法等又各不相同，所以其收入的结算和核算较为复杂。

【小思考 6-2】交通运输业的会计核算有什么特点？

第二节 公路运输成本的核算

一、运输成本的内容

（一）费用要素和成本项目

1. 费用要素

运输企业的营运费用，按经济内容划分，一般可分为以下几类费用要素。

（1）应付职工薪酬。包括职工的基本工资、工资性津贴、职工福利费、各种社会保险、住房公积金和非货币性福利。

（2）外购燃料。指外购的运输生产需要的汽油、柴油等燃料。

（3）外购轮胎。指外购运输生产需要的外胎。

（4）外购材料。指外购的运输生产需要的各种材料，包括轮胎内胎、垫带、各种消耗性材料、修理用备件等。

（5）外购周转材料。指外购的各种用具物品，如工具、管理用具、玻璃器皿，以及在营运过程中周转使用的包装容器等。

（6）折旧。指按规定提取的固定资产折旧费。

（7）修理费。指企业修理固定资产等而发生的修理费。

（8）其他费用。指不能明确划分性质纳入上述各项要素费用的一些费用支出。

2. 成本项目

运输企业在计算各项业务成本时，应将各费用要素按其用途归入各成本核算对象的相应成本项目。具体地讲，汽车运输企业的成本项目分为车辆费用和站队经费两类。

（1）车辆费用，车辆费用是指营运车辆（汽车和挂车，下同）从事运输生产所发生的各项费用。包括以下几点。

① 应付职工薪酬，包括职工的基本工资、工资性津贴、职工福利费、各种社会保险、住房公积金和非货币性福利。

② 燃料，指营运车辆运行中所耗用的各种燃料，如汽油、柴油等。自动倾卸车辆卸车时所耗用的燃料也包括在内。

③ 轮胎，指营运车辆耗用的外胎费用。

④ 材料，指营运车辆耗用的轮胎内胎、垫带、各种消耗材料等。

⑤ 保修费，指营运车辆进行各级保养和修理所发生的工料费用、修复旧件费用和引车用机油。

⑥ 折旧费，指营运车辆按规定计提的折旧费。

⑦ 运输管理费，指按规定向公路运输管理部门缴纳的运输管理费。

⑧ 行车事故损失，指营运车辆在运行过程中，因行车肇事所发生的事故损失。旅客伤亡事故损失，因车站责任发生的货损、货差事故损失以及由于不可抗拒的原因而造成的非常损失，均不包括在内。

⑨ 其他费用，指营运车辆在运行过程中发生的杂支等其他费用。

（2）站队经费，站队经费是指车站、车队为管理和组织运输生产所发生的各项管理费用和业务费用。站队经费属于营运间接费用。站队经费的具体内容包括以下两点。

① 车队经费，指按规定办法分配应由汽车运输成本负担的车队经费。

② 车站经费，指按规定办法分配应由汽车运输成本负担的车站经费。

【小思考 6-3】交通运输企业的成本项目有哪些？

（二）成本核算的账户设置

运输企业各种业务的成本，一般应按月、季、年计算，并计算从年初起至各月末止的累计成本。

1. 运输支出

“运输支出”账户属于成本计算类账户，用来核算公路运输企业经营旅客、货物运输业务所发生的各项费用支出。借方登记发生的运输费用支出，贷方登记结转到主营业务成本的运输费用支出，结转后本账户无余额。本账户应按运输工具类型（如货车、客车）设置明细账户，进行明细分类核算。

企业经营运输业务所发生的各项费用，应按成本核算对象和规定的成本项目予以汇集；能直接计入成本项目的费用，直接借记本账户，贷记“燃料”、“原材料”、“轮胎”、“应付职工薪酬”等账户；不能直接计入成本项目的其他费用，应先在“营运间接费用”账户核算，月份终了，再将这些费用按规定的分配标准，分配计入有关的成本核算对象，借记本账户，贷记“营运间接费用”账户。

2. 辅助营运费用

“辅助营运费用”账户属于成本计算类账户，用来核算运输企业辅助生产部门生产产品和供应劳务（包括制造工具、备件，修理车、船、装卸机械，供应水、电、汽等）所发生的辅助生产费用。借方登记发生的各种辅助营运费用，贷方登记月终按照规定的分配标准分配转出的当月发生的辅助营运费用，月末无余额。

3. 营运间接费用

营运间接费用属于成本计算类账户，核算车站、车队为管理和组织运输生产所发生的各项管理费用和业务费用的归集与分配。借方登记发生的营运间接费用，贷方登记月终按照规定的分配标准分配转出的当月发生的营运间接费用，月末无余额。

二、运输成本的核算

由于公路运输企业一般以客车运输和货车运输作为成本核算对象，即按照运输工具的种类（客车、货车）计算分类成本，成本核算对象较少，因此，在核算车辆费用的同时，也为按成本核算对象归集费用提供了条件。如工资费用的分配，生产耗用的燃料、材料、轮胎费用的摊销，车辆固定资产折旧费的计算等，都是在有关的分配表或计算表中，按照客车和货车的项目分类分别计算的。在计算客车和货车的分类成本时，可以根据有关分配表或计算表中的数字，直接计入各分类成本。只有少数随时支付的营运生产支出，要求在发生时根据原始凭证直接计入有关的分类成本和成本项目。因此，汽车运输企业可以在“运输支出”账户下，按成本计算对象设置“车辆费用明细账”，将“运输支出”的明细分类核算与运输分类成本计算结合在一起组织核算。财会部门根据原始凭证或费用计算表编制记账凭证，记入车辆费用明细账的有关项目，归集所发生的营运生产支出。“车辆费用明细账”的一般格式如表 6-1 所示。

表 6-1　　车辆费用明细账

车辆类别：客车　　2012 年 6 月　　单位：元

2012 年		凭证	摘要	工资	社会保险及住房公积金	……	其他	合 计
月	日							
6	30			12 000	4 800		7 000	12 000 4 800 …… 7 000
7	31		合计	12 000	4 800	……	7 000	

（一）车辆费用的核算

下面详细阐述各种车辆费用的归集和分配方法：

1. 工资费用的核算

职工薪酬，是指企业为获得职工提供的服务按照有关规定而给予各种形式的报酬以及其他相关支出，包括职工在职期间和离职后提供给职工的全部货币性薪酬和非货币性福利。企业提供给职工配偶、子女或其他被赡养人的福利等，也属于职工薪酬。从广义上讲，职工薪酬是企业必须付出的人力成本，是吸引和激励职工的重要手段，也就是说，职工薪酬既是职工对企业投入劳动的报酬，也是企业的成本费用。职工薪酬主要包括以下内容：职工工资、社会保险费、住房公积金等。

企业应当通过“应付职工薪酬”账户，核算应付职工薪酬的归集和分配等情况。该账户贷方登记已分配计入有关成本费用项目的职工薪酬的数额。借方登记实际发放职工薪酬的数额；该账户期末贷方余额，反映企业应付未付的职工薪酬。“应付职工薪酬”账户应当按照“工资”、“社会保险费”、“住房公积金”等设置明细账户，进行明细核算。

【例 6-1】 汽车运输公司 2012 年 6 月“工资及职工社会保险费、住房分积金分配表”，如表 6-2 所示。

表 6-2　　工资费用分配表

单位：元

借方账户		工资总额	社会保险	住房公积金	合 计
总账账户	明细账户	（1）	（1）×30%	（1）×10%	
运输支出	客车	12 000	3 600	1 200	16 800
	货车	16 000	4 800	1 600	22 400
	小计	28 000	8 400	2 800	39 200
辅助营运费用	修理车间	3 000	900	300	4 200
营运间接费用	修理车间	1 000	300	100	1 400
	车站	1 000	300	100	1 400
	车队	600	180	60	840
	小计	2 600	780	260	3 640
管理费用	工资	500	150	50	700
合计		34 100	10 230	3 410	47 740

根据表 6-2，分配工资费用时，作会计分录如下：

借：运输支出——客车——工资　　16 800
　　　　　　——货车——工资　　22 400
　　辅助营运费用——修理车间——工资　　4 200
　　营运间接费用——机修车间——工资　　1 400
　　　　　　　　——车站——工资　　1 400
　　　　　　　　——车队——工资　　840
　　管理费用　　700
　贷：应付职工薪酬——工资　　34 100
　　　　　　　　——社会保险　　10 230
　　　　　　　　——住房公积金　　3 410

2. 燃料费用的分配

营运车辆、装卸机械、保修用油等实耗燃料，应根据当月发料凭证汇总表、车存燃料消耗情况表编制“燃料消耗情况汇总表”，并据以将燃料费用分配到有关分类成本中去。

燃料管理有两种制度：满油箱制、盘存制。

满油箱制是指每月月初运输车辆行驶前加满油，月末停驶时加满油，月末只需统计出一个月内每次加油的累计数，即计算出本月的运输油耗数的方法。

盘存制是指每月月初运输车辆行驶前加满油，月末停驶时需要盘点车存油量，月末按照以下计算公式计算出本月的运输油耗数的方法：

本月的运输油耗数=月初车存油量+本月加油数量-月末车存油量

下面分别讲述其会计核算。

（1）满油箱制的核算。

在满油箱制下，燃料核算设置“燃料”账户，该账户为资产类账户，借方核算购入的燃料成本，贷方核算运输领用发出的燃料成本，该账户期末余额在借方，表示库存的燃料成本。

燃料核算可按实际成本计价，也可按计划成本计价。

① 购入时：

如按实际成本计价，则购入时作会计分录如下：

借：燃料

　贷：银行存款/库存现金

如按计划成本计价，则购入时作会计分录如下：

借：材料采购

　贷：银行存款

借：燃料

　贷：材料采购

借或贷：材料成本差异

② 领用、发出时：

按计划成本发出（按实际成本支出的，只需作下面第一笔分录）

借：运输支出——客车——燃料费

　　　　　——货车——燃料费

　辅助营运费用

　营运间接费用

　管理费用

　贷：燃料

结转发出燃料分配的成本差异

借：运输支出——客车——燃料费

　　　　　——货车——燃料费

辅助营运费用

营运间接费用

管理费用

贷：材料成本差异——燃料

（2）盘存制的核算。

在盘存制下，需要在“燃料”账户下设“车存”、“库存”两个明细账户进行核算。

① 购入时：

借：燃料——库存

贷：银行存款/库存现金

② 领用、发出时：

借：燃料——车存

贷：燃料——库存

如月初车存数为 100 元，本月购入 1 000 元，领用 950 元，月末盘点盘存数为 150 元，凭以计算本月实际耗用数如下：

本月实际耗用数=月初车存+本月领用-月末车存=100+950-150=900（元）

借：运输支出——客车或货车——燃料费　　900

贷：燃料——车存　　900

【例 6-2】 汽车运输公司 2012 年 6 月的燃料消耗情况汇总表，如表 6-3 所示。

表 6-3　　燃料消耗情况汇总表

单位：元

项　目	期初油箱存油	本月领用	期末油箱存油	本月耗用
客车领用	5 000	238 125	4 000	239 125
货车领用	9 000	349 375	10 000	348 375
车站领用		5 000		5 000
车队领用		3 000		3 000
企业管理部门领用		2 000		2 000
合　计	14 000	597 500	14 000	597 500

根据表 6-3，作会计分录如下：

借：运输支出——客车——燃料费　　239 125

——货车——燃料费　　348 375

营运间接费用——车站——燃料费　　5 000

——车队——燃料费　　3 000

管理费用　　2 000

贷：燃料　　597 500

3．轮胎费用的分配

营运车辆一般按核算期行驶公里计算应负担的轮胎摊销额，而管理部门等车用轮胎一般按实际领用数计入成本。月终根据有关统计资料（如轮胎摊提费计算表、轮胎发出凭证汇总表等），编制轮胎消耗分配表，据以将有关的轮胎费用分配到有关分类成本中去。

轮胎费用核算有以下两种方法：

（1）一次摊销法，是指领用轮胎时将其价值一次计入运输支出或相关费用的方法。

摊销：

借：运输支出——客车或货车——轮胎

　　管理费用

　贷：轮胎

报废时收回残料价值：

借：原材料

　贷：管理费用

　　运输支出——客车或货车——轮胎

（2）按行驶公里预提法，是指先按照汽车的行驶公里预提轮胎的摊销额，至轮胎报废领用新轮胎时再将领用的新轮胎价值冲销预提的轮胎费用的方法。

（营运车辆大多数用此法）

预提摊销：

借：运输支出——客车或货车——轮胎

　贷：应付账款——预提轮胎费用

补提摊销额：（报废时实际行驶里程<定额里程的）

借：运输支出——客车或货车——轮胎

　贷：应付账款——预提轮胎费用

报废时按照收回的残料价值：

借：原材料

　贷：运输支出——客车或货车——轮胎

领用新轮胎

借：应付账款——预提轮胎费用

　贷：轮胎

　　材料成本差异——轮胎（计划成本计价的）

【例 6-3】　汽车运输公司 2012 年 6 月的轮胎费用摊提情况，如表 6-4 所示。

表 6-4　轮胎摊提费计算表

2012 年 6 月　单位：元

领用单位	轮胎规格	实际行驶里程	平均车装轮胎条数	实际行驶胎公里数	每胎公里摊销额	轮胎摊销额
客车	900-20	1 500 000	6	9 000 000	0. 005	45 000
货车	900-20	2 000 000	6	12 000 000	0. 006	72 000
合计		3 500 000		21 000 000		117 000

本月份企业车站公务车领用轮胎 2 条，每条轮胎的计划价格为 450 元，材料成本差异率为 2%。

根据以上资料编制轮胎消耗分配表，如表 6-5 所示。

表 6-5 轮胎消耗分配表

2012 年 6 月 单位：元

借方科目		本月应负担的轮胎费用	合计
总账账户	明细账户		
运输支出	客车	45 000	45 000
	货车	72 000	72 000
	小计		117 000
营运间接费用	车站	900	900
合计		117 900	117 900

根据以上资料，作会计分录如下：

（1）借：运输支出——客车——轮胎 45 000

——货车——轮胎 72 000

贷：应付账款——预提轮胎费用 117 000

（2）借：营运间接费用——车站——轮胎 918

贷：轮胎 900

材料成本差异——车站——轮胎 18

4. 材料费用的分配

营运车辆、装卸机械、辅助生产部门、企业管理部门等领用的材料，包括轮胎内胎、垫带、修理用备件以及各种消耗性材料。月末，汽车运输企业应根据“材料发出汇总表”编制“材料费用分配表”，并据以将有关材料费用计入各有关分类成本。

现举例说明材料费用的分配方法如下：

【例 6-4】 汽车运输公司 2012 年 6 月的材料费用分配表，如表 6-6 所示。

表 6-6 材料费用分配表

2012 年 6 月 单位：元

借方科目		领用对象			合计
总账账户	明细账户	轮胎内胎、垫带	修理用备件	消耗性材料	
运输支出	客车	1 500			1 500
	货车	2 000			2 000
	小计	3 500			3 500
辅助营运费用	修理车间		4 000	1 000	5 000
营运间接费用	车站经费	500			500
	车队经费	300			300
	小计	800			800
管理费用	材料	500			500
合计		4 800	4 000	1 000	9 800

根据表 6-6，作会计分录如下：

借：运输支出——客车　　1 500
　　　　　　——货车　　2 000
　　辅助营运费用——修理车间　　5 000
　　营运间接费用——车站经费　　500
　　　　　　　　——车队经费　　300
　　管理费用　　500
　贷：原材料　　9 800

5. 折旧费的分配

根据固定资产折旧计算表编制折旧费用分配表，然后据以分配计入各有关分类成本。

【例 6-5】　汽车运输公司 2012 年 6 月的折旧费用分配表，如表 6-7 所示。

表 6-7　　折旧费用分配表

2012 年 6 月　　单位：元

借方账户	车间、部门	本月计提折旧					合　计
		客车	货车	非营运车	机器设备	房屋、建筑物	
运输支出	客车	11 000					11 000
	货车		20 000				20 000
	小计	11 000	20 000				31 000
营　运 间接费用	修理车间				2 500	1 000	3 500
	车站			1 500		600	2 100
	车队			800		400	1 200
	小计			2 300	2 500	2 000	6 800
管理费用	企业管理部门			2 000		4 000	6 000
	小计			2 000		4 000	6 000
合　计		11 000	20 000	4 300	2 500	6 000	43 800

根据表 6-7，作会计分录如下：

借：运输支出——客车——折旧费　　11 000
　　　　　　——货车——折旧费　　20 000
　　营运间接费用——修理车间　　3 500
　　　　　　　　——车站　　2 100
　　　　　　　　——车队　　1 200
　　管理费用——折旧费　　6 000
　贷：累计折旧　　43 800

6. 其他车辆费用的分配

至于运输管理费、行车事故损失、其他费用等车辆费用，如果是通过银行转账、应付票据、现金支付的，应根据付款凭证等直接计入有关的车辆分类成本；如果是在企业仓库内领用的材料物资，就根据材料发料凭证汇总表、低值易耗品发出凭证汇总表中各分类成本领用的金额计入成本。

【例 6-6】　汽车运输公司 2012 年 6 月发生的行车事故损失、其他费用如表 6-8 所示。

表 6-8　　其他车辆费用分配表

2012 年 6 月　　单位：元

项　目	客　车	货　车	合　计
行车事故损失	13 500	10 000	23 500
其他费用	7 000	8 000	15 000
合　计	20 500	18 000	38 500

这些费用均已通过银行存款支付。根据表 6-8，作会计分录如下：

借：运输支出——客车——行车事故损失　　13 500
　　　　　　——其他费用　　7 000
　　　　　　——货车——行车事故损失　　10 000
　　　　　　——其他费用　　8 000
　贷：银行存款　　38 500

7．辅助营运费用的归集和分配

汽车运输企业的辅助营运费用，主要是指为本企业车辆、装卸机械进行保修作业而设置的保养场或车间在供应劳务和生产产品（如制造工具、备件）时所发生的辅助生产费用。辅助生产部门的生产，与运输、装卸生产不同，企业应根据辅助生产的具体情况，来组织辅助营运费用的核算和分配。

（1）辅助营运费用的内容。汽车运输企业的辅助营运费用主要包括以下内容。

① 直接材料。指为车辆、装卸机械进行各级保养、修理、旧件修复、产品制造等耗用的修理用备件、消耗用材料的实际成本。

② 直接人工。指按规定支付的辅助生产部门的生产工人的工资及福利费。

③ 辅助管理费用。指为组织和管理车间生产而发生的各种费用。如车间管理人员的工资及福利费、办公费、差旅费、折旧费等。

（2）辅助营运费用归集。辅助生产部门耗费的直接材料、直接人工，可由财会部门根据有关的原始凭证或费用分配表，借记“辅助营运费用——××车间”账户，贷记“应付职工薪酬”、“原材料”等账户；各辅助生产部门发生的辅助管理费用，先在“营运间接费用”账户中归集，月终再将辅助管理费用分配计入各该车间提供的各种产品和劳务成本中去，借记“辅助营运费用——××车间”账户，贷记“营运间接费用”账户。

现举例说明辅助营运费用的归集方法如下：

【例 6-7】　汽车运输公司的辅助生产部门只有一个修理车间。根据以上资料，编制甲汽车运输公司 2012 年 6 月的“辅助营运费用用明细账”，如表 6-9 所示。

汽车运输公司的修理车间耗用的直接材料、直接人工应编制的会计分录已在前面介绍过。至于 4 900 元的辅助管理费用，是由营运间接费用分配结转而来的，分配结转时，作会计分录如下：

借：辅助营运费用——修理车间　　4 900
　贷：营运间接费用——修理车间　　4 900

表 6-9　　辅助营运费用明细账

2012 年 6 月　　单位：元

2012 年		摘　要	直接材料	直接人工	辅助管理费用	合　计
6	30					
		根据表 6-6	5 000			5 000
		根据表 6-2		4 200		4 200
		根据表 6-2 和表 6-7			4 900	4 900
		合　计	5 000	4 200	4 900	14 100

（3）辅助营运费用分配。由于辅助生产车间所生产的产品和提供的劳务的种类不同，归集在“辅助营运费用”各明细账户借方的辅助营运费用其分配转出的程序也不一样。制造工具、模具、修理用备件等产品的辅助生产，应在产品完工入库时，借记“周转材料”等账户，贷记“辅助营运费用”账户。待以后有关部门领用时，再计入“运输支出”等账户。机修、供电等车间生产和提供的修理、水、电等产品和劳务所发生的费用，要在受益对象之间按照所耗数量或其他比例分配。分配时，分别借记“运输支出”等账户，贷记“辅助营运费用——××车间”账户。

辅助生产部门主要为营运生产部门提供产品和劳务，但是某些辅助生产部门之间，也可能相互提供产品和劳务。如果数量较小，可以不考虑各辅助生产车间之间相互提供产品或劳务的情况；如果数量较大，为正确计算辅助生产或劳务的成本，则应先在各辅助生产车间之间进行费用的交互分配，然后再向其他部门分配。

现举例说明辅助营运费用的分配方法如下：

【例 6-8】 2012 年 6 月修理车间总修理工时为 200 小时，其中客车修理耗用 120 小时，货车修理耗用 80 小时，则辅助营运费用的分配如下：

$$\text{单位工时费用分配率}=\frac{\text{辅助营运费用总额}}{\text{总修理工时}}=\frac{14100}{200}=70.5\ \text{（元/小时）}$$

$$\text{客车应负担的修理费用}=\text{客车耗用工时数}\times\text{单位工时费用分配率}=120\times70.5=8\,460\ \text{（元）}$$

$$\text{货车应负担的修理费用}=\text{货车耗用修理工时数}\times\text{单位工时费用分配率}=80\times70.5=5\,640\ \text{（元）}$$

根据分配结果，编制“辅助营运费用分配表”，如表 6-10 所示。

表 6-10　　辅助营运费用分配表

2012 年 6 月　　单位：元

借方账户	分配标准	分配率	应分配金额
运输支出——客车	120	70.5	8 460
运输支出——货车	80	70.5	5 640
合计	200		14 100

根据表 6-10，作会计分录如下：

借：运输支出——客车——辅助营运费用　　　　8 460

——货车——辅助营运费用　　　　5 640

贷：辅助营运费用——修理车间　　　　14 100

根据以上各种费用分配表及有关资料，编制甲汽车运输公司 2012 年 6 月的车辆费用明细账（略）。

（二）营运间接费用（站队费用）的归集和分配

设有车队、车站的企业，应按车队、车站设置“车队经费明细账”、“车站经费明细账”。在明细账中应按规定的费用项目设置专栏，用以归集各车队、车站为管理运输和组织生产营运活动所发生的费用。月终，财会部门应根据原始凭证或有关的费用分配表编制记账凭证，序时登记入账，归集车队经费、车站经费。

1. 站队经费的归集

如前所述，站队经费属于营运间接费用，在费用发生时，不能直接计入各成本核算对象，应先通过“营运间接费用”账户归集。月终在计算各成本核算对象的成本时，再按一定的分配方法，分配计入各成本核算对象。

现举例说明站队经费的核算方法如下：

【例 6-9】　汽车运输公司的车站、车队 2012 年 6 月除发生以上费用外，还发生了以下费用。

（1）8 日以银行存款支付车站、车队办公用品购置费，分别为 2 660 元和 2 216 元。作会计分录如下：

借：营运间接费用——车站——办公费　　　　2 660

——车队——办公费　　　　2 216

贷：银行存款　　　　4 876

（2）10 日以银行存款支付车站水电费 2 000 元、车队水电费 1 500 元。作会计分录如下：

借：营运间接费用——车站——水电费　　　　2 000

——车队——水电费　　　　1 500

贷：银行存款　　　　3 500

（3）20 日报销车站职工王欣差旅费 1 200 元。作会计分录如下：

借：营运间接费用——车站——差旅费　　　　1 200

贷：其他应收款——王欣　　　　1 200

根据以上资料及有关的费用分配表，编制甲汽车运输公司 2012 年 6 月的车队经费明细账（略）。

2. 站队经费的分配

（1）车队经费分配。按客车、货车分别设置的车队，其车队经费可直接计入客、货车分类成本。客车、货车混合车队，其车队经费应按客车、货车的车辆费用比例分摊。其计算公式如下：

$$车队经费分配率=\frac{车队经费总额}{车辆费用总额}$$

客车（或货车）分配的车队费用=客车（货车）车辆费用×车队经费分配率

车队经费也可按客车、货车的营运车日比例分摊。

$$车队经费分配率=\frac{车队经费总额}{客车、货车车辆的营运车日之和}$$

客车（货车）应负担车队经费＝客车（货车）的营运车日×车队经费分配率

【例6-10】 汽车运输公司2012年6月客车的营运车日为20 000车日，货车的营运车日为30 000车日。可知甲汽车运输公司2012年6月的车队经费为9 056元，则客车、货车应分摊的车队经费计算如下：

$$车队经费分配率=\frac{9\ 056}{20\ 000+30\ 000}=0.18112（元／营运车日）$$

客车应负担车队经费＝20 000×0.18112＝3 622（元）

货车应负担车队经费＝30 000×0.18112＝5 434（元）

分配后，作会计分录如下：

借：运输支出——客车　　　　　3 622

　　　　　　——货车　　　　　5 434

　贷：营运间接费用——车队经费　　　9 056

（2）车站经费分配。汽车运输企业的车站经费，应先按运输业务的车辆费用、装卸和其他业务的直接费用的比例分摊。由运输业务负担的车站经费应按客车、货车的车辆费用或营运车日的比例分摊。其计算公式可参照车队经费分配的计算公式。

【例 6-11】 汽车运输公司只经营运输业务，可知甲汽车运输公司 2012 年 6 月的车站经费为15 778元。客车、货车的营运车日如上例。则车站经费的分配如下：

车站经费分配率=15 778÷（20 000+30 000）=0.31556

客车应负担车站经费=20 000×0.31556＝6 311（元）

货车应负担车站经费=30 000×0.31556＝9 467（元）

分配后，作会计分录如下：

借：运输支出——客车——营运间接费用　　6 311

　　　　　　——货车——营运间接费用　　9 467

　贷：营运间接费用——车站经费　　　　15 778

（三）成本计算

汽车运输企业运输业务应负担的车辆费用和站队经费组成汽车运输总成本。汽车运输总成本分为客车运输总成本、货车运输总成本和客货车运输综合总成本。汽车运输总成本除以运输周转量即为汽车运输单位成本。汽车运输单位成本分为客车运输单位成本、货车运输单位成本和客货运输换算单位成本。其计算公式如下：

$$客车运输单位成本（元／千人公里）=\frac{客车运输总成本}{客车运输周转量(千人公里)}$$

$$货车运输单位成本（元／千吨公里）=\frac{货车运输总成本}{货车运输周转量(千吨公里)}$$

汽车运输企业月末应编制汽车运输成本计算表，以反映运输总成本和单位成本。

【例 6-12】 汽车运输公司 2012 年 6 月客车运输周转量为 9 000 千人公里，货车运输周车量为 1 900 千吨公里，则根据有关资料，可编制甲汽车运输公司 2012 年 6 月的汽车运输成本计算表，如表 6-11 所示。

表 6-11　　汽车运输成本计算表

甲汽车运输公司　　2012 年 6 月　　单位：元

项　目	行次	计划数	本期实际数		
			合计	客车	货车
一、车辆费用			830 800	342 385	488 415
1. 工资	1		39 200	16 800	22 400
2. 燃料	2		587 500	239 125	348 375
3. 轮胎	3		117 000	45 000	72 000
4. 材料	4		3 500	1 500	2 000
5. 修理费	5		14 100	8 460	5 640
6. 折旧费	6		31 000	11 000	20 000
7. 行车事故损失	7		23 500	13 500	10 000
8. 其他费用	8		15 000	7 000	8 000
二、站队经费	9		24 834	9 933	14 901
三、运输总成本	10		855 634	352 318	503 316
四、周转量（千人公里、千吨公里）	11			9 000	1 900
五、单位成本（元／千人公里、元／千吨公里）	12			39.15	264.90

最后将本月的“运输支出”发生额结转到“主营业务成本”：

借：主营业务成本——客车　　352 318
　　　　　　　　——货车　　503 316
　贷：运输支出——客车　　352 318
　　　　　　　——货车　　503 316

【小思考 6-4】交通运输企业的成本核算与工业企业的成本核算有什么区别？

第三节 公路营运收入的核算

一、运输收入的种类

营运收入是指公路运输企业从事运输、装卸、堆存和其他业务工作，按照国家规定的统一运价、费率和价格所取得的收入。

营运收入对于国家和企业的整个财务经济活动有着重要的意义。营运收入的取得，反映企业为国民经济提供了所需要的运输劳动，保证了工农业生产和人民生活的需要。营运收入是企业所需资金的重要来源，可以补偿企业运输生产过程中各项费用的支出，也是企业向国家上缴税金、向投资者分配利润的重要来源。因此，做好营运收入的核算工作，是公路运输企业会计的一项重要内容。

交通运输企业的营运收入，按照经营业务不同，主要分为以下几种。

（1）运输收入。指公路运输企业经营客货运输业务所取得的收入。主要包括：①客运收入，指车票收入，计时和计程包车等；②货运收入，指汽车从事货物运输的收入（汽车自动倾卸车运输货物的卸费收入，应包括在货运收入中，在计算养路费时扣除）；③其他运输收入、指行李包裹运输收入、邮件运输收入、卧具收入、空调收入等。

（2）装卸收入。指公路运输企业等从事装卸作业所收取的装卸费收入，包括装卸、联运货物换装、装卸杂作业、装卸机械临时出租的收入等。

（3）堆存收入。指公路运输企业经营仓库、堆存业务所取得的收入（包括仓库等堆存设备临时出租的收入）。

（4）其他业务收入。指交通运输企业除营运业务以外的其他业务收入，如汽车修理、材料销售，固定资产出租、技术转让等其他运输收入的核算。

【小思考 6-5】交通运输企业的收入包括哪些内容？

二、运输收入的特点

运输收入包括汽车运输企业经营客、货运输业务所取得的各项收入，同其他部门的收入核算相比，具有以下特点。

第一，运输收入的取得先于运输生产过程。运输收入的取得，一般都在运输过程开始之前，即旅客在购票、托运行李时，发货人在车站托运货物时，支付运杂费。

第二，运输收入管理一般实行集中管理和分散管理相结合的原则。运输业务的种类繁多，并且是在沿路各车站进行，使得运输收入的实现比较分散。运输收入分别由车站收取。因此，运输收入的管理应实行集中管理和分散管理相结合的原则，根据企业的体制制定相应的管理方法和核算方法。

三、运输收入的核算凭证

营运票据是货物和旅客运输的业务凭证，也是企业向货主和旅客收款的依据和核算运输收入的主要凭证。

营运票据按其内容划分，一般可分为客运票据、货运票据和其他票据。

（一）客运票据

汽车运输企业的客运票据主要包括固定客票、定额客票、补充客票、客运包干票、客票退票费收据等。

（二）货运票据

汽车运输企业的货运票据，主要包括整车货票、零担货票、行李包裹票等。

（三）其他票据

汽车运输企业的其他票据，主要包括零担装卸费收据、行李装卸费收据、行李暂存费收据、临时收款收据、旅客中途退票报销凭证等。

营运票据还可以按凭证金额固定与否，分为固定金额票据和非固定金额票据。

【小思考 6-6】交通运输企业的收入有什么特点？有哪些核算凭证？

四、运输收入核算的账户设置

为了核算和监督各类运输收入的实现情况设置“主营业务收入——运输收入”账户它属于损益类账户，用来核算汽车运输企业经营旅客、货物运输业务所取得的各项收入。贷方登记企业实现的各项运输收入，借方登记企业退回已误收的收入以及期末转入“本年利润”账户的运输收入，期末结转后，本账户应无余额。本账户一般应按收入种类设置下列明细账户。

- 货运收入（或换算货车收入）
- 客运收入（或换算客车收入）
- 其他运输收入（包括行李包裹收入、邮件收入、卧具收入、空调收入等）

五、运输收入的核算

汽车运输企业的营业站、所的设置一般有两种：一种是企业在其负责营运的区域、线路上设有车站、代办站、营业所等机构，直接售票，结算运费和解缴进款；另一种是在大城市，由交通主管机关设置集中的营业所或货运站，统一组织受理货物托运业务并收取运费，汽车运输企业承运货物后与这些所、站结算营运收入。各汽车运输企业还常常相互为对方车辆办理旅客、货物运输业务，因而会发生运输收入的相互划拨与清算，包括省际汽车运输企业之间和省内各地区汽车运输企业之间的运费收入的划拨与清算，以及代社会车辆单位办理运输业务收入的划拨与清算。企业取得运输收入时，应借记“银行存款”、“应收票据”等账户，贷记“主营业务收入——运输收入”账户。

现举例说明汽车运输收入的核算方法如下：

1. 基层站、所运输收入的核算

（1）对本站收入，根据本站报来的“营业收入日报”，作会计分录如下：

借：银行存款

　　贷：主营业务收入——运输收入——客运收入

（2）对下属分站交来的收入，作会计分录如下：

① 收到分站交来款项：

借：银行存款

　　贷：应收账款——应收内部单位款——××分站

② 根据下属分站报来的“营业收入日报”定期汇总确认收入 ：

借：应收账款——应收内部单位款——××分站

　　贷：主营业务收入——客运收入

　　　　　　　　　　——货运收入

（3）月末各基层站编制营业收入月报上报公司转账时，作会计分录如下：

借：主营业务收入——客运收入

　　　　　　　　——货运收入

　　　　　　　　——代理业务收入

　　贷：应付账款——应付内部单位款——公司

2. 公司营业收入的核算

（1）收到基层站、所交来收入款项时，作会计分录如下：

借：银行存款

　　贷：应收账款——应收内部单位款——××中心站

（2）月末根据基层站、所营业收入月报汇总编制营业收入汇总表，作会计分录如下：

借：应收账款——应收内部单位款——××中心站

　　贷：主营业务收入——客运收入

　　　　　　　　　　——货运收入

　　　　　　　　　　——代理业务收入

【例 6-13】 某汽车运输企业接银行收账通知，甲车站汇缴营运收入 150 000 元，其中运输收入 110 000 元，装卸收入 40 000 元；乙营业所汇缴营运收入 340 000 元，其中运输收入 290 000 元，装卸收入 50 000 元。作会计分录如下：

A. 收到款项：

借：银行存款　　490 000

　　贷：应收账款——应收内部单位款——甲站　　150 000

　　　　　　　　　　　　　　　　　——乙站　　340 000

B. 月末：

借：应收账款——应收内部单位款——甲站　　150 000

——乙站　　340 000

贷：主营业务收入——运输收入　　　　400 000

——装卸收入　　　　90 000

3. 企业之间营业收入相互结算的核算

（1）货运收入的相互结算。

计算代理手续费收入作为主营业务收入，作会计分录如下：

收取时：

借：银行存款

贷：应付账款——××公司

结算时：

借：应付账款——××公司

贷：主营业务收入——代理业务收入

银行存款

（2）客运收入的相互结算，作会计分录如下：

根据本企业应得的收入：

借：应收账款——××公司（扣除向对方支付的手续费）

贷：主营业务收入——运输收入——客运收入

根据应付对方的收入：

借：银行存款

贷：应付账款——××公司

主营业务收入——代理业务收入

实际结算时：

借：银行存款（差额）

应付账款——××公司

贷：应收账款——××公司

【例 6-14】 南宁琅东客运站与柳州客运站对开多组班车，本月琅东站为柳州站售票取得客运售票款 150 万元，柳州站为琅东站售票取得售票款 160 万元，双方约定的手续费率为 5%，每月月底汇总结算，下月 5 日付清款项。

琅东站的会计分录：

根据本企业应得的收入：

借：应收账款——柳州客运站　　　　1 520 000（扣除向对方支付的手续费）

销售费用——代理手续费　　　　80 000

贷：主营业务收入——运输收入——客运收入　　　　1 600 000

根据应付对方的收入款：

借：银行存款　　　　1 500 000

贷：应付账款——柳州客运站　　　　　　1 425 000

　　主营业务收入——代理业务收入　　　　75 000

实际结算时：

借：银行存款（差额）　　　　　　　　　95 000

　　应付账款——柳州客运站　　　　　1 425 000

贷：应收账款——柳州客运站　　　　　　1 520 000

本章小结

交通运输企业分为公路、水路、铁路、民航、管道5类运输企业，其业务经营具有与其他企业不同的特点，因而其会计核算具有不需要进行在产品和产成品的核算、存货和运营成本的核算较为特殊、运营收入的结算和核算较为复杂等特点。公路运输企业的燃料、轮胎核算较为特殊，运输成本项目分为十类，归集、分配的方式原理与工业企业有些类似，运输收入核算较为特殊，分为基层站、所运输收入的核算、公司本部运输收入核算、公司之间收入的核算。

关键术语

交通运输　　公路运输企业　　公路运输企业会计　　运输收入　　运输成本　　营运间接费用

综合练习

一、单项选择题

1．下列属于公路运输企业营运间接费用的是（　　）。

A．车站（队）的办公费用　　B．装卸费用

C．营运客车发生的折旧费　　D．代理业务支出

2．公路运输企业的营运间接费用一般按（　　）标准进行分配。

A．营运车日　　B．人工费　　C．材料费　　D．折旧费

3．汽车运输企业的成本项目分为车辆费用和（　　）两类。

A．折旧费　　B．人工费　　C．材料费　　D．站队经费

4．汽车运输总成本除以（　　）即为汽车运输单位成本。

A．行驶公里　　B．运输周转量　　C．载客人数　　D．载货吨数

5．汽车运输企业有两种较为特殊的存货，一是燃料，二是（　　）。

A．修理配件　　B．工具　　C．轮胎　　D．车辆零件

6．营运车辆一般按核算期的（　　）计算应负担的轮胎摊销额。

A．轮胎数量　　B．行驶胎公里　　C．载客人数　　D．载货吨数

二、多项选择题

1．交通运输企业的存货按其作用不同，可分为（　　）。

A．燃料　　B．轮胎　　C．材料

D．低值易耗品　　E．车辆

2．轮胎领用摊销的方法有（　　）。

A．一次摊销法　　B．五五摊销法

C．按行驶公里预提法　　D．分次摊销法

3．下列属于交通运输企业会计核算特点的有（　　）

A．不需要进行在产品和产成品的核算

B．存货的核算较为特殊

C．运营收入的结算和核算较为复杂

D．成本项目较多，核算较为复杂

4．汽车运输企业的辅助营运费用主要包括（　　）

A．直接材料　　B．直接人工　　C．辅助管理费用　　D．油料费

5．交通运输企业的营运收入按照经营业务不同，可以分为（　　）

A．运输收入　　B．装卸收入　　C．堆存收入　　D．其他业务收入

6．营运票据按其内容划分，一般可分为（　　）

A．客运票据　　B．货运票据　　C．零担装卸费收据　　D．行李暂存费收据

三、判断题

1．公路运输企业燃料实行满油箱制的，月末需要对车存油箱盘点后才能确定耗用燃料的总成本。（　　）

2．公路运输企业的营运间接费用是指车站或车队管理组织运输业务发生的费用。（　　）

3．运输企业与工业企业的成本构成是相同的。（　　）

4．公路运输企业不需核算在产品成本。（　　）

5．汽车运输企业的成本项目分为车辆费用和站队经费两类。（　　）

6．“运输支出”科目属于成本计算类科目。（　　）

7．营运车辆和管理部门等车用轮胎一般按核算期行驶胎公里计算应负担的轮胎摊销额。（　　）

8．车队经费应按客车、货车的车辆费用比例分摊，也可以按客车、货车的营运车日比例分摊。（　　）

9．运输收入的取得，一般都在运输过程开始之前。（　　）

10．汽车运输企业运输业务应负担的车辆费用就是汽车运输总成本。（　　）

四、实践练习题

实践练习 1

目的：练习燃料领用的核算

资料：

1．某汽车运输公司燃料采用满油箱制管理制度，当月客车队领用汽油 30 000 升，货车队领用汽油 35 000 升，公司交通车队领用汽油 1 000 升，汽油的计划成本为 6.8 元/升，当月汽油的成本差异率为 1%。

2．上述汽车运输公司燃料采用月末盘存制度，上月末客车队存油 6 000 升，货车队存油 8000 升；本月末经盘点：客车队存油 2 000 升，货车队存油 9 000 升，本月客车队、货车队、公司交通车队领油数分别为第 1 题的数字。

要求：

（1）编制燃料发出汇总表、燃料耗用计算汇总表；

（2）编制会计分录。

实践练习 2

某运输公司对于轮胎费用的核算，营运车辆采用按行驶里程预提法，其余部门车用轮胎按实际领用数计入成本，预计每一条客车轮胎行驶 50 000 公里，货车轮胎行驶 45 000 公里，每条轮胎的计划价为 450 元，材料成本差异率为 2%，按计划价预提轮胎费用。本月客车每胎公里摊销额为 0.009，货车每胎公里摊销额为 0.01。本月公司车站交通车领用轮胎 4 条，营运车辆运行轮胎使用情况如下：要求计算本月轮胎摊提费用，并编制会计分录。

轮胎摊提费用计算表

2012 年 6 月　　　　单位：元

领用单位	轮胎规格	实际行驶里程	平均车装轮胎条数	实际行驶胎公里数	每胎公里摊销额	轮胎摊销额
客车	900-20	1 800 000	6	10 800 000	0.009	
货车	900-20	1 500 000	6	9 000 000	0.01	
合计		3 300 000		19 000 000		

实践练习 3

目的：练习汽车运输成本的核算

资料：

1．某出运输公司的营运生产单位有车站、客车队、货车队等。汽车运输成本按客车、货车运输成本分类计算。车站、车队等基层营运单位的管理和业务费用合并设账归集和统一分配。

2．2012 年 6 月份汽车营运日总计为 2 000，其中客车为 800，货车为 1 200。当月完成的客车运输周转量为 8 600 千人公里，货车运输周转量为 2 000 千吨公里。

3．2012 年 6 月份发生下列经济业务：

（1）8 日，以现金支付公司办公费用 1 000 元，车站和各车队队部办公费用 800 元。

（2）13 日，以银行存款支付水电费 5 000 元，公司应负担 3 200 元，车站和车队应负担 1800 元。

（3）30 日，本月结算应付有关人员工资如下：

客车队：司机和助手 50 000 元，保修人员 2 000 元；

货车队：司机和助手 70 000 元，保修人员 3 600 元；

车站、车队管理人员分别为 15 000 元；

公司管理人员 20 000 元。

（4）30 日，月末盘点公司车存燃料，燃料耗用的计划成本为：客车队 160 000 元，货车队 190 000 元，公司交通车 6 000 元。本月燃料的成本差异率为 2%。

（5）30 日，本月外胎摊提额经结算为：客车队 12 000 元，货车队 14 000 元，公司交通车 400 元。

（6）计提本月固定资产折旧 150 000 元，其中：客车 60 000 元，货车 70 000 元，车站和车队用固定资产 5 000 元，公司用固定资产 15 000 元。

（7）30 日，以银行存款支付车辆保养费 140 000 元，其中客车 75 000 元，货车 60 000 元，公司交通车 5 000 元。

（8）30 日，以银行存款支付营运车辆牌照费、检验费、车船使用税、行车事故的有关费用等共计 51 000 元，其中：客车 20 000 元，货车 31 000 元。

（9）30 日，以银行存款支付有关人员的报销费用，客车司机途中住宿费用 500 元，货车司机途中住宿费用 1 300 元，车站和车队管理人员的差旅费 1 000 元。

（10）30 日，本月发生的营运间接费用按营运车日分配计入各类运输成本。

要求：

（1）编制上述业务的会计分录；

（2）编制 2012 年 6 月份的汽车运输成本计算表。

实践练习 4

目的：练习汽运公司所属基层站、所营业收入的核算

资料：某汽车运输公司有甲、乙两个基层站，其中甲基层站有 A、B 两个分所，乙基层站有 C、D 两个分所。甲基层站本月发生下列经济业务。

1．6 日，甲基层站的营业收入报表列明：当日客运收入 8 000 元，货运收入 9 000 元。

2．9 日，甲基层站收到 A 分所和 B 分所分别交来运输收入 30 000 元、35 000 元。

3．12 日，将运输收入款项 200 000 元上交公司。

4．5 日，根据分所定期编制的营业收入报表汇总确认分所的营业收入，假设 A 分所为 110 000 元，（其中客运收入 40 000 元，货运收入 70 000 元），B 分所为 150 000 元，（其中客运收入 70 000 元，货运收入 80 000 元）。

5．30 日，甲基层站汇总本站及所属分所营业收入，其中本月客运收入 500 000 元，货运收入 600 000 元，并上报公司转账。

要求：编制会计分录

实践练习 5

目的：练习运输企业营业收入的核算

资料：某汽车运输公司本月发生下列经济业务。

1．2 日，公司接银行通知，各基层站上月欠交的营业收入 25 000 元已收账，其中：甲基层站 13 000 元，乙基层站 12 000 元。

2．30 日，公司接银行通知，各基层站本月上交营业收入 1 500 000 元已收账，其中甲基层站 600 000 元，乙基层站 900 000 元。

3．30 日，根据各基层站、所的营业收入月报编制本月营业收入汇总表如下：

要求 ：编制会计分录

站名	运输收入		合计
	客运收入	货运收入	
甲基层站——本站	150 000	200 000	350 000
A 分所	200 000	250 000	450 000
B 分所	170 000	180 000	350 000
小计	520 000	630 000	1 150 000
乙基层站——本站	120 000	180 000	300 000
C 所	130 000	120 000	250 000
D 所	110 000	800 000	910 000
小计	360 000	1 100 000	1 460 000
合计	880 000	1 730 000	2 610 000

第7章 商业银行会计

【知识目标】

- 了解商业银行会计的特点和基本核算程序
- 掌握商业银行会计核算中所使用的主要账户
- 掌握商业银行的存款业务核算
- 掌握商业银行的贷款业务核算
- 掌握商业银行的结算业务核算

【能力目标】

- 了解商业银行经营特点和会计核算特点
- 理解商业银行与一般工商企业会计核算的区别
- 掌握商业银行存款、贷款、结算业务的会计核算

第一节 商业银行会计的核算

一、我国银行体系的构成

银行是国家经营管理金融工作的机构。我国现行的银行体系包括执行中央银行职能的中国人民银行、国有商业银行、国有政策性银行、综合性银行、地方商业银行、城市合作银行和信用社、外资银行和中外合资银行等。尽管这些银行存在许多差异，从银行的性质和经营范围划分，大体可分为两类：一类是中央银行和政策性银行；另一类是商业银行。中央银行负责制定和实施货币政策，保持货币稳定，对金融机构实行严格的监督。

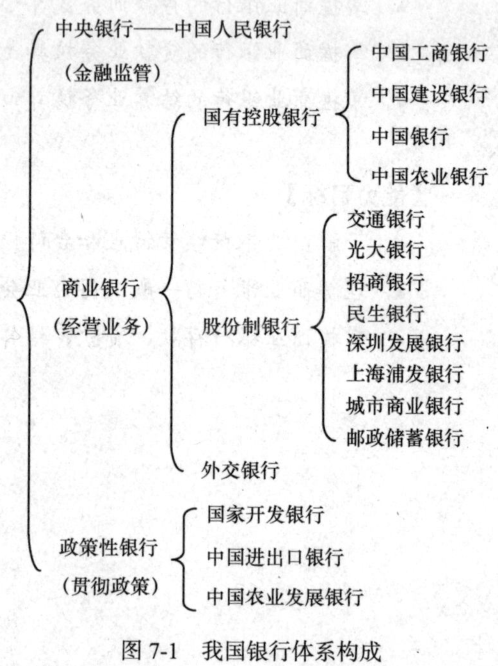

图 7-1　我国银行体系构成

中国人民银行是我国的中央银行，是管理全国金融事业的国家机关，是我国政府的组成部分。中国人民银行作为我国的中央银行，享有货币发行的垄断权，是“发行的银行”；它代表政府管理全国的金融机构和金融活动，经理国库，是“政府的银行”，它是最后贷款人，是“银行的银行”。

政策性银行一般是由政府设立，以贯彻国家产业政策、区域发展政策为目标，不以营利为目标的金融机构，是专门从事国家政策性贷款的专业银行。我国目前主要的政策性银行有多家：中国国家开发银行、中国农业发展银行、中国进出口银行等。

我国银行体系的构成如图 7-1 所示。

二、商业银行会计核算的特点

商业银行的基本职能是通过聚集和运用经营货币资金，即采取有偿方式吸收社会上暂时闲置的货币资金，并通过有偿的方式运用这些货币资金，即吸收存款与发放贷款，有效融通资金。商业银行在业务经营过程中，同时会产生经营业务收入与支出等，因此，银行的资金运动不仅表现为聚集和运用货币资金的增减变化，同时也表现为银行的收支及财务成果的形成，这些都是银行会计的核算对象。我国商业银行会计对象的具体内容也分为资产、负债、所有者权益、收入、费用、利润六大会计要素，银行会计将按六大会计要素的增减变化进行确认、计量和报告，为商业银行的投资人、债权人和其他利益相关者提供有用的会计信息。

商业银行是经营货币信用业务的特殊企业，它从事各项业务经营，按照国家的法律、政策性法规，独立行使职权，开展各种货币信用业务，包括存贷款业务、结算业务、现金收付业务和往来业务等。比如以吸收存款的形式聚集社会的闲置资金，通过贷款渠道向社会融通资金，并在存款业务的基础上为客户办理资金的结算及各种中间业务。存贷利差和其他各项业务收支形成银行最终的经营成果。基于银行业务的特殊性，银行会计与其他行业会计相比，具有以下方面的特点：一是银行业的业务处理必须与会计处理相统一（一致性）；二是银行会计在账务处理的及时性方面远远超过其他行业会计（及时性）；三是提供服务的同时，加强了对服务对象的监督（监控性）。具体表现在以下几个方面。

（一）商业银行会计对象的特点

银行的营运资金主要表现为货币资金的形态，银行会计会计核算对象是：从资金来源和资金运用两方面反映银行资金的增减变化及其结果。

1. 资金来源多样化

资金来源是指资金取得和形成的渠道，商业银行的资金来源包括以下几方面。

（1）投入资本。投入资本是指银行的股东为赚取利润而投入银行的各种财产、物资。包括：国家资本、法人资本、个人资本和外商资本。

（2）各项存款。各项存款是指银行吸收的各种社会存款，包括：企业存款、政府及社会团体存款、居民储蓄存款等，是商业银行最主要的负债。

（3）借入资金。借入资金是指商业银行因营运资金不足而拆入的资金。包括：中央银行借款、同业拆入等。

（4）结算资金来源。结算资金来源是指银行间在办理结算或资金划拨业务中，代他行或客户暂收的资金，包括各种暂收款和占用联行资金。

（5）各项业务收入。各项业务收入是银行的经营收入，包括：利息收入、金融企业往来收入、手续费及佣金收入、汇兑收益、投资收益等。

2. 资金运用的多元化

资金运用是指资金使用和分配的去向。商业银行的资金运用包括以下几方面。

（1）各项贷款。各项贷款是指银行对社会单位、个人的放款。它是商业银行最主要的资产业务，包括：信用贷款、抵押贷款、担保贷款、贴现等。

（2）各项投资。各项投资是指银行投放在各种有价证券和其他单位的资金。包括：股票、证券、联营投资等。

（3）库存现金。库存现金是指银行为保证日常业务中支付现金的需要而在业务库中存放的现金。

（4）存中央银行款项。存中央银行款项是指商业银行按规定必须在中央银行存储的款项，包括：法定的存款准备金和备付金存款。

（5）拆出资金。拆出资金是指商业银行拆借给其他金融企业的资金。

（6）结算资金占用。结算资金占用是指银行办理结算业务中暂时被占用的资金，包括：暂付款和被联行占用资金等。

（7）各项业务支出。各项业务支出是指银行在经营中的各项费用支出，包括：利息支出、金融企业往来支出、营业费支出、汇兑损失等。

（二）银行会计基本核算方法的特点

商业银行会计的基本核算方法包括：会计账户、记账方法、会计凭证、会计账簿和会计账务组织等。

1. 会计账户按与资产负债表的关系分为表内账户和表外账户

与资产负债的有关项目相关的账户为表内账户。表内账户反映的内容是银行的资金和资金运动。不涉及资产负债表有关项目的账户为表外账户。表外账户反映的内容不是银行的资金，但却是银行重要的业务事项。如“空白重要凭证”、“有价证券”、“贷款抵押品”、“银行承兑汇票”等账户。

2. 记账方法的双重性

银行对表内账户的核算采用复式的“借贷记账法”，对表外账户的核算采用单式的“收付记账法”。以抵押贷款的核算为例。

发放贷款，收到抵押品。

表内账户核算：

借：贷款　　×××

　贷：吸收存款　　×××

表外账户核算：

（收）贷款抵押品　　×××

收回贷款，退还抵押品。

表内账户核算：

借：吸收存款　　×××

　贷：贷款　　×××

表外账户核算：

（付）贷款抵押品　　×××

【小思考 3-1】商业银行为什么存在大量资产负债表外核算内容？

3. 会计凭证设置的特殊性

银行凭证（也称传票）因其业务需要在设置和使用上有以下特点。

（1）记账凭证主要分为基本凭证和特定凭证。

基本凭证是银行业根据原始凭证及业务事项自行编制的传票。包括：现金收入、现金付出、转账借方、转账贷方、特种转账借方、特种转账贷方、表外账户收入、表外账户付出八种传票。除特种转账借方、特种转账贷方两种传票用于对外业务核算，以弥补特定凭证的不足外，其余 6 种传票都用于银行内部资金和财务费用以及表外账户的核算。

特定凭证是根据某项业务的特殊需要而制定的专用凭证。其来源的主要渠道是客户提交、联行寄来和票据交换提回，包括除基本凭证以外的所有记账凭证，如各种支付结算凭证、纳税凭证、存贷款凭证、利息凭证等。

（2）原始凭证大都可直接作为记账凭证记账。

银行会计部门日常最基础的工作是处理大量的外来凭证，为简化核算手续，外来凭证都具备记账凭证的基本要素，只要银行审核后列示出会计分录，就可用于记账。

（3）主要使用单式凭证记账。

由于银行的业务特点，会计部门在处理内部业务的同时，更多的是处理外部业务，为便于传票在各会计柜台之间乃至各银行之间传递和保管，银行的转账凭证采用单式凭证，一张凭证只能据以登记一个账户。

例如：转账支票结算，A单位付款，B单位收款。

银行记账：（金额略）

借：吸收存款——活期存款——A单位　　　（转账支票作借方传票）

　贷：吸收存款——活期存款——B单位　　　（进账单作贷方传票）

4．账务组织分为明细核算和综合核算

银行的账务组织由明细核算和综合核算两部分组成，其核算程序和每日的账务核对如图7-2所示。

（1）明细核算。由记账凭证、分户账、现金收入日记簿、现金付出日记簿、登记簿、余额表组成。其中：分户账即明细账，余额表列示的是各分户账的日终余额。

（2）综合核算。由记账凭证、账户日结单、总账、日计表组成。其中：账户日结单列示每日各账户记账凭证的张数、借方金额合计和贷方金额合计，是登记总账的直接依据；日计表对银行每日账务进行试算平衡。

（3）核算程序。填制或受理记账凭证；根据有关记账凭证登记分户账、登记簿、现金收入日记簿、现金付出日记簿；日终，根据记账凭证编制账户日结单；根据账户日结单登记总账；进行总分核对、现金核对；根据总账编日计表。

（4）每日对账。包括总分核对和现金核对两部分。

① 总、分核对包括：总账与所属分户账核对发生额、余额；总账与余额表核对余额。

② 现金核对包括：现金收入、付出日记簿与现金总账核对发生额；现金总账余额与现金实存数核对。

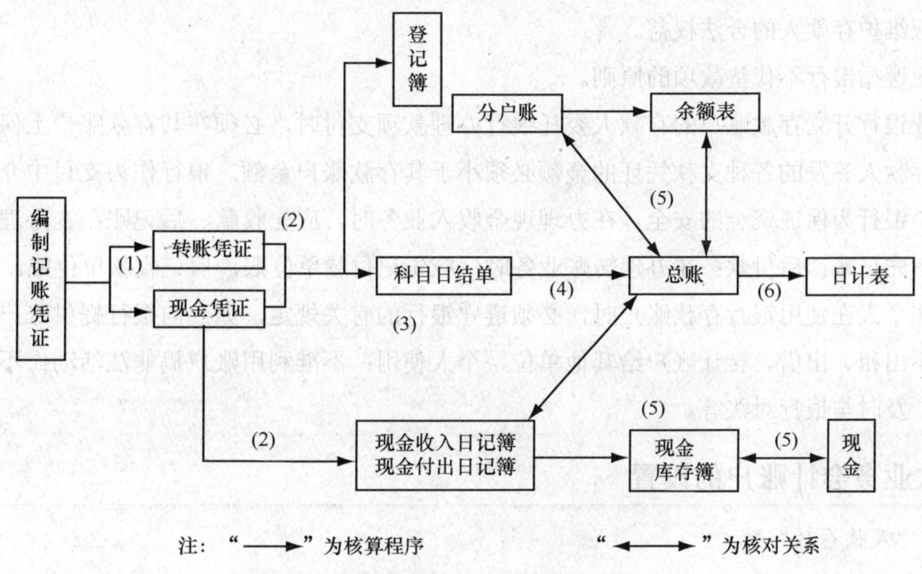

图7-2　银行账务核算程序与每日账务核对

第二节 存款业务的核算

存款是商业银行以其信用活动吸收的社会闲置资金。存款业务是商业银行最基本的货币信用业务，也是商业银行最主要的负债。

一、银行存款账户的开立与管理

（一）银行存款账户的开立

各单位和个人必须在银行开立存款账户，同时遵守账户使用、支付结算等有关规定，才能获得银行的各种服务。

单位在银行开立的存款账户有基本存款账户、一般存款账户、临时存款账户和专用存款账户 4 种。其中，基本存款账户是最主要的账户。个人在银行开立的存款账户主要是储蓄存款账户。

（二）存款账户的管理

（1）单位基本存款账户的存款人只能在银行开立一个基本存款账户。

（2）存款人开立基本存款账户、临时存款账户和预算单位开立专用存款账户实行核准制度，经人民银行核准后，由开户行核发开户登记证。但存款人因注册验资需要开立的临时存款账户除外。

（3）存款人可以自主选择银行开立结算账户。

（4）存款人开立和使用银行结算账户应当遵守法律、行政法规，不得利用银行结算账户进行偷逃税款、套取现金及其他违法犯罪活动，也不允许出租和转让他人。

二、存款业务核算的要求

（1）应正确、及时地办理存款业务。

（2）应维护存款人的合法权益。

（3）应遵循银行不代垫款项的原则。

在商业银行开立存款账户的存款人委托银行办理款项支付时，必须在其存款账户上保持有足够的资金，存款人签发的各种支款凭证的金额必须小于其存款账户余额，银行作为支付中介，不可以代垫款项。银行为保证资金的安全，在办理现金收入业务时，应先收款、后记账；在办理现金付出业务时，应先记账、后付款；在办理转账业务时，应先记付款单位账，后记收款单位账。

单位和个人在使用银行存款账户时，必须遵守银行的有关规定，如：向银行提供账户使用的有关资料；不出租、出借、转让账户给其他单位、个人使用；不准利用账户搞非法活动；不开空头、远期支票；及时与银行对账等。

三、存款业务会计账户的设置

（一）“吸收存款”账户

“吸收存款”账户核算商业银行吸收的除同业存放款项以外的其他各种存款，包括单位（企业、事业单位、机关、社会团体等）存款、个人存款、信用卡存款、特种存款、转贷款资金和财政性存款等，属于负债类账户。银行收到客户存入的款项时，应按实际收到的金额，借记“库存现金”、“存放中央银行款项”等账户，按存入资金的本金，贷记该账户（本金），按其差额，贷记或借记该账户（利息调整）；支取款项时，应按归还的金额，借记该账户（本金），贷记“库存现金”、“存放中央银行款项”等账户，按应转销的利息调整金额，借记或贷记该账户（利息调整），按其差额，贷记或借记“利息支出”账户；余额反映在贷方，反映银行吸收的除同业存放款项以外的其他各项存款余额。该账户应当按照存款类别及存款单位，分别“本金”、“利息调整”等进行明细核算。

（二）“利息支出”账户

“利息支出”账户核算商业银行在吸收存款、发行金融债券等业务中按国家规定的适用利率向债权人支付的利息，属于损益类账户。银行与金融机构之间发生拆借、存款等业务以及再贴现、转贴现资金的利息支出，在“金融企业往来支出”账户核算，不在该账户核算。

（三）“应付利息”账户

“应付利息”账户核算银行吸收存款或发生借款的当期应付而未付的利息，属于负债类账户。

四、存款业务的核算

（一）单位活期存款的核算

1. 存入现金的核算

单位存入现金时，应填写一式两联现金缴款单，连同现金交银行出纳部门。出纳部门经审查凭证、点收现金，登记现金收入日记簿，并复核签章后，将第一联加盖“现金收讫”章作为回单退交存款人，第二联送会计部门。其会计分录如下。

借：库存现金 ×××

　贷：吸收存款——活期存款——××单位——本金 ×××

【例7-1】 北京市第一建设公司为支票户，向开户行中国工商银行方正支行存入现金800 000元。中国工商银行应作会计分录如下：

借：库存现金 800 000

　贷：吸收存款——活期存款——北京市第一建设公司——本金 800 000

2. 支取现金的核算

支票户向银行支取现金时，应签发现金支票，并在支票上加盖预留印鉴，由收款人背书后送交会计部门。会计部门接到现金支票后，应重点审查：支票是否真实；记载事项是否齐全；大小写金额是否相符；是否超过提示付款期限（支票的提示付款期限为出票日起十天）；其签章与预留印鉴是否相符；出票人账户是否有足够支付的存款；是否背书等。经审查无误后，以现金支票代现金付出传票登记分户账后，交出纳部门凭以付款。其会计分录为：

借：吸收存款——活期存款——××单位——本金 ×××

　贷：库存现金 ×××

【例7-2】 北京市第一建设公司为支票户，向开户行中国工商银行方正支行提示现金支票提取现金 10 000 元，该银行审核确认凭证无误后，以现金支票为借方传票记账。作会计分录如下：

借：吸收存款——活期存款——北京市第一建设公司——本金　10 000　（现金支票）

　贷：库存现金　10 000

3. 利息的核算

活期存款是银行流动性最强的流动负债。存款利息的计算应采用如下方法。

（1）计息时间按季度计算。每季末月 20 日为结息日，计算时间从上季末月 21 日开始，本季末月 20 日为止。计息利率一般分为年利率、月利率、日利率 3 种。

利息的计算公式：

利息＝本金×存期×利率

（2）采用积数法计算。由于单位存取次数频繁，其存款余额经常发生变动，计算利息可采用积数法。

利息的基本计算公式如下：

利息＝日利率×累积计息积数

计算出来后，作会计分录如下：

借：利息支出　×××

　贷：吸收存款——活期存款——××单位——利息调整　×××

如先计提利息的，则通过“应付利息”核算。

单位存款的利息，只能转账，不能付现。

【例 7-3】 A 单位活期存款户 3 季度（6 月 21 日—9 月 20 日）累计计息积数 1 800 000 元，年利率 1%。计算 3 季度 A 单位利息。

利息＝1 800 000 × 1%÷ 360＝50（元）

借：利息支出　50

　贷：吸收存款——活期存款——A 单位　50

（二）单位定期存款业务的核算

单位如有在一定时期内闲置不用的资金，可在银行办理定期存款。单位定期存款是单位存入款项时约定期限、到期支取本息的一种存款业务。

1. 存入定期存款的核算

单位存入定期存款时，应按存款金额签发活期存款账户转账支票交开户银行。银行按规定审查无误后，以支票作转账借方传票并凭以填制一式三联单位定期存款证书。经复核后，以第一联代定期存款转账贷方传票，第三联作定期存款卡片账，第二联加盖业务公章和经办人员名章后交存款人作存款凭据。其会计分录如下：

借：吸收存款——活期存款——××单位——本金　×××

　贷：吸收存款——定期存款——××单位　×××

【例 7-4】 承【例 7-1】，北京市第一建设公司同年向中国工商银行方正支行申请定期存款 160 000 元一年，年利率 8%，工商银行同意后，应作会计分录如下：

借：吸收存款——活期存款——北京市第一建设公司——本金　160 000

贷：吸收存款——定期存款——北京市第一建设公司　160 000

2. 支取定期存款和利息的核算

单位持存单支取定期存款时，银行会计人员抽出该户卡片进行核对。核对无误后，计算出利息，填制利息清单，并在存单上加盖“结清”戳记；以存单代定期存款转账借方传票，卡片账作附件，另编制三联特种转账传票，一联代“利息支出”账户转账借方传票，一联代活期存款账户转账贷方传票，另一联代收账通知交存款人。其会计分录如下。

借：吸收存款——定期存款——××单位　×××

利息支出　×××

贷：吸收存款——活期存款——××单位——本金　×××

【例7-5】　甲单位2011年3月20日存入银行定期存款90万元，定期1年，年利率3.6%，2012年3月20日到期，甲单位当日转存到其活期存款账户。

到期利息＝900 000×1×3.6%＝32 400（元）

借：吸收存款——定期存款——甲单位　900 000

利息支出　32 400

贷：吸收存款——活期存款——甲单位——本金　932 400

（三）个人储蓄存款业务的核算

1. 储蓄存款的原则

为了正确执行国家保护和鼓励人民储蓄的政策，银行对个人储蓄存款，实行“存款自愿，取款自由，存款有息和为储户保密”的原则。同时，银行办理储蓄存款业务应实行实名制，即以本人有效身份证件上的姓名办理存入手续。

2. 活期储蓄存款的核算

（1）开户。活期储蓄存款的特点是一元起存、多存不限、随时存取、不定期限，适用于居民生活待用货币的存储。活期储蓄分为支票户和存折户两种。支票户的存取手续，与单位支票户存款的存取手续相同。这里只介绍存折户活期储蓄的核算手续。

储户第一次存入活期储蓄存款，应填写“活期储蓄存款凭条”，填写存款日期、户名、存款金额等内容，同时储户必须提供本人身份证，写明身份证号、住址、联系电话等内容。填好凭条后，连同现金一并交存银行。银行记账员审查凭条和清点现金无误后，开立并登记活期储蓄存款分户账，根据凭条登记开销户登记簿，填写活期储蓄存折，在存款凭条中注明“新开户”字样。若储户要求凭密码支取，应在分户账和存折上加盖“凭密码支取”戳记，以存款凭条代收入传票。作会计分录如下：

借：库存现金　×××

贷：吸收存款——活期储蓄存款——××户——本金　×××

【例7-6】　开户行中国工商银行方正支行接受居民王林存入的活期储蓄存款1 000元，应作会计分录如下：

借：库存现金　　　　　　　　　　　　　　　　　1 000

　贷：吸收存款——活期储蓄存款——王林——本金　　　　1 000

（2）续存。储户续存时，首先应填写存款凭条，连同存折和现金一并交记账员，记账员检验存折、审查凭条、点收款项无误后，调出该账户，同存折核对相符，登记入账并结出存款余额。会计分录与开户时相同。按存入金额查应计利息数，结出本次利息余额，然后核点账款，无误后盖章，凭条留存，将存折退给储户。

（3）支取。支取活期储蓄存款时，储户应填写活期储蓄取款凭条，将凭条连同存折一起交银行，凭密码支取的，应在取款时核对密码。银行记账员根据取款凭条，抽调出账户，同存折核对相符后，以取款凭条代现金付出传票，凭以登记存折、分户账。其会计分录如下：

借：吸收存款——活期储蓄存款——××户——本金　　　×××

　贷：库存现金　　　　　　　　　　　　　　　　　　　×××

经复核无误后，将取款凭条留存，将存折和现金交给取款人。

【例 7-7】　在某银行开户的赵乙向银行支取现金 800 元，该银行审核确认凭证无误后，以取款单为借方传票记账：

借：吸收存款——活期存款——赵乙——本金　　　　　　800

　贷：库存现金　　　　　　　　　　　　　　　　　　　800

（4）销户。储户支取全部存款不再续存时，称为销户。储户应按存款余额填写取款凭条，银行凭以记账，并结出利息的最后余额，填写在凭条上，再填制两联储蓄存款利息清单，在存折和分户账上加盖“结清”或“销户”戳记。经复核无误后，以取款凭条代现金付出传票，连同第一联利息清单，凭以支付存款本息，结清的存折作付出传票的附件。其会计分录如下：

借：吸收存款——活期储蓄存款——××户——本金　　　×××

　　利息支出　　　　　　　　　　　　　　　　　　　×××

　贷：库存现金　　　　　　　　　　　　　　　　　　　×××

同时，登记开销户登记簿，第二联利息清单连同现金交储户。

按照规定，活期储蓄存款应每季度结息一次，每季末月的 20 日为结息日。其主要目的是减轻银行年度决算日的工作量。利息的计算方法是：在每季末月的结息日，银行用累计积数乘以当日挂牌活期储蓄存款日利率。对于结计的利息，银行应作会计分录如下：

借：利息支出　　　　　　　　　　　　　　　　×××

　贷：吸收存款——活期储蓄存款——××户——本金　　　×××

【例 7-8】　某银行活期存款的结息日为每季度的末月 20 日，活期存款年利率 0.36%。2012 年储户李某分别在该行办理了下列存款业务，根据业务作会计处理如下：

① 7 月 5 日开户，存入 10 000 元；

借：库存现金　　　　　　　　　　　　　　　　　10 000

　贷：吸收存款——活期储蓄存款——李某——本金　　　10 000

② 8 月 18 日支取 1 500 元；

借：吸收存款——活期储蓄存款——李某——本金　　1 500
　贷：库存现金　　1 500

③ 9月20日结息；

计息积数＝10 000×78-1 500×34＝729 000

利息＝729 000×0.36%÷360＝7.29

借：利息支出　　7.29
　贷：吸收存款——活期储蓄存款——李某——利息调整　　7.29

④ 10月26日存入4 000元；

借：库存现金　　4 000
　贷：吸收存款——活期储蓄存款——李某——本金　　4 000

⑤ 12月20 日销户，银行退回本息。

本金＝10 000-1 500+4 000＝12 500

4季度计息积数＝10 000×169-1 500×125+4 000×56+7.29×91＝1 727 163.39

4季度利息＝1 727 163.39×0.36%÷360＝17.27

借：吸收存款——活期储蓄存款——李某——本金　　12 500
　　　　　　　　　　　　　　　　　——利息调整　　7.29
　　利息支出　　17.27
　贷：库存现金　　12 524.56

3. 定期储蓄存款业务核算

定期储蓄存款是指存入时约定存款期限，一次或分次存入本金，到期一次或分次支取本金和利息的一种储蓄方式。

定期储蓄存款按存取方式不同，可分为整存整取、零存整取、存本取息和整存零取等。

（1）整存整取。

一般50元起存，存期分为3个月、6个月、1年、2年、3年、5年。其会计处理如下：

① 开户：

借：库存现金　　×××
　贷：吸收存款——定期储蓄存款——××户　　×××

② 到期支取：

借：吸收存款——定期储蓄存款——××户　　×××
　　利息支出　　×××
　贷：库存现金　　×××

（2）零存整取。

一般5元起存，存期分为1年、3年、5年。其会计核算同（1）。

零存整取利息计算方法为月积数法，其计算公式如下：

零存整取利息＝每月存入本金×存入月数×月利率

【例 7-9】 储户赵四 2012 年 2 月 21 在某银行办理零存整取业务，每月存入 100 元，期限 3 年，年利率 2.256%，作存款、到期支付本息分录。

① 开户存入（含每月续存）：

借：库存现金　　100

　贷：吸收存款——定期储蓄存款——赵四　　100

② 到期

采用月积数法结息：

100×36×2.256%÷12=7.68 或 100×1×36×2.256%÷12=7.68

借：利息支出　　7.68

　　吸收存款——定期储蓄存款——赵四　　3 600

　贷：库存现金　　3 607.68

（3）存本取息。

一般 5 000 元起存，存期分为 1 年、3 年、5 年。会计核算同（1）

其利息计算公式如下：

每次支取利息数=本金×存期×利率÷支取利息次数

（4）整存零取。

一般 1 000 元起存，存期分为 1 年、3 年、5 年。会计核算同（1）

利息计算公式如下：

本金平均值=(全部本金+每期支取本金数)÷2

到期应付利息=本金平均值×存期×利率

【小思考 3-2】个人存款与单位存款的核算有何区别？

第三节 贷款业务的核算

贷款也称放款，是商业银行把货币资金提供给需要者的一种信用活动。

一、贷款概述

贷款也称放款，是商业银行把货币资金提供给需要者的一种信用活动。划分贷款种类的方法有以下几种。

按对象划分，可以分为工商贷款、农业贷款、集体和个体工商业贷款；

按期限划分，可以分为短期贷款和中长期贷款；

按有无贷款保障划分，可以分为信用贷款、担保贷款、抵押贷款；

按贷款的用途划分，可以分为流动资金贷款、固定资金贷款和农副产品收购资金贷款；

按照贷款的性质划分，可以分为政策性贷款和商业性贷款；

按照贷款的利率划分，可以分为固定利率贷款、浮动利率贷款和优惠利率贷款；

按照贷款的风险程度划分，可以分为正常贷款、逾期贷款和催收贷款。

二、贷款业务的核算要求

商业银行发放贷款主要遵循资金使用安全性、流动性和盈利性原则。

1. 本息分别核算

商业银行发放的贷款，应当按照实际贷出的贷款金额入账。期末，应当按照贷款本金和适用的利率计算应收取的利息，分别贷款本金和利息进行核算。

2. 商业贷款与政策性贷款分别核算

由于政策性贷款的发放与国家相关政策导向密切相关，而且政策性贷款在利率上也通常具有一定的优惠，因此，商业银行应将商业贷款与政策性贷款分别核算。

3. 自营贷款和委托贷款分别核算

自营贷款是指商业银行自主发放的贷款，其风险由商业银行承担，并由商业银行收取本金和利息。委托贷款是指委托人提供资金，由商业银行（受托人）根据委托人确定的贷款对象、用途、金额、期限、利率等代理发放、监督使用并协助收回的贷款，其风险由委托人承担。商业银行发放委托贷款时，只收取手续费，不得代垫资金。商业银行应将自营贷款和委托贷款分别核算。

4. 应计贷款和非应计贷款应分别核算

非应计贷款是指贷款本金或利息逾期 90 天没有收回的贷款。应计贷款是指非应计贷款以外的贷款。当贷款的本金或利息逾期 90 天时，应单独核算。当应计贷款转为非应计贷款时，应将已入账的利息收入和应收利息予以冲销。从应计贷款转为非应计贷款后，在收到该笔贷款的还款时，首先应冲减本金；本金全部收回后，再收到的还款则确认为当期利息收入。

三、贷款核算的账户

1. “贷款”账户

本账户核算企业（银行）按规定发放的各种客户贷款，包括质押贷款、抵押贷款、保证贷款、信用贷款等。

企业发放的贷款，应按贷款的合同本金，借记本账户（本金），按实际支付的金额，贷记“吸收存款”、“存放中央银行款项”等账户，有差额的，借记或贷记本账户（利息调整）。

资产负债表日，应按贷款的合同本金和合同利率计算确定的应收未收利息，借记“应收利息”账户，按贷款的摊余成本和实际利率计算确定的利息收入，贷记“利息收入”账户，按其差额，借记或贷记本账户（利息调整）。合同利率与实际利率差异较小的，也可以采用合同利率计算确定利息收入。

收回贷款时，应按客户归还的金额，借记“吸收存款”、“存放中央银行款项”等账户，按收回的应收利息金额，贷记“应收利息”账户，按归还的贷款本金，贷记本账户（本金），按其差额，贷记“利息收入”账户。存在利息调整余额的，还应同时结转。

资产负债表日，确定贷款发生减值的，按应减记的金额，借记“资产减值损失”账户，贷记“贷款损失准备”账户。同时，应将本账户（本金、利息调整）余额转入本账户（已减值），借记本账户（已减值），贷记本账户（本金、利息调整）。

资产负债表日，应按贷款的摊余成本和实际利率计算确定的利息收入，借记“贷款损失准备”账户，贷记“利息收入”账户。同时，将按合同本金和合同利率计算确定的应收利息金额进行表外登记。

收回减值贷款时，应按实际收到的金额，借记“吸收存款”、“存放中央银行款项”等账户，按相关贷款损失准备余额，借记“贷款损失准备”账户，按相关贷款余额，贷记本账户（已减值），按其差额，贷记“资产减值损失”账户。

对于确实无法收回的贷款，按管理权限报经批准后作为呆账予以转销，借记“贷款损失准备”账户，贷记本账户（已减值）。按管理权限报经批准后转销表外应收未收利息，减少表外“应收未收利息”账户金额。

已确认并转销的贷款以后又收回的，按原转销的已减值贷款余额，借记本账户（已减值），贷记“贷款损失准备”账户。按实际收到的金额，借记“吸收存款”、“存放中央银行款项”等账户，按原转销的已减值贷款余额，贷记本账户（已减值），按其差额，贷记“资产减值损失”账户。

本账户期末借方余额，反映企业按规定发放尚未收回贷款的摊余成本。

本账户可按贷款类别、客户，分别“本金”、“利息调整”、“已减值”等进行明细核算。

2. “应收利息”账户

本账户核算银行发放贷款、存放中央银行款项、拆出资金、买入返售金融资产等应收取的利息。

企业发放的贷款，应于资产负债表日按贷款的合同本金和合同利率计算确定的应收未收利息，借记本账户，按贷款的摊余成本和实际利率计算确定的利息收入，贷记“利息收入”账户，按其差额，借记或贷记“贷款——利息调整”账户。

应收利息实际收到时，借记“银行存款”、“存放中央银行款项”等账户，贷记本账户。

本账户期末借方余额，反映企业尚未收回的利息。

3. “利息收入”账户

本账户核算银行确认的利息收入，包括发放的各类贷款、与其他金融机构（中央银行、同业等）之间发生资金往来业务、买入返售金融资产等实现的利息收入等。

资产负债表日，企业应按合同利率计算确定的应收未收利息，借记“应收利息”等账户，按摊余成本和实际利率计算确定的利息收入，贷记本账户，按其差额，借记或贷记“贷款——利息调整”等账户。实际利率与合同利率差异较小的，也可以采用合同利率计算确定利息收入。

期末，应将本账户余额转入“本年利润”账户，结转后本账户无余额。

本账户可按业务类别进行明细核算。

四、信用贷款的核算

（一）贷款发放的核算

逐笔核贷是商业银行发放贷款最常用的核算方式。目前，我国商业银行发放的信用贷款多采用逐笔核贷的贷款核算方式。这种核算方式的特点是：由借款单位向银行提出申请，银行根据批准的贷款计划，逐笔立据，逐笔审查，逐笔发放，约定期限，一次贷放，一次或分次收回贷款，按照规定利率计收利息。

借款人申请信用贷款时，首先向信贷部门提交贷款申请书，经信贷部门审核批准后，双方商定贷款的额度、期限、用途、利率等，并签订借款合同或协议。借款合同必须采取书面形式，必须由当事人双方的法定代表人或有法定代表人的书面授权证明的经办人签章，并加盖法人公章。如果双方当事人约定合同必须公证或鉴证的，当事人必须办理公证或鉴证手续。借款合同一经签订，即具有法律效力，银行和借款人必须共同遵守、履行。

会计部门收到借款凭证后，应认真审查信贷部门的审批意见，审核凭证各项内容填写是否正确、完整，大小写金额是否一致，印鉴是否相符等。审核无误后，以第一、二联借款凭证分别代替借方凭证和贷方凭证，办理转账。将第三联回单加盖转讫章后交借款单位作为贷款入账的收账通知。第四联会计部门加盖转讫章后送信贷部门作为放款记录留存备查，据以监督贷款的发放和收回。第五联由会计部门在贷款转账手续办妥后，按到期日日期顺序排列，专夹妥善保管，据以监督借款单位按期归还贷款。

银行发放贷款时，基本会计分录如下：

借：贷款——本金——短（长）期贷款——××单位（合同本金）　　×××

　贷：吸收存款——活期存款——××单位（实际支付金额）　　×××

（或借）：贷款——利息调整　　×××

【例7-10】　某银行向甲单位2012年4月25日发放贷款一笔，合同本金50 000元，2012年12月29日还款，合同月利率4.875 ‰，一次还本付息。（假定合同利率与实际利率差异较小，该贷款为未减值贷款）

发放贷款时，作会计分录如下：

借：贷款——本金——短期贷款——甲单位　　50 000

　贷：吸收存款——活期存款——甲单位　　50 000

（二）贷款收回的核算

按时收回贷款是银行放款的一项重要原则，贷款收回的核算是贷款业务核算的重要内容。银行会计部门应经常查看贷款借据的到期情况，在贷款快要到期时，与信贷部门联系，通常提前3天通知借款单位准备还款资金，以便到期时按期收回贷款。收回贷款的核算主要分以下几种情况。

1. 贷款到期，借款单位主动归还贷款

当借款单位主动归还贷款时，应签发转账支票及填制一式四联的还款凭证办理还款手续。

银行会计部门收到借款人提交的还款凭证后，应同贷款账簿进行核对，按照借款单位所填的原借款凭证上的银行贷款编号，抽出留存的原到期卡，核对无误后，于贷款到期日办理收回贷款的转账手续。在到期日转账时，应认真核对支票的印鉴，查看借款单位存款账户是否有足够的余额等，以转账支票作为借方凭证，以还款凭证作为附件，以还款凭证第二联作为贷方凭证办理转账。转账后，还款凭证第三联由会计部门送信贷部门核销原放款记录，第四联回单由会计部门在办妥还款转账手续后加盖公章，交还借款单位，作为归还贷款的通知。如借款属分次归还，则应在原借据上作分次还款记录。

在资产负债表日，银行应按贷款的合同本金和合同约定的名义利率计算确定的应收利息的金额，借记“应收利息”账户，贷记“利息收入”账户（按贷款的摊余成本的实际利率计算确定的利息收入的金额），按差额借记或贷记“贷款——利息调整”账户。

如果合同利率与实际利率差异较小的，也可以采用合同利率计算确定利息收入。

（1）如为未减值贷款的，会计分录如下：

① 收回未减值贷款时，应按客户归还的金额：

借：吸收存款——活期存款——××单位　　×××

　贷：应收利息　　×××

　　贷款——本金——短（长）期贷款——××单位　　×××

② 存在利息调整余额的，还应同时结转利息调整，会计分录如下：

借：应收利息（合同利率）　　×××

　　贷：利息收入（实际利率）　　×××

　　（或借）贷款——利息调整　　×××

【例 7-11】　向某单位 2012 年 4 月 25 日发放贷款一笔，合同本金 50 000 元，2012 年 12 月 29 日还款，合同月利率 4.875‰，一次还本付息。作出整个贷款业务的会计处理。（假定合同利率与实际利率差异较小，该贷款为未减值贷款）。

① 发放贷款时：

借：贷款—本金—短期贷款—某单位　　50 000

　贷：吸收存款—活期存款—某单位　　50 000

② 计提利息：

2 季度利息 =50 000×57×4.875 ‰÷30=463.13（元）

借：应收利息　　463.13

　贷：利息收入　　463.13

3 季度利息=50000×92×4.875 ‰÷30=747.5（元）（计提利息分录同 2 季度）

4 季度计息=50 000×91×4.875 ‰ ÷30=739.4（元）（计提利息分录同 2 季度）

至 4 季度应收利息合计：463.13 + 747.5 +739.4=1 950.03（元）

12 月 21 日——12 月 28 日利息=50 000×8（天）×4.875 ‰ ÷30=65（元）

③ 收回贷款本息时：

借：吸收存款——活期存款——某单位　　52 015.03

贷：贷款——本金——短期贷款——某单位　　50 000.00

　　应收利息　　1 950.03

　　利息收入　　65.00

如果合同利率与实际利率差异较大的，则利息计算如下：

每期的应收利息=贷款合同本金×合同利率

某期应确认的利息收入＝该期贷款的期初摊余成本×实际利率

某期利息调整的摊销额＝该期确认的利息收入-该期应收利息

（2）如为减值贷款的，会计分录如下：

① 资产负债表日，确定贷款发生减值的：

借：资产减值损失 （按应减记的金额） ×××

　贷：贷款损失准备 ×××

同时，

借：贷款——已减值 ×××

　贷：贷款——本金 ×××

　　　　——利息调整 ×××

② 按贷款的摊余成本和实际利率计算确定的利息收入：

借：贷款损失准备 ×××

　贷：利息收入 ×××

③ 收回减值贷款时：

借：吸收存款（应按实际收到的金额） ×××

　　贷款损失准备（按相关贷款损失准备余额） ×××

　贷：贷款——已减值（按相关贷款余额） ×××

　　　资产减值损失（差额） ×××

2. 贷款到期，由银行主动扣收

贷款到期借款人未能主动归还贷款，而其存款账户中的存款余额又足够还款的，银行会计部门可及时与信贷部门联系，征得同意后，由信贷部门填制“贷款收回通知单”，加盖信贷部门业务公章交会计部门。会计部门凭以填制三联特种转账传票，一联代借方传票，一联代贷方传票，一联代收账通知连同注销后的借据第一联一并交借款单位。会计分录同上。

3. 贷款展期

贷款到期，由于客观情况发生变化，借款人经过努力仍不能还清贷款的，短期贷款必须于到期日 10 日以前，中长期贷款必须于到期日 1 个月以前，由借款人向银行提出贷款展期的书面申请，写明展期的原因，银行信贷部门视具体情况决定是否展期。对同意展期的贷款，应在展期申请书上签署意见，然后将展期申请书交给会计部门。

会计部门收到贷款展期申请书后，应主要审查以下内容：信贷部门是否批准、有无签章；展期贷款的金额与借款凭证上的金额是否一致；展期时间是否超过规定期限；展期利率的确定是否正确。审核无误后，在贷款分户账及到期卡上批注展期还款利率及还款日期，同时将一联贷款展期申请书加盖业务公章后交借款单位收执，另一联贷款展期申请书附在原借据后，按展期后的还款日期排列。贷款展期不需办理转账手续。

4. 贷款逾期

贷款到期，借款单位事先未向银行申请办理展期手续，或申请展期未获得批准，或者已经办理展期，但展期到期日仍未能归还贷款的，即作为逾期贷款。银行应将贷款转入该单位的逾期贷款账户。银行会计部门与信贷部门联系后，根据原借据，分别编制特种转账借方传票和特种转账贷方传票各两联，凭特种转账借方和贷方传票各一联办理转账，会计分录如下：

借：逾期贷款——借款单位逾期贷款户　　　　　×××

　贷：贷款——借款单位贷款户（本金）　　　　　×××

转账后，将另两联特种转账借、贷方传票作收、支款通知，加盖转讫章和经办人员名章后交借款单位。同时，在原借据上批注“××××年×月×日转入逾期贷款”的字样后，另行保管。等借款单位存款账户有款支付时，一次或分次扣收，并从逾期之日起至款项还清前一日止，除按规定利率计息外，还应按实际逾期天数和人民银行规定的罚息率计收罚息。

五、抵押贷款的核算

抵押贷款是担保贷款的一种，是银行对借款人以一定财产作为抵押而发放的一种贷款。借款人到期不能归还贷款本息时，银行有权依法处置贷款抵押物，并从所得价款收入中优先收回贷款本息，或以该抵押物折价充抵贷款本息。

抵押贷款适用于经工商行政管理部门登记并具有法人资格的全民、集体工商企事业单位以及我国境内的中外合资经营企业。个体工商户及个人也可以申请抵押贷款。抵押贷款一般采取逐笔核贷的贷款核算方式。

（一）抵押贷款发放的核算

抵押贷款由借款人向银行提出申请，并向银行提交“抵押贷款申请书”，写明借款用途、金额、还款日期以及抵押物名称、数量、价值、存放地点等有关事项，同时提交有权处分人同意抵押的证明或保证人同意保证的有关证明文件。

商业银行办理抵押贷款，首先应确认抵押物的所有权或经营权，债务人只有拥有对财产的所有权，并具有最终的处分权，才可以作为抵押人向银行申请抵押贷款。

商业银行选择的抵押物必须是合法取得的、可以流通、易于变现和处分的。抵押物的使用期必须长于借款期，贷款到期后，抵押物的变现价值应大于借款本息。

借款人使用贷款时，由信贷部门根据确定的贷款额度，填写一式五联的借款凭证，签字后加盖借款人的预留印鉴，经信贷部门有关人员审批后，与抵押贷款有关单证一并送交会计部门。会计部门收到信贷部门转来的有关单证，经审查无误后，根据有关规定及借款人的要求办理转账。其会计分录如下：

借：贷款——抵押贷款——借款人贷款户　×××

　贷：吸收存款——借款人存款户　　　　　×××

同时，记表外账户

　收：贷款抵押品　　　　　　　　　　　×××

【例 7-12】　乙公司目前急需一笔短期资金 140 000 元，2012 年 1 月 1 日以设备一台向工商银行东城区支行申请抵押贷款，设备评估价 20 万元，按照评估价的 70%放贷。贷款年利率 5%。2 年到期。银行应作会计分录如下：

借：贷款——本金——抵押贷款——乙公司　　140 000

　贷：吸收存款——活期存款——乙公司　　140 000

同时，记表外账户

　收：贷款抵押品　　200 000

当年计提利息=140 000×5%=7 000（元）作会计分录如下：

借：应收利息　　7 000

　贷：利息收入　　7 000

（二）抵押贷款收回的核算

抵押贷款到期，借款人应主动提交还款凭证，连同银行出具的抵押物代保管收据，办理还款手续。接【例7-12】，贷款到期，银行应作会计分录如下：

借：吸收存款——活期存款——乙公司　　154 000

　贷：贷款——本金——抵押贷款——乙公司　　140 000

　　　利息收入　　7 000

　　　应收利息　　7 000

同时，销记表外账户，原抵押申请书作为表外账户付出传票的附件：

　付：贷款抵押品　　200 000

（三）逾期抵押贷款的核算

抵押贷款到期，借款单位如不能按期归还贷款本息，银行应将其贷款转入“逾期贷款”账户核算，并按规定计收罚息。

1. 将抵押物作价入账的核算

将抵押物作价入账时，应按抵押贷款本金及应收利息之和作价进行账务处理，接【例7-12】，贷款到期，乙公司无力还款，银行将抵押物作价15.4万元入账抵销其贷款本息之和，作会计分录如下：

借：固定资产　　154 000

　贷：贷款——逾期贷款——借款人户　　140 000

　　　应收利息——应收抵押贷款利息户等　　14 000

2. 出售抵押物的核算

银行按规定拍卖借款人的抵押物时，应以拍卖所得的净收入抵补抵押贷款本息。

（1）拍卖所得净收入高于贷款本息。根据我国《担保法》规定，若拍卖所得净收入高于贷款本息之和，其差额归抵押人所有。银行应作会计分录如下：

借：库存现金等　　×××

　贷：贷款——逾期贷款——借款人户　　×××

　　　应收利息——应收抵押贷款利息户　　×××

　　　吸收存款——××存款（××户）　　×××

（2）拍卖所得净收入不足以清偿贷款本息。若拍卖所得净收入不足以抵偿贷款本息及处理费用，债务人应以其他资产拍卖或变卖所得偿还贷款本息，但抵押权人（银行）不再享有优先受偿权。抵押人如果为第三人而非债务人，抵押人不负担剩余未清偿贷款本息，而只能由债务人承担。

如果债务人拍卖或变卖其他财产之后仍然无法清偿债务，对于符合规定的低于贷款本金的部分从贷款损失准备中核销，应收利息从坏账准备中核销。其会计分录如下：

借：库存现金等　　　　　　　　　　　　　×××

　　贷款损失准备　　　　　　　　　　　　×××

　贷：贷款——逾期贷款——借款人户　　　　　　　×××

同时：

借：坏账准备　　　　　　　　　　　　　　×××

　贷：应收利息——应收抵押贷款利息　　　　　　×××

（3）拍卖所得净收入高于贷款本金，但低于贷款本息之和。如拍卖所得的净收入高于贷款本金，低于贷款本息之和，则拍卖所得金额在全额补偿贷款本金和部分应收利息后，不足部分从坏账准备中核销，其会计分录如下。

借：库存现金等　　　　　　　　　　　　　×××

　　坏账准备　　　　　　　　　　　　　　×××

　贷：贷款——逾期贷款——借款人户　　　　　　　×××

　　　应收利息——应收抵押贷款利息　　　　　　　×××

第四节　结算业务的核算

支付结算业务，是银行在存款业务的基础上开展的最主要的中间业务。

一、结算业务概述

（一）支付结算的有关概念

1. 结算

结算是资金的收付行为，通常由商品交易、劳务供应、调拨资金等引起。有现金结算、转账结算两种形式，现金结算不通过银行。

2. 支付结算

支付结算是指单位、个人在社会经济活动中使用票据、信用卡、结算方式进行货币给付及资金清算的行为。

票据是指银行汇票、商业汇票、支票、银行本票。信用卡是商业银行向单位和个人发行的，凭以向特约单位购物、消费和向银行存取现金，且具有消费信用的特制卡片。结算方式是指汇兑、托收承付、委托收款三种原有的方式。

客户委托银行办理结算，银行会计部门是通过具体的对某种票据、信用卡、及结算方式的处理来完成的。

（二）支付结算原则

（1）恪守信用，履约付款。要求结算的付款人必须树立信用观念，依法承担到期付款的责任。特别是要按约定的付款金额和付款日期进行付款。

（2）谁的钱进谁的账，由谁支配。银行要维护客户对资金的所有权和使用权。除法律规定外，银行不代任何单位、个人查询、扣款，不得停止单位、个人存款的正常支付。

（3）银行不垫款。银行在结算中，只负责客户之间的资金转移，不承担垫付款项的责任。

（三）支付结算方式及凭证流转程序

1. 支付结算方式

目前的支付结算方式有：同城的支票、本票；异地的汇兑、银行汇票、托收承付；同城和异地的商业汇票、委托收款、信用卡。

2. 凭证流转程序

支付结算凭证在银行各柜台、各行之间的传递为凭证流转。银行的凭证流转方式可归纳为大两类。

① 顺汇（汇出法）——由付款方主动付款，凭证流转与银行划款同步进行。如贷记支票、汇兑、银行汇票、本票、信用卡等。其流转程序如图7-3、图7-4所示。

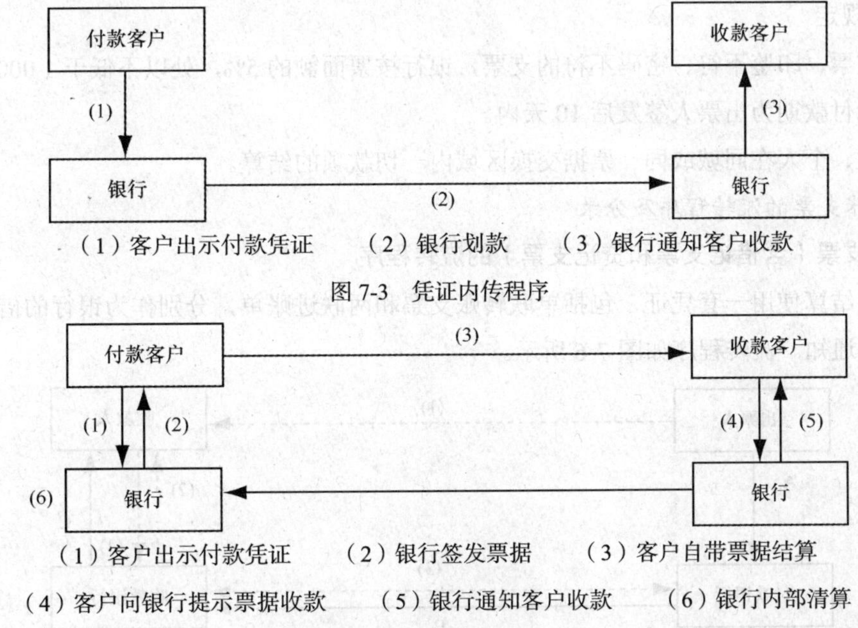

图7-3　凭证内传程序

图7-4　凭证外传程序

② 逆汇（出票法）——收款方主动收款，凭证流转与划款不同步进行。如委托收款、托收承付、商业汇票、借记支票等。其基本程序如图7-5所示。

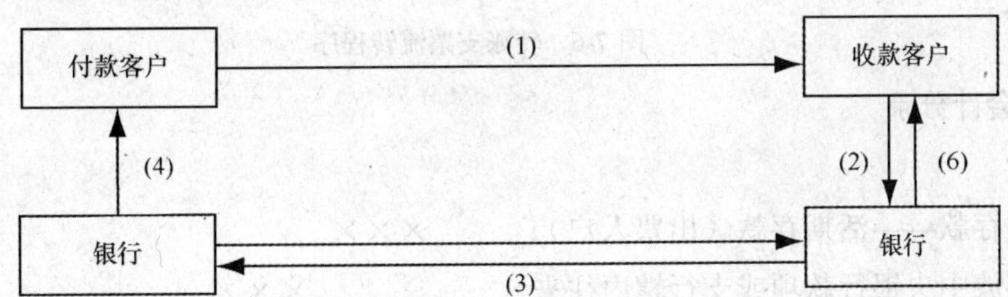

（1）客户之间出票　　（2）客户出示凭证托收　　（3）银行内部通知托收

（4）银行通知客户付款　　（5）银行间划款　　（6）银行通知客户收款

图 7-5　逆汇基本程序

二、支票结算

支票是出票人签发的，委托办理支票存款业务的银行在见票时无条件支付确定的金额给收款人或持票人的票据。

（一）支票的种类及有关规定

1. 种类

现金支票——只能取现金，支票上印有“现金”字样。

转账支票——只能转账，支票上印有“转账”字样。

普通支票——可转账，也可取现。

划线支票——在普通支票的左上角划两条平衡斜线，只能转账，不能取现。

目前使用的支票一般为现金支票和转账支票。

2. 有关规定

对空头支票、印鉴不符、密码不符的支票，银行按票面额的 5%，处以不低于 1 000 元罚款。

支票提示付款期为出票人签发后 10 天内。

适用单位、个人在同城或同一票据交换区域内一切款项的结算。

（二）转账支票的流转程序及分录

1. 转账支票（含借记支票和贷记支票）的流转程序

转账支票结算使用一套凭证，包括单联转账支票和两联进账单，分别作为银行的借方传票、贷方传票和收账通知。流转程序如图 7-6 所示。

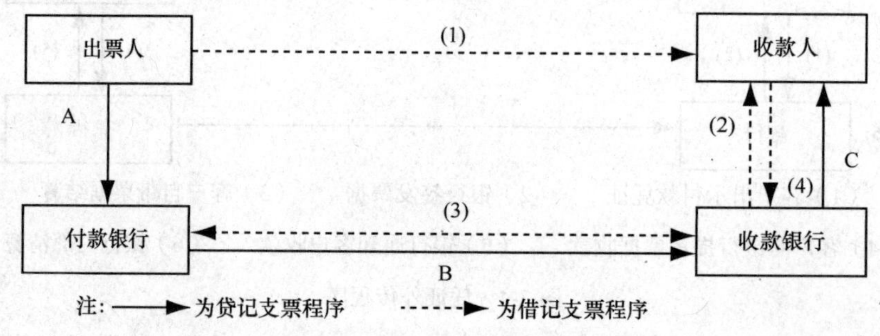

A　客户向银行提示转账支票付款　　B　银行间传递凭证、划款　　C　银行通知收款

（1）出票人签发转账支票　　（2）收款人提示转账支票托收　　（3）银行间传递凭证、划款　　（4）银行通知收款

图 7-6　转账支票流转程序

2. 基本会计分录

付款银行

借：吸收存款——活期存款（出票人户）　　×××

　贷：存放中央银行款项或支行辖内往来　　×××

收款银行

借：存放中央银行款项或支行辖内往来　　　　　　×××

　贷：吸收存款——活期存款（收款人户）　　　　　　×××

收款、付款银行为同一系统，其内部往来以“支行辖内往来”账户核算；不同系统的，一般通过同城票据交换系统交换凭证，两行均以“存放中央银行款项”账户核算。

如付、收款人为同一银行开户，则直接“借”和“贷”记各自的账户。

三、汇兑结算

汇兑是汇款人委托银行将其款项汇给外地收款人的结算方式。

（一）汇兑的种类及有关规定

（1）种类。分信汇、电汇两种。

（2）有关规定。适用单位、个人异地一切款项结算。

（二）流转程序和基本分录

1. 流转程序

汇兑结算使用一套4联凭证（电汇为3联）分别作银行的回单、借方传票、贷方传票和收账通知。流转程序如图7-7所示。

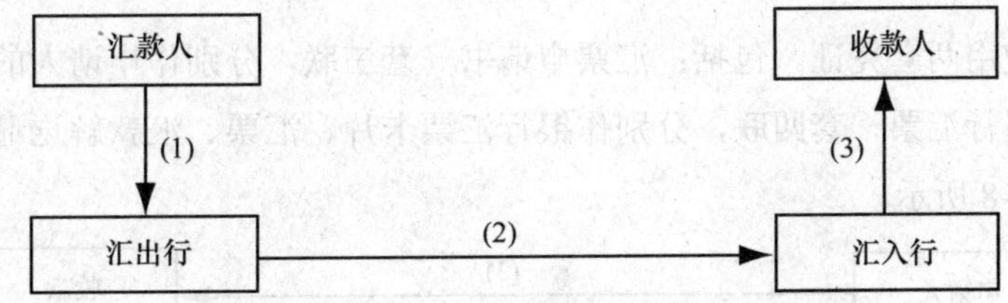

图7-7　汇兑结算流转程序

2. 基本分录

① 汇出行：

借：吸收存款——活期存款（某户）或库存现金　×××

　贷：联行往账　　　　　　　　　　　　　　　×××

② 汇入行：

收到直接收账的汇款，直接收进收款人账户。

借：联行来账　　　　　　　　　　　　　　　×××

　贷：吸收存款——活期存款（收款人户）　　　　　×××

收到不直接收账的汇款（即汇款凭证上所填列的收款人不是收款行的开户单位的汇款），首先以“应解汇款”账户核算，以后再一次或分次从该账户解付汇款。

借：联行来账　　　　　　　　　　　　　　　×××

　贷：应解汇款　　　　　　　　　　　　　　　　×××

借：应解汇款　　　　　　　　　　　　　　　×××

贷：吸收存款——活期存款（某户）　　　　　　　×××

或库存现金　　　　　　　　　　　　×××

同系统银行间的异地往来用“联行（或分辖）往账”和“联行（或分辖）来账”账户核算，发出凭证银行以“往账”核算，收到凭证银行以“来账”核算。

【小思考 3-3】商业银行的同业往来业务与联行业务有什么不同？

四、银行汇票结算

银行汇票是由出票银行签发，代理兑付银行在见票时按实际结算金额无条件支付款项给收款人或持票人的票据。

（一）银行汇票的种类及有关规定

种类：现金汇票、转账汇票。申请人或收款人是单位的，只能申请转账汇票，不能申请现金汇票。

适用范围：单位、个人异地间一切款项的结算。

提示付款期：汇票开出后一个月内。

（二）流转程序和基本分录

1. 流转程序

银行汇票结算使用两套凭证。包括：汇票申请书一套三联，分别作申请人的存根、银行的借方传票和贷方传票；银行汇票一套四联，分别作银行汇票卡片、汇票、汇款解讫通知和多余款收账通知。流转程序如图 7-8 所示。

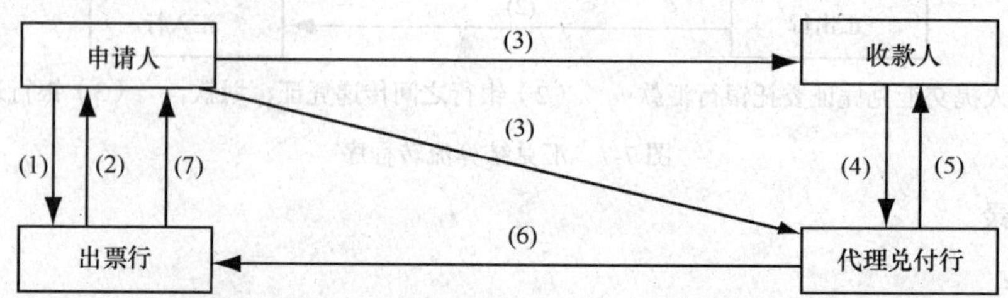

（1）客户向银行提交申请书申请银行汇票　（2）出票行签发银行汇票

（3）客户将银行汇票交收款人或自为收款人向银行提示收款　（4）收款人提示汇票收款

（5）代理兑付行通知收款　（6）银行间传递凭证、划款　（7）出票行通知收回多余款

图 7-8　银行汇票流转程序

2. 基本分录

（1）出票行签发银行汇票：

借：吸收存款——活期存款——申请人户（出票额）　×××

（或）借：库存现金　　　　　　　　　　　　×××

贷：汇出汇款　　　　　　　　　　　　×××

（2）代理行兑付汇票：

① 兑付直接收账的汇票：

借：联行往账　　　　（实际结算金额）　　　　×××
　贷：吸收存款——活期存款——收款人户　　　　×××

② 兑付不直接收账的汇票（申请人是个人的汇票）：

借：联行往账　　　　（实际结算金额）　　　　×××
　贷：应解汇款　　　　　　　　　　　　　　　×××
借：应解汇款　　　　（每次支取金额）　　　　×××
　贷：吸收存款——活期存款（某户）　　　　　×××
　（或）贷：库存现金　　　　　　　　　　　　×××

（3）出票行结清汇票：

借：汇出汇款　　　　（出票额）　　　　×××
　贷：联行来账（或分辖来账）（实际结算金额）×××
　贷：吸收存款——活期存款（申请人户）　（多余款）×××
　（或）贷：其他应付款　　　　（多余款）×××

出票额是汇票的票面金额，实际结算金额是实际支付金额，多余款是两者的差额。未使用的多余款最终退还给原汇票申请人。

五、委托收款结算

委托收款是收款人委托银行向付款人收取款项的结算方式。

（一）委托收款结算的种类及有关规定

种类：邮寄托收、电报托收。

适用范围：单位、个人同城、异地结算。同城只用于公共费用的结算，如：邮电费、水电费、医药费、房租等。

托收依据：付款人的债务证明，如；债券、存单、商业汇票等。

（二）流转程序及基本分录

1. 异地委托收款流转程序

委托收款结算使用一套五联凭证（电报托收四联），分别作银行的回单、贷方传票、借方传票、付款通知和收账通知。流转程序如图7-9所示。

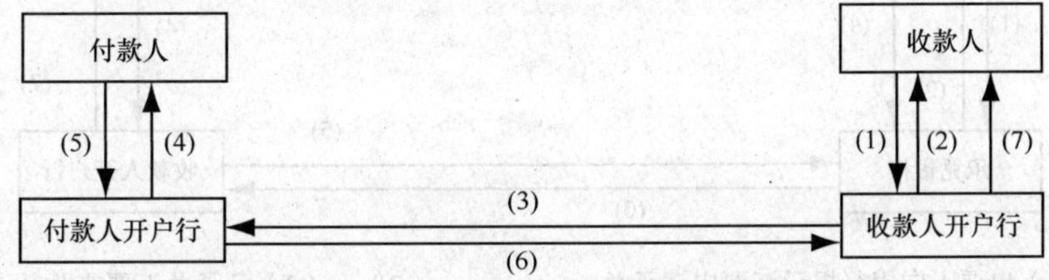

（1）收款人提交委托收款凭证委托银行收款　（2）退回单给收款人　（3）发出委托收款通知
（4）通知付款人付款　（5）付款人通知（或默认）付款　（6）银行间传递凭证、划款　（7）通知收款人收款

图7-9　异地委托收款流转程序

2. 异地委托收款基本分录

（1）付款人开户行付款（凭付款通知书或三天后）：

借：吸收存款——活期存款（付款人户）　　×××

　贷：联行往账（或分辖往账）　　×××

（2）收款人开户行收款：

借：联行来账（或分辖来账）　　×××

　贷：吸收存款——活期存款（收款人户）　　×××

如同城托收则通过支辖往来或票据交换处理。

六、商业汇票结算

商业汇票是由出票人签发的，票据承兑人在指定日期无条件支付确定的金额给收款人或持票人的票据。

（一）商业汇票的种类及有关规定

种类：银行承兑汇票——由付款人开出，由付款人的开户银行承兑的商业汇票。

　　商业承兑汇票——由付款人或收款人开出，由银行以外的付款人承兑的商业汇票。

适用范围：在银行开户的法人及其他组织间同城、异地合法的商品交易。

付款期：最长不超过 6 个月。

提示付款期：汇票到期后 10 天内。

（二）流转程序及基本分录

商业汇票结算使用两套凭证。包括：商业（银行）承兑汇票一套三联，分别作承兑人的卡片、银行借方传票的附件和出票人存根；委托收款结算凭证一套。

1. 商业承兑汇票

商业承兑汇票的流转程序和会计分录基本同“委托收款结算”，请参照本章第五小节“委托收款结算”。

2. 银行承兑汇票

（1）流转程序如图 7-10 所示。

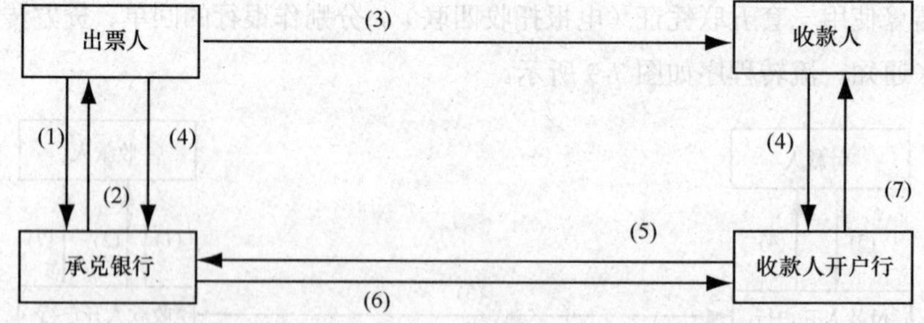

（1）出票人向银行提示汇票申请承兑　　（2）、（3）已承兑汇票交收款人

（4）汇票到期，收款人提示汇票委托银行收款；承兑银行向出票人收取票款备付

（5）收款人开户行向承兑银行发出托收　　（6）银行间传递凭证、划款　　（7）收款人开户行通知收款

图 7-10　银行承兑汇票流转程序

（2）基本分录：

① 承兑行承兑汇票：

收承兑手续费

借：吸收存款——活期存款（出票人户） ×××

贷：手续费及佣金收入 （票面额 × 5/10000） ×××

表外核算

（收）银行承兑汇票 ×××

② 汇票到期承兑银行向出票人收票款：

借：吸收存款——活期存款（出票人户） （可付部分金额） ×××

逾期贷款 （金额不足部分） ×××

贷：应解汇款 （票面额） ×××

同时销表外账户

（付）银行承兑汇票 ×××

③ 承兑银行收到托收凭证支付票款：

借：应解汇款 ×××

贷：联行往账 ×××

④ 收款人开户行收取票款：

借：联行来账 ×××

贷：吸收存款——活期存款（收款人户） ×××

七、托收承付结算

托收承付是收款人根据经济合同发货后，委托银行向异地付款人收取款项，付款人按经济合同验对单证或验货后，向银行承认付款的一种结算方式。

托收承付分邮划托收和电寄托收两种。结算金额起点为1万元。适用于订立经济合同的企业（主要为国有企业）异地间的商品交易和由此产生劳务供应的款项结算。

托收承付结算的凭证使用、流转程序和会计分录在正常情况下基本同委托收款结算，请参照本节“委托收款结算”。

八、银行本票结算

银行本票是由银行签发的、承诺自己在见票时无条件支付确定的金额给收款人或持票人的票据。

银行本票分定额本票和不定额本票两种。适用于单位、个人在同城或同一票据交换区域的各种款项结算。定额本票面额为1 000元、5 000元、10 000元和50 000元四种。提示付款期自出票日后2个月内。

银行本票的凭证使用、流转程序和会计分录除使用两联本票凭证、无多余款核算和使用“开出本票”账户外，基本同银行汇票结算，请参照本章第四小节“银行汇票结算”。

九、信用卡结算

（一）信用卡的种类和有关规定

种类：分为单位卡和个人卡或金卡和普通卡。

使用规定：单位、个人持卡可在特约商户购物、消费。单位卡不得用于 10 万元以上的商品交易、劳务供应款项的结算。单位卡不得支取现金。信用卡透支期限最长为 60 天。

（二）流转程序及会计分录

信用卡使用的凭证包括：信用卡汇计单一套 3 联、信用卡签购单一套 4 联、信用卡取现单一套 4 联、信用卡存款单一套 4 联、信用卡转账单一套 4 联。分别用于信用卡购物、提现金、存款和转账。

1. 信用卡开户及购物、消费的流转程序

流转程序如图 7-11 所示。

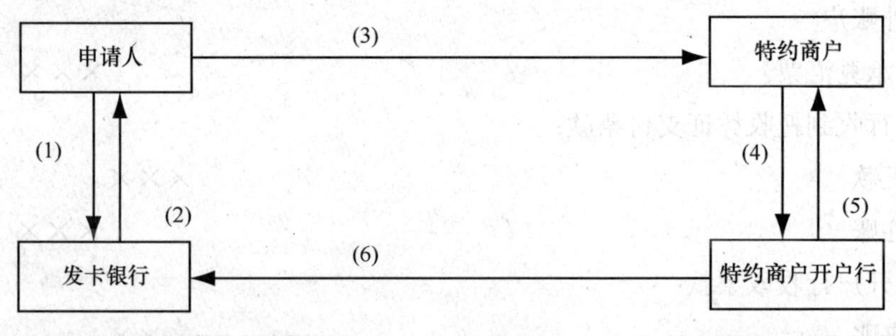

（1）填交申请表申请信用卡　（2）发卡　（3）持卡购物、消费

（4）特约商户填交汇计单、提交签购单办理进账　（5）银行通知收账　（6）银行间传递凭证、划款

图 7-11　信用卡开户及购物、消费、流转程序

2. 信用卡开户及购物、消费的会计分录

(1) 发卡行办理发卡：

① 发行单位卡：

借：吸收存款——活期存款（申请人户）　×××

　贷：吸收存款——活期存款（单位信用卡户）　×××

　　手续费及佣金收入　×××

② 发行个人卡：

借：库存现金　×××

　贷：吸收存款——活期储蓄存款（个人信用卡户）　×××

　　手续费及佣金收入　×××

(2) 特约商户开户行办理信用卡进账：

借：支行辖内往来、存放中央银行款项、联行往账等账户　×××

　贷：吸收存款——活期存款（特约商户户）　×××

　　手续费及佣金收入　×××

(3) 发卡行（持卡人开户行）支付信用卡购货、消费款：

借：吸收存款——活期存款（单位信用卡户）　　×××
　　吸收存款——活期储蓄存款（个人信用卡户）　　×××
　贷：支行辖内往来、存放中央银行款项、联行来账等账户　　×××

本章小结

商业银行会计与其他企业会计相比有较为明显的特点。其核算主要有存款、贷款和结算业务的核算。存款包括单位存款和个人储蓄存款两部分。贷款业务主要有信用贷款、担保贷款和抵押贷款。结算业务核算包括银行汇票、商业汇票、委托收款和汇兑等结算业务的核算。存款、贷款业务的利息根据不同的情况分别按照不同的计算方法进行计算和处理。

关键术语

商业银行　活期存款　吸收存款　利息支出　计息积数　定期存款
储蓄存款　贷款　信用贷款　抵押贷款　支票　汇兑　汇票
委托收款　托收承付　信用卡

综合练习

一、单项选择题

1．下列各项，属于金融企业资产的是（　　）。

A．拆入资金　B．吸收存款　C．存放中央银行款项　D．实收资本

2．统驭明细分户账，进行综合核算与明细核算相互核对的主要工具是（　　）。

A．余额表　B．账户日结单　C．日计表　D．总账

3．（　　）是反映当天全部业务活动情况的重要工具和轧平当天全部账务的会计报表。

A．账户日结单　B．总账　C．日计表　D．余额表

4．存款人因办理日常转账结算和现金收付需要而开立的银行结算账户是（　　）。

A．基本存款账户　B．一般存款账户　C．临时存款账户　D．专用存款账户

5．某行对华林超市本月一笔转账借方传票 30 000 元记账串户，应借记华林超市贷款户，而错误地借记华林商厦贷款户，本月 7 日发生错账，13 日发现并更正。计算累计计息积数时，华林超市贷款户的累计计息积数应（　　）。

A．调增 180 000 元　B．调减 180 000 元　C．调增 210 000 元　D．调减 210 000 元

6．支票出票人的签章应为（　　）。

A．出票人的财务专用章　　B．公章

C．法定代表人或者授权的代理人的签章　　D．预留银行签章

7．支票的提示付款期限为（　　）

A．3天　　B．10天　　C．1个月　　D．2个月

8.银行签发的、由其在见票时按照实际结算金额无条件支付给收款人或者持票人的票据是（　　）。

A．银行本票　　B．银行汇票　　C．银行承兑汇票　　D．银行期票

9．承兑银行办理汇票承兑时，使用的表外账户是（　　）

A．应解汇款　　B．有价单证　　C．银行承兑汇票　　D．重要空白凭证

10．一笔单位定期存款，金额600 000元，2012年2月8日存入，定期1年，存入时1年期存款利率1.98%，活期存款利率0.72%。该单位于2013年2月16日支取该笔存款本息，2012年6月30日1年期存款利率调整为2.25%，利息计算时（　　）。

A．存期内分段计息，过期部分利率0.72%

B．存期内利率1.98%，过期部分利率2.25%

C．存期内利率2.25%，过期部分利率0.72%

D．存期内利率1.98%，过期部分的利率0.72%

二、多项选择题

1．我国的票据包括（　　）。

A．银行汇票　　B．商业汇票　　C．支票　　D．银行本票

2．同城和异地均可以采用的结算方式是（　　）

A．委托收款　　B．托收承付　　C．商业汇票　　D．汇兑

3．只适用同城结算的方式是（　　）

A．支票　　B．银行本票　　C．商业汇票　　D．委托收款

4．下列说法错误的是（　　）。

A．由于开户实行双向选择，因此，存款人可以选择多家银行开立基本存款账户

B．一个单位可以选择一家商业银行的多个营业机构开立基本存款账户

C．单位开立各种账户，应凭当地人民银行分支机构核发的开户许可证办理

D．存款人的账户只能办理本身的业务，不允许出租和出借他人

5．银行会计的综合核算系统的构成要素是（　　）。

A．余额表　　B．账户日结单　　C．总账　　D．日计表

6．明细核算是分户反映各账户详细情况的核算系统，它由（　　）组成。

A．分户账　　B．登记簿　　C．现金日记簿　　D．余额表

7．单位银行结算账户按用途分为（　　）。

A．基本存款账户　　B．一般存款账户　　C．辅助存款账户　　D．临时存款账户

8．可以背书转让的票据是（　　）。

A．支票　B．银行汇票　C．银行本票　D．商业汇票

9．储蓄存款的原则包括（　　）。

A．存款自愿　B．取款自由　C．为储户保密　D．存款有息

10．下列凭证中，属于基本凭证的有（　　）。

A．现金收付传票　B．特种转账传票

C．进账单　D．支票

三、判断题

1．商业银行的会计核算应当以权责发生制为基础。（　）

2．综合核算系统由账户日结单、总账、余额表和日计表组成。（　）

3．单位和个人在同城或异地结算各种款项均可使用支票。（　）

4．银行汇票是银行签发的承诺自己在见票时无条件支付确定的金额给收款人或者持票人的票据。（　）

5. 银行汇票收款人未填明实际结算金额和多余金额或实际结算金额超过出票金额的银行不予受理。（　）

6．应计贷款是指贷款本金或利息逾期90天没有收回的贷款。（　）

7．商业性贷款与政策性贷款应分别核算。（　）

8．一般存款账户可以办理现金缴存，也可以办理现金支取。（　）

9．汇兑结算只适用于在银行开立账户的汇款人汇划各种款项。（　）

10．在汇兑结算中，汇款人或收款人为个人的，可以在汇入银行支取现金。（　）

四、实践练习题

实践练习1

目的：练习存款业务的核算

资料：某银行活期存款的结息日为每季度的末月20日，活期存款年利率0.72%。2012年储户王五分别在该行办理了下列存款业务：

（1）1月5日开户，存入10 000元；

（2）2月18日支取1 500元；

（3）3月20日结息；

（4）5月26日存入4 000元；

要求：作出上述业务的会计分录。

实践练习2

目的：练习贷款业务的核算

资料：向飞达公司2011年10月25日发放贷款一笔，合同本金100 000元，2012年10月25日还款，合同月利率5‰，一次还本付息。

要求：作出整个贷款业务的会计分录。（假定合同利率与实际利率差异较小，该贷款为未减值贷款）

实践练习 3

目的：练习抵押贷款业务的核算

资料：

1．2010 年 1 月 1 日中国建设银行对金源公司发放一笔抵押贷款，本金为 2 400 000 元，金源公司以其一台生产机器设备为抵押物。贷款年利率 4%，1 年到期。

2．假设该笔贷款到期计息一次。

3．2011 年 1 月 1 日，该笔贷款到期，金源公司因资金紧张，经双方友好协商，同意拍卖抵押物，2011 年 1 月 10 日，拍卖净收入为 2 600 000 元。

要求：编制银行的相关会计分录。

实践练习 4

目的：练习银行结算业务的核算

资料：

1．银行在银行承兑汇票到期日向承兑申请人天天贸易公司收取票款 240 000 元，天天贸易公司存款账户只能支付 180 000 元。

2．银行收到开户单位三九药厂交来的支票及进账单，金额 46 000 元，出票人为在本行开户的益生大药房，审核无误，办理转账。

3．银行收到开户单位梦澜进出口公司交来的支票及进账单，金额 88 000 元，出票人为在其他系统行开户的 A 公司，收妥款项，办理转账。

4．江南支行收到开户单位东风公司交来的银行汇票申请书 90 000 元，审核无误，收妥款项，办理转账。

5．利民家电商场付款的委托收款结算一笔，金额 48 500 元，6 月 25 日付款期满，6 月 26 日开出，银行将款项划往省外系统内某行，收款人为该行开户单位康佳电视机厂，编制收、付款单位开户银行的会计分录。

6．收到辖内某行寄来划付银行汇票款的报单与解讫通知一份。汇款人系开户单位百货商店，汇款金额为 2 900 元，实际结算金额为 2 600 元，编制银行汇票的结清分录。

要求：编制银行的相关会计分录。

第8章 农业企业会计

【知识目标】

- 了解农业企业中生物资产分类及其业务特点
- 理解农业企业与其他行业会计核算的不同
- 掌握不同种类生物资产的成本确定与计量的方法
- 掌握生物资产的会计核算

【能力目标】

- 熟悉生物资产的相关会计账户
- 掌握生物资产成本、收入的确认与计量
- 掌握生物资产的会计核算

第一节 农业企业业务特点与会计核算特点

一、农业企业业务特点

作为一个基础行业的农业具有许多与其他行业不同的特点，表现在以下方面。

（一）生产对象的生命性

生物不但是农业企业的生产对象，同时也是生产资料。生物有的属于存货，有的属于固定资产。生物繁殖、生长周期和规律受自然条件的影响，因此农业生产具有较大的不确定性。

（二）生产周期的季节性

在农业生产中企业利用植物和动物的生长和生理机能进行生产，因此产品的生产时间和生产者的劳动时间往往是不一致的。在完成一般的人类劳动之外，生物性资产通常需要额外的自然生长时间才能形成有价值的农产品。这样就形成了农业生产的季节性的特点。

（三）多种经济成分复杂性

从所有制角度来看，农业企业呈现出多种经济成分并存的局面，有国营农场、建设兵团、集体企业、个体企业、合伙企业、有限责任公司和股份制公司等不同形式。特别是国营农场和建设兵团具有一定的特殊性。

（四）劳动资料、劳动对象和劳动产品的相互转化性

农业企业的劳动对象是具有生命的动物和植物，因此劳动的对象和产品常常存在相互转换的情况。例如畜牧业的幼畜可以转化为育肥畜，育肥畜又可以转化为产畜，产畜淘汰又可转为育肥畜。在畜牧业生产中，幼畜是指未成熟的牲畜或家禽，成熟后可能出售也可能转为生产性生物资产，如役畜、奶畜或种畜等。育肥畜是指在生产中未成熟的牲畜或家禽，成熟后一般用于出售，如育肥猪、肉鸡等。

二、农业企业会计核算的特点

作为应用于农业行业的专门会计，农业企业会计以货币为主要计量单位，同时也是农业企业经济管理的重要组成部分。农业企业生产经营过程具有一定的特殊性，因此农业企业的会计核算与工商企业会计相比也具有显著的特点。

（一）成本计算与收入核算的复杂性

商业企业通常只是进行零售经营业务或者批发经营业务，生产企业通常只是进行单一的产品生产活动，而农业企业生产的多种经营、综合经营决定了农业行业的会计核算必须按农业企业的需要确定会计核算对象，核算各种业务的收入与成本，例如养殖业务、屠宰业务、加工业务等。

（二）月度生产资金耗费不均衡性

由于农业生产的周期较长，生产费用在整个经营期间内并非均匀发生的，因此在计算经营成本

时需要以年为会计期间分配具体费用。例如畜牧业虽然平时可以取得蛋、奶、肉等产品，但是由于畜类和禽类的生长周期比较长，计算产品成本时不应该按月确认。在农业企业经营过程中各种业务的性质、耗费成本内容，都有与工业企业不同之处。各种因素决定了农业企业需要采用各种不同的成本计算方法，以年为周期设置具体的成本核算项目，组织农业企业的会计核算工作。

（三）资金用途的相互转换性

在农业会计核算过程中，部分产成品占用的货币资金会以某种形式转换成生产占用资金或者储备占用资金，这是因为农业企业经营过程中劳动资料、劳动对象和劳动产品具有相互转化性，从而导致了资金形式的转换。在畜牧业经营过程中，因生产需要会将幼畜育成之后转为产畜或者役畜，而产畜或者役畜因为生育能力或者生产能力下降遭到淘汰后会转为育肥畜。此时会计核算就需要严格划分各种资产的界限，通过设定特殊的会计账户对各种资产形式的转换作出合理的会计处理，而不是只用“固定资产”、“原材料”和“库存商品”等普通账户作一般的核算。

第二节 农业企业会计核算

农业生产中动植物的自然再生与经济再生相互作用，这是造成农业企业会计核算复杂性的主要原因。农业的会计准则的制定，对于各国会计准则制定机构以及国际会计准则委员会而言是一个难题。而 2006 年颁布的新会计准则中的《企业会计准则第 5 号——生物资产》是我国在会计准则制定方面的一个突破，在 2006 年之前我国是通过《企业会计制度》和《农业企业会计核算办法》对农业企业的会计核算进行规范的。

一、生物资产的定义

《国际会计准则第 41 号——农业》将生物资产定义为：因过去交易的经济事项而由企业控制的活动动物或者植物。此外国际会计准则还规定了：生物资产包括通过所有权控制的、通过法律或者类似的契约控制、以及在其他国际会计准则下被认定为资产的活的动物或者植物。我国《企业会计准则—生物资产》规定：生物资产是指农业生产相关的有生命的动物和植物。与国际准则相比较，我国准则在定义生物资产时不涉及产权方面的概念，定义相对宽泛。

二、生物资产的特点

（一）生物资产的生物转化性

有生命的动物或者植物其自身具有生物转化的能力。生物转化指的是生物资产的质量和数量发生变化的生长、蜕化、繁殖和生产的过程。生物资产的自身转化过程与工业企业的原材料消耗过程具有一定的相似性，两种过程的结果都是资产的形态最终发生了变化，并且价值得到增加。两者的区别在于，生物资产的转化过程中生物体自身起到了主导作用，人工的管理以及自然界的作用对于生物资产的转化起到的是辅助作用，而工业生产中的原材料没有自身转化的能力；另一方面生物资产在完成转化过程后其数量常常是增加的，例如细胞分裂、产畜的生产等，而工业生产过程中原材料是被消耗的对象，在转化过程完成后原材料的数量是减少的。

（二）生物资产的流动性与长期性

具有特殊经营目的的生物资产具有流动性的特点，例如饲养牛羊以取其皮肉为经营目的，此时生物性资产只能利用一次，这样的生物性资产具有流动性。

生物资产在经营过程中可以长期使用，连续多年为企业创造价值，例如饲养牛羊以取其奶、毛为经营目的，这样的生物资产可以长期反复使用，具有长期性。

就生物资产的长期性而言，其与固定资产是具有一定的相似性。

而生产性生物资产与固定资产具有本质区别。由于生物资产是有生命的，具有天然增值能力，而固定资产是没有生命的，不具有自身增值潜能，主要体现在以下两方面：一方面固定资产投产后，其价值随着生命周期的延续呈逐年下降趋势，而生产性生物资产的价值随生命周期的延长呈缓慢增长、快速增长、趋于稳定和下降趋势；另一方面固定资产投产后，其产能随着生命周期的延续呈逐年递减趋势。生产性生物资产的产能随生命周期的延长呈零产能、增长、稳定、下降趋势。

三、生物资产的确认与分类

我国企业会计准则—生物资产中明确规定，生物资产必须同时满足三个条件才能予以确认：企业因过去交易或事项而拥有或者控制着该生物资产；该生物资产所包含的未来经济利益很可能流入企业；该生物资产的成本能够可靠地计量。

其中，判断某项生物性资产包含的经济利益是否很可能流入企业，要以该生物资产的所有权相关的报酬和风险是否转移到企业为准。与生物性资产所有权相关的报酬和风险是指，由于经营情况变化造成的相关收益的变动，以及由于遭受自然灾害、病虫害、动物疫病等原因造成的损失。

根据生物性资产持有目的不同，可以将其分为消耗性生物资产、生产性生物资产和公益性生物资产。

消耗性生物资产指的是为出售而持有的，或者在将来收获为农产品的生物资产，例如种植的大米和麦子等庄稼、大棚蔬菜、林业中长成后用作为原木的用材林以及存栏待售的牲畜等。消耗性生物资产通常被一次性消耗并终止其服务能力或未来经济利益，因此在一定程度上具有存货的特征。

生产性生物资产是为产出农产品、提供劳务或者出租而持有的生物资产。包括诸如下蛋产奶的牲畜、种畜和役畜、香蕉和苹果等果树等。生产性生物资产具备自我生长性，属于有生命的劳动手段。按照是否能进入正常生产周期为标准，生产性生物资产还应当分为成熟生产性生物资产和未成熟生产性生物资产。未成熟生产性生物资产指的是未进入正常生产周期，不能多年连续提供劳动服务或可以连续收获产品的生产性生物资产，例如尚未成熟的水稻和大豆，未开始下蛋的鸡鸭等；成熟生产性生物资产是指进入正常生产周期，能够多年连续提供劳动服务或可以连续收获产品的生产性生物资产。

公益性生物资产是指以防护和环境保护为主要目的的生物资产，包括防风固沙林、水土保持林和水源涵养林等。企业拥有的公益性生物资产虽然不能直接为企业带来利益，但是有可能为企业从相关的资产中带来经济收益，因此符合生物资产的确认条件。

四、消耗性生物资产的核算

消耗性生物资产中大部分属于流动资产，但也有消耗性生物资产不属于流动资产，例如生长期很长的用材林，其生长期可以达到多年甚至几十年，将其作为流动资产来对待显然不适合。当然符合存货特征的消耗性生物资产，应当作为存货在资产负债表中列报。

（一）消耗性生物资产会计核算的账户设置

为了对消耗性生物资产进行核算，需要设置“消耗性生物资产”、“消耗性生物资产跌价准备”等账户。

“消耗性生物资产”账户，用于核算农业企业持有的消耗性生物资产的实际成本。账户借方登记外购、自行栽培、营造、繁殖等各种方式取得的消耗性生物资产的实际成本；贷方登记收获和处置消耗性生物资产的实际成本，期末借方余额反映企业消耗性生物资产的实际成本。

“消耗性生物资产跌价准备”账户，用于核算消耗性生物资产价格下跌时计提的准备。账户借方登记处置消耗性生物资产结转的跌价准备和转回的消耗性生物资产跌价准备；贷方登记消耗性生物资产可变现净值低于账面价值的差额，期末贷方余额反映企业已经计提但尚未转销的消耗性生物资产跌价准备。

（二）消耗性生物资产取得的核算

生物资产取得业务的核算首先要确定资产的入账价值。生物资产的初始入账价值，是指生物资产的取得成本，其所涉及的问题是，当生物资产满足确认标准时，应以什么金额入账。生物资产的取得方式包括购买、自行营造、盘盈、接受捐赠、接受投资、非货币性交易、债务重组等。取得方式的不同，其初始入账价值的确定也不相同。

1. 外购的消耗性生物资产

外购的用材林、育肥畜等消耗性生物资产的实际成本，应当按其购买价款、相关税费、运输费、保险费以及可以直接归属于该资产的其他支出确定，包括场地整理费、装卸费、栽植费、专业人员服务费等。

外购的消耗性生物资产，应按计入消耗性生物资产成本的金额，借记“消耗性生物资产”账户，贷记“银行存款”、“应付账款”、“应付票据”等账户。

【例 8-1】 2012 年，某企业购入一批成年肉猪买价 45 000 元，运输费 2 000 元，装卸费 500 元，保险费 1 500 元。款项用银行存款支付。作会计分录如下：

借：消耗性生物资产　　49 000

　贷：银行存款　　49 000

2. 自行栽培大田作物和蔬菜

自行栽培的大田作物和蔬菜的成本，按照其在收获前耗用的种子、肥料、农药等材料费、人工费等必要的支出进行确定。按收获前发生的必要支出，借记“消耗性生物资产”账户。贷记“银行存款”账户。

【例 8-2】 某农业种植企业，2012 年种植的农作物为水果玉米，耗用种子费 4 000 元，肥料 3 000 元，农药 6 000 元，人工费 15 000 元。作会计分录如下：

借：消耗性生物资产　　　　28 000

　贷：银行存款　　　　28 000

3. 自行营造的林木类消耗性生物资产

自行营造的林木类消耗性生物资产的成本，按其郁闭前发生的造林费、抚育费、森林保护费、营林设施费、良种试验费、调查设计费及分摊的间接费用等必要支出确定。按林木郁闭前发生的必要支出，借记"消耗性生物资产"账户，贷记"银行存款"、"应付账款"、"应付票据"等账户。

林木的郁闭度是指森林中乔木树冠遮蔽地面的程度，它是反映林分密度的指标，以林地树冠垂直投影面积与林地面积之比表示，以十分数表示，完全覆盖地面为 1。联合国粮农组织规定林木郁闭度达到 0.2 以上即为郁闭林。

【例 8-3】 某国有林场自行营造用材林，2012 年林木郁闭前用银行存款支付发生的育林费 200 000 元，抚育费 30 000 元，森林保护费 10 000 元，调查设计费 10 000 元，作会计分录如下：

借：消耗性生物资产　　　　250 000

　贷：银行存款　　　　250 000

4. 自行繁殖的育肥畜

自行繁殖的育肥畜的实际成本，按其在出售前发生的饲料费、人工费及其他直接费用和间接费用确定。按育肥畜出售前发生的必要支出，借记"消耗性生物资产"账户，贷记"银行存款"、"应付账款"、"应付票据"等账户。

【例 8-4】 2012 年某养猪场自繁殖一批仔猪一批，出售前用银行存款支付饲料费 70 000 元，人工费 80 000 元，其他直接费用 10 000 元。作会计分录如下：

借：消耗性生物资产　　　　160 000

　贷：银行存款　　　　160 000

5. 水产养殖的动物和植物

水产养殖的动物和植物的实际成本，按其在出售或入库前的耗用的苗种、饲料、肥料等材料费、人工费、其他直接费和应分摊的间接费用等必要支出确定。按水产养殖动植物出售前发生的必要支出，借记"消耗性生物资产"账户，贷记"银行存款"、"应付账款"、"应付票据"等账户。

【例 8-5】 2012 年某渔场养殖草鱼一批，出售前用银行存款支付苗种费 10 000 元，饲料费 30 000 元，人工费 15 000 元。作会计分录如下：

借：消耗性生物资产　　　　55 000

　贷：银行存款　　　　55 000

6. 天然起源的消耗性生物资产

天然林等天然起源的生物资产，当有确凿证据表明企业能够拥有、控制该生物资产时，才能予以确认。天然起源的生物资产的公允价值无法可靠地取得，应按名义金额确定生物资产的成本，同时计入当期损益，名义金额为 1 元人民币，即借记"消耗性生物资产"账户，贷记"营业外收入"账户。

【例 8-6】 2012 年，某林业管理公司取得天然起源林 800 亩，该批林木属于工业原料林，作会计分录如下：

借：消耗性生物资产　　1

　贷：营业外收入　　1

（三）消耗性生物资产的后续计量

消耗性生物资产的后续计量通常有两种方式，历史成本计量和公允价值计量。采用历史成本对消耗性生物资产进行计量，生物资产成本按成本减掉累计折旧和跌价准备计量。采用公允价值对消耗性生物资产进行计量需要同时满足两个条件，其一，生物资产有活跃的交易市场,即该生物资产能够在交易市场中直接交易；其二，能够从交易市场上取得同类或类似生物资产的市场价格及其他相关信息，从而对生物资产的公允价值作出科学合理的估计。

活跃的交易市场，是指同时具有下列三个特征的市场：市场内交易的对象具有同质性；可随时找到自愿交易的买方和卖方；市场价格信息是公开的。

同类或类似的生物资产，是指品种相同、质量等级相同或类似、生长时间相同或类似、所处气候和地理环境相同或类似的有生命的动物和植物。这一规定表明,企业能够客观而非主观随意地使用公允价值。

在公允价值模式下，企业不再对生物资产计提折旧和计提跌价准备或减值准备，应当以资产负债表日生物资产的公允价值减去估计销售时所发生费用后的净额计量，各期变动计入当期损益。一般情况下，企业对生物资产的计量模式一经确定，不得随意变更。以下主要阐述在历史成本计量模式下的消耗性生物资产的会计核算方法。

例如林木类消耗性生物资产在生长的过程中，经营者会对林木进行择伐、间伐或者因抚育更新而采伐，经过采伐后的林木需要补植，对于补植所发生的林木类资产后续经营支出，借记“消耗性生物资产”账户，贷记“银行存款”、“应付账款”、“应付票据”等账户。

【例 8-7】 2012 某国有林场对工业原料林实行更新采伐，更新采伐后按作业计划对采伐迹地进行更新造林，用银行存款支付森林保护费 5 000 元，人工费 15 000 元，材料费 7 000 元。作会计分录如下：

借：消耗性生物资产　　27 000

　贷：银行存款　　27 000

（四）消耗性生物资产减值的核算

1. 消耗性生物资产发生减值的确认

鉴于消耗性生物资产具有未来经济利益的不确定性，我国生物资产会计准则规定：企业至少应当于每年年度终了对消耗性和生产性生物资产进行检查，有确凿证据表明生物资产发生减值的，应当计提消耗性生物资产跌价准备。

此外，生物资产存在下列情形之一的，通常表明该生物资产发生了减值。

（1）因遭受火灾、旱灾、水灾、冻灾、台风、冰雹等自然灾害，造成消耗性或生产性生物资产发生实体损坏，影响该资产的进一步生长或生产，从而降低其产生经济利益的能力。

（2）因遭受病虫害或动物疫病侵袭，造成消耗性或生产性生物资产的市场价格大幅度持续下跌，并且在可预见的未来无回升的希望。

（3）因消费者偏好改变而使企业消耗性或生产性生物资产收获的农产品的市场需求发生变化，导致市场价格逐渐下跌。

（4）因企业所处经营环境，如动植物检验检疫标准等发生重大变化，从而对企业产生不利影响，导致消耗性或生产性生物资产的市场价格逐渐下跌。

（5）其他足以证明消耗性或生产性生物资产实质上已经发生减值的情形。

2．消耗性生物资产减值的核算

会计期末农业企业需要按消耗性生物资产账面价值与可变现净值之间的差额计提减值准备，设置“资产减值损失——消耗性生物资产”账户核算资产价格波动所产生的损失，设置“存货跌价准备——消耗性生物资产”核算当期计提的跌价准备。若消耗性生物资产的可变现净值低于账面价值则根据差额，借记“资产减值损失——消耗性生物资产”账户，贷记“存货跌价准备——消耗性生物资产”账户。在发生减值损失之后，若引起资产减值的因素已经消失，则应将已计提的资产减值损失冲销，借记“存货跌价准备——消耗性生物资产”账户，贷记“资产减值损失——消耗性生物资产”账户。

【例 8-8】 A 农业公司种植玉米 200 公顷，发生成本 600 000 元。2012 年 6 月发生自然灾害导致 90 公顷的玉米遭到严重损害，灾后可变现净值约为 150 000 元，则灾后受损的玉米可变现净值低于账面价值的差额为 120 000 元，则应提跌价准备为 120 000 元，作会计分录如下：

借：资产减值损失——消耗性生物资产（玉米） 120 000

贷：存货跌价准备——消耗性生物资产（玉米） 120 000

【例 8-9】 延用【例 8-8】相关数据资料，通过科学技术手段 A 农业公司消除了自然灾害的影响，此时公司应对生物资产的可变现净值进行恢复，作会计分录如下：

借：存货跌价准备——消耗性生物资产（玉米） 120 000

贷：资产减值损失——消耗性生物资产（玉米） 120 000

（五）消耗性生物资产的收获以及处置

1．收获消耗性生物资产的会计核算方法

从收获农产品成本核算的截止时点来看，不同的时点对农产品进行收获会得到不同的农产品价值。例如种植业产品和林产品一般具有季节性强、生产周期长、经济再生产与自然再生产相交织的特点，而种植业产品和林产品成本计算期因不同产品的特点而异。因此，企业在确定收获农产品的成本时，应特别注意成本计算的截止时点，而在收获时点之后的农产品应当适用《企业会计准则第 1 号——存货》。

消耗性生物资产收获后转为企业拥有的农产品时，应当按消耗性生物资产账面价值结转成本，借记“农产品”账户，贷记“消耗性生物资产”，消耗性生物资产成本结转的具体方法包括个别计价法、加权平均法、折耗率法、蓄积量比例法、轮伐期年限法等。在这几种核算方法中，个别计价法适用于单体价值较高的农产品，或者信息化管理水平较为成熟的农业企业。

（1）加权平均法则是畜牧养殖企业常用的方法，下面用例题讲述用加权平均法结转成本。

【例 8-10】 B 畜牧养殖公司 2012 年 4 月末养殖的肉猪账面余额为 38 000 元，共计 50 头；5 月 15 日花费 10 000 元新购入一批肉猪养殖，共计 20 头；5 月 30 日屠宰并出售肉猪 25 头，支付临时工屠宰费用 500 元，出售取得价款 20 000 元；5 月份共发生饲养费用 1 000 元（其中，应付专职饲养员工资 600 元，饲料 400 元）。B 公司采用移动加权平均法结转成本。B 公司的账务处理如下：

平均单位成本＝（38 000＋10 000＋1 000）÷（50+20）＝700（元）

出售猪肉的成本＝700×25＝17 500（元）

借：消耗性生物资产——肉猪	10 000	
贷：银行存款		10 000
借：消耗性生物资产——肉猪	1 000	
贷：应付职工薪酬		600
原材料		400
借：农产品——猪肉	18 000	
贷：消耗性生物资产		17 500
库存现金		500
借：库存现金	20 000	
贷：主营业务收入		20 000
借：主营业务成本	18 000	
贷：农产品——猪肉		18 000

折耗率法、蓄积量比例法、轮伐期年限法等方法都是林业中通常使用的方法，核算方法体现有林业经济业务的特殊性。

（2）蓄积量比例法以达到经济成熟可供采伐的林木为“完工”标志，将包括已成熟和未成熟的所有林木按照完工程度（林龄、林木培育程度、费用发生程度等）折算为达到经济成熟可供采伐的林木总体蓄积量，然后，按照当期采伐林木的蓄积量占折算的林木总体蓄积量的比例，确定应该结转的林木资产成本。该方法主要适用于择伐方式和林木资产由于择伐更新使其价值处于不断变动的情况下。计算公式如下：

某期应结转的林木资产成本=（当期采伐林木的蓄积量÷林木总体蓄积量）×期初林木资产账面总值

（3）轮伐期年限法将林木原始价值按照可持续经营的要求，在其轮伐期的年份内平均摊销，并结转林木资产成本。其中，轮伐期是指将一块林地上的林木均衡分批、轮流采伐一次所需要的时间(通常以年为单位计算)。计算公式如下：

某期应结转的林木资产成本＝林木资产原值÷轮伐期

（4）折耗率法也是林业上常用的方法之一。该方法按照采伐林木所消耗林木蓄积量占到采伐为止预计该地区、该树种可能达到的总蓄积量摊销、结转所采伐林木资产成本。计算公式如下：

采伐的林木应摊销的林木资产价值=折耗率×所采伐林木的蓄积量

折耗率＝林木资产总价值÷到采伐为止预计的总蓄积量

其中的折耗率应分树种、地区分别测算；林木资产总价值是指该地区、该树种的营造林历史成本总和；预计总蓄积量是指到采伐为止预计该地区、该树种可能达到的总蓄积量。

2. 处置消耗性生物资产的会计核算方法

消耗性生物资产在出售时，按交易实际收到金额借记“银行存款”账户，贷记“主营业务收入”账户。同时按消耗性生物资产账面余额借记“主营业务成本”，贷记“消耗性生物资产”账户，若资产已计提跌价或者减值准备或折旧的，则需结转相应的跌价或减值准备或累计折旧。这里所指的消耗性生物资产处置是指，未经收获直接销售的生物资产，例如鲜活商品鱼或者猪等，经过收获的生物资产处置账务处理具体见【例 8-9】。

【例 8-11】 B 畜牧养殖公司 2012 年 5 月将育成的 50 头猪仔出售给 C 食品加工厂，价款总额 22 000 元，已经收到对方的银行付款，该批猪仔未计提跌价准备，出售猪仔时该批猪仔账面价值为 18 000 元。则 B 公司作会计分录如下：

借：银行存款　　　　　　　　22 000
　贷：主营业务收入　　　　　　　22 000
借：主营业务成本　　　　　　18 000
　贷：消耗性生物资产　　　　　　18 000

【例 8-12】 D 淡水鱼养殖企业 2012 年 5 月出售鲜鲤鱼 8 000 千克，每千克鲤鱼售价 5 元，每千克鲤鱼成本 3 元，该批鲤鱼未计提跌价准备。未收到对方货款。作会计分录如下：

借：应收账款　　　　　　　　40 000
　贷：主营业务收入　　　　　　　40 000
借：主营业务成本　　　　　　24 000
　贷：消耗性生物资产　　　　　　24 000

五、生产性生物资产的核算

相比消耗性生物资产，生产性生物资产在生产经营中可以被长期反复的使用，从而不断产出农产品或者是被长期役用。消耗性生物资产在发生农产品收获的业务之后，资产就不存在了，转换成了农产品的形式；而生产性生物资产产出农产品之后，该资产仍然保留，并可以在未来期间继续产出农产品。因此生产性生物资产在一定程度上具有固定资产的特征，例如果树每年产出水果、奶牛每年产奶等。

（一）生产性生物资产会计核算的账户设置

为了对生产性生物资产进行核算，需要设置“生产性生物资产”、“生产性生物资产减值准备”、“农业生产成本”、“生产性生物资产累计折旧” 等账户。

“生产性生物资产”账户，用于核算农业企业持有的生产性生物资产的实际成本。账户借方登记外购、自行栽培、营造、繁殖等各种方式取得的生产性生物资产的实际成本；贷方登记收获和处置生产性生物资产的实际成本，期末借方余额反映生产性生物资产的实际成本。

“生产性生物资产减值准备”账户，用于核算生产性生物资产可回收金额低于成本或者账面价值时计提的准备。账户借方登记处置生产性生物资产时结转的减值准备；贷方登记生产性生物资产可回收金额低于成本或账面价值的差额，期末贷方余额反映企业已经计提但尚未结转的生产性生物资产减值准备。生产性生物资产减值准备一经计提不得回转，这点是与消耗性生物资产不同的地方。

“农业生产成本”账户，用于核算在企业农业经营活动中发生的各项生产费用。按种植业、畜牧养殖业、林业和水产业等行业分类确定核算对象，对生产活动中发生的各项费用进行归集与分配。

“生产性生物资产累计折旧”账户，用于核算成熟的生产性生物资产的累计折旧，按生产性生物资产的种类、群别等进行明细核算，其借方登记处置生产性生物资产结转的累计折旧，贷方登记计提的生产性生物资产的折旧，期末贷方余额反映成熟的生产性生物资产的累计折旧额。

（二）生产性生物资产取得的核算

与消耗性生物资产类似，生产性生物资产的取得，按方式不同分为外购、自行营造、盘盈、接受捐赠、自行繁殖、育肥畜转产畜和役畜、天然起源获得。取得方式不同，其初始入账价值的确定也不相同。

1. 企业外购生产性生物资产

农业企业外购生产性生物资产，按应计入生产性生物资产成本的金额借记“生产性生物资产”账户，贷记“银行存款”、“应付账款”等账户。外购生产性生物资产的成本包括购买价款、相关税费、运输费、保险费以及可直接归属于购买该资产的其他支出。其中,可直接归属于购买该资产的其他支出包括场地整理费、装卸费、栽植费、专业人员服务费等。购买过程中发生的相关税费、运输费、保险费等可直接归属于购买该资产的其他支出，应当按照各项生物资产的价款比例进行分配，分别确定各项生物资产的成本。

【例 8-13】 2012 年 5 月 A 农业养殖公司购买 15 头种公猪、30 头母猪，单价分别为 4 000 元和 3 000 元，支付的价款共计 150 000 元，此外，发生的运输费为 4 500 元，保险费为 3 000 元，装卸费为 2 250 元，款项尚未支付支付。

（1）确定应分摊的运输费、保险费和装卸费：

分摊比例 =(4 500+3 000+2 250) ÷ 150 000=6.5%

因此 15 头种公猪应分摊：60 000 × 6.5%=3 900（元）

30 头母猪应分摊：90 000 × 6.5%=5 850（元）

（2）确定种公猪、母猪的入账价值：

15 头种公猪的入账价值：15 × 4 000+3 900=63 900（元）

15 头母猪的入账价值：30 × 3 000+5 850=95 850（元）

甲农业企业的账务处理如下：

借：生产性生物资产——种公猪　　63 900

——母猪　　95 850

贷：应付账款　　159 750

2. 自行营造林木类生产性生物资产

自行营造的林木类生产性生物资产的初始取得成本，按达到预先计划的生产经营目的前所发生的必要支出入账，借记“生产性生物资产”，贷记“银行存款”、“应付账款”或者“应付票据”等账户。

【例 8-14】 2012 年 5 月，A 林业有限责任公司自行营造的具有生长特点的柑橘果树林 20 公顷，发生直接材料费用 100 000 元，人员工资 50 000 元，以银行存款支付技术咨询服务费 15 000 元。作会计分录如下：

借：生产性生物资产——未成熟生产性生物资产（柑橘） 165 000
　贷：原材料 100 000
　　应付职工薪酬 50 000
　　银行存款 15 000

3. 自行繁殖的产畜和役畜

自行繁殖的产畜和役畜，按其达到生产经营目的前发生的必要支出，借记“生产性生物资产”账户，贷记“银行存款”、“应付账款”和“应付票据”等账户。需要注意的是在具体业务中，生产性生物资产在达到预定生产经营目的之前发生的必要支出在“生产性生物资产——未成熟生产性生物资产”账户归集。

未成熟生产性生物资产达到预定生产经营目的时，按其账面余额，借记“生产性生物资产——成熟生产性生物资产”账户，贷记“生产性生物资产——未成熟生产性生物资产”账户，未成熟生产性生物资产已计提减值准备的，还应同时结转已计提的减值准备。

【例 8-15】 2012 年 5 月，A 农业养殖公司养殖奶牛 5 头，产奶前实际成本包括饲料费 30 000 元，人工饲养费 14 000 元，其他费用 8 000 元，作会计分录如下：

借：生产性生物资产——未成熟生产性生物资产（奶牛） 52 000
　贷：原材料 30 000
　　应付职工薪酬 14 000
　　银行存款 8 000

4. 育肥畜转为产畜和役畜

企业将育肥畜转为产畜和役畜，按照其消耗性生物资产账面余额，借记“生产性生物资产”账户，贷记“消耗性生物资产”账户，若原资产已经计提跌价准备的，还需要同时结转存货跌价准备。

【例 8-16】 2012 年 5 月，B 农业养殖公司将一批肉羊转为种羊，这批种羊的账面价值为 46 000 元，已计提存货跌价准备 5 000 元。作会计分录如下：

借：生产性生物资产 41 000
　存货跌价准备——消耗性生物资产（肉羊） 5 000
　贷：消耗性生物资产 46 000

5. 天然起源的生产性生物资产

天然林等天然起源的生物资产，当有确凿证据表明企业能够拥有、控制该生物资产时，才能予以确认。天然起源的生物资产的公允价值无法可靠地取得，应按名义金额确定生物资产的成本，同时计入当期损益，名义金额为 1 元人民币，即借记“生产性生物资产”账户，贷记“营业外收入”账户。

【例 8-17】 2012 年 5 月，A 林业管理公司取得天然起源林 1 000 亩，该批林木属于生产性物资，作会计分录如下：

借：生产性生物资产　　　　　　　　　　　　　1

　贷：营业外收入　　　　　　　　　　　　　　1

（三）生产性生物资产的后续计量

类似消耗性生物资产的后续计量模式，生产性生物资产后续计量也有两种方式，历史成本计量和公允价值计量。采用历史成本对生产性生物资产进行计量，未成熟的生产性生物资产按成本减累计减值准备计量,成熟的生产性生物资产按成本减累计折旧及累计减值准备计量。

采用公允价值对生产性生物资产进行计量需要同时满足两个条件，其一，生物资产有活跃的交易市场，即该生物资产能够在交易市场中直接交易；其二，能够从交易市场上取得同类或类似生物资产的市场价格及其他相关信息，从而对生物资产的公允价值作出科学合理的估计。在公允价值模式下，企业不再对生物资产计提折旧和计提跌价准备或减值准备，应当以资产负债表日生物资产的公允价值减去估计销售时所发生费用后的净额计量，各期变动计入当期损益。一般情况下，企业对生物资产的计量模式一经确定,不得随意变更。

上述“活跃的交易市场”以及“同类或类似的生物资产”概念解释，参考消耗性生物资产后续计量模式相关内容。

以林业为例，由于间伐、择伐或者抚育更新而补植林木类生产性生物资产发生的后续支出，借记“生产性生物资产”账户，贷记“银行存款”、“应付职工薪酬”等账户。

【例 8-18】 2012 年，A 林业责任有限公司对自有的橡胶林进行择伐，择伐后按照作业计划对择伐迹地进行更新造林，发生人工费用 40 000 元，材料费用 20 000 元，作会计分录如下：

借：生产性生物资产——未成熟生产性生物资产(橡胶树)　　60 000

　贷：原材料　　　　　　　　　　　　　　　　　　　　40 000

　　　应付职工薪酬　　　　　　　　　　　　　　　　　20 000

（四）生产性生物资产折旧的核算

根据 2006 年《企业会计准则第 5 号—生物资产》，生产性生物资产的折旧指的是，在生产性生物资产的使用寿命内，按照确定的方法对应计折旧额进行系统分摊。其中，应计折旧额是指应当计提折旧的生产性生物资产的原价扣除预计净残值后的余额；如果已经计提减值准备，还应当扣除已计提的生产性生物资产减值准备累计金额。预计净残值是指预计生产性生物资产使用寿命结束时，在处置过程中所发生的处置收入扣除处置费用后的余额。

1. 需要提取折旧的生产性生物资产

当生产性生物资产达到预定生产经营目的时，企业应当对该项资产按期计提折旧。

与固定资产计提折旧类似，企业一般应按月计提折旧，当月增加的成熟生产性生物资产，当月不提折旧，从下月起计提折旧；当月减少的成熟生产性生物资产，当月照提折旧，从下月起不提折旧。成熟生产性生物资产提足折旧后，不管能否继续使用，均不再提取折旧；提前报废的成熟生产性生物资产，也不再补提折旧。

需要注意的是，以融资租赁方式租入的生产性生物资产和以经营租赁方式租出的生产性生物资产，应当计提折旧，以融资租赁方式租出的生产性生物资产和以经营租赁方式租入的生产性生物资产，不应当计提折旧。

2. 影响生产性生物资产预计使用寿命的因素

企业在确定生产性生物资产的使用寿命时，应当考虑下列主要因素：一是该资产的预计生产能力或实物产量；二是该资产的有形损耗，如经济林木、产畜和役畜的老化情况等；三是该资产的无形损耗，如因新品种的出现而使现有的生产性生物资产的生产能力和产出品的质量相对下降等；四是有关资产使用的法律或者类似的限制。

如对于融资租赁的生产性生物资产，按租赁合同的规定，能够合理确定租赁期届满时将会取得租赁资产所有权的，应当在租赁资产尚可使用年限内计提折旧，如果无法合理确定租赁期届满时能够取得租赁资产所有权的，应当在租赁期与租赁资产尚可使用年限两者中较短的期间内计提折旧。

具体到判断某一生产性生物资产的预计使用寿命，企业应在考虑上述四种主要影响因素的基础上，结合不同生产性生物资产的性质、消耗方式、所处环境等因素，做出决策。在相同环境条件下，对于同样的生产性生物资产的使用寿命应具有相同的预期。

3. 生产性生物资产的折旧方法

生物资产准则规定了企业可选用的折旧方法包括年限平均法、工作量法、产量法等。在具体运用时，企业应当根据生产性生物资产的具体情况，合理选择相应的折旧方法。

企业应根据成熟生产性生物资产的性质和消耗方式选择折旧方法。对于达到预定经营目的的生产性生物资产，还应根据生产性生物资产的性质、使用情况和有关经济利益的预期实现方式，合理地确定成熟生产性生物资产的预计使用年限和预计净残值，并选择合理的成熟生产性生物资产的折旧方法。

生产性生物资产的折旧方法、预计使用年限和预计净残值一经确定，将影响企业在各会计期间的折旧费用、应纳税所得额等会计要素，因此生产性生物资产的折旧方法、预计使用年限和预计净残值确定之后不得随意变更，如需变更需要经公司管理层批准，之后还需要报送行政相关部门备案，并在会计报表附注中予以说明。

此外企业每年需要对生产性生物资产的预计使用寿命、预计净残值进行复核，一旦发现资产预计使用寿命、预计净残值等数据与原来的估计有较大出入，企业应当作为会计估计变更,按照《企业会计准则第 28 号——会计政策、会计估计变更和差错更正》的规定进行会计处理,调整生产性生物资产的使用寿命或预计净残值。

（1）平均年限法。

平均年限法，是将生产性生物资产的应计折旧额平均地分摊到生产性生物资产预计使用年限中的一种方法，采用平均年限法计提折旧，在每一会计期间所计提的折旧额均是相等的，在资产使用年限到期时对资产进行报废一般可回收部分残值。计算公式如下：

年折旧率=（1-净残值率）÷预计使用寿命（年）

月折旧率= 年折旧率÷12

月折旧额= 固定资产原值×月折旧率

【例 8-19】 某农业企业的一头奶牛原价为 10 000 元，预计这头奶牛产奶期为 5 年，预计净残值率为 5% 。则该头奶牛的月折旧额计算如下：

奶牛年折旧率＝(1 － 5%)÷5＝ 19%

奶牛月折旧率＝19%÷12＝1.58%

奶牛本月月折旧额＝10 000×1.58%＝158（元）

（2）工作量法。

工作量法，是根据实际工作量计提生产性生物资产折旧额的种方法。计算公式如下：

$$单位工作量折旧额=\frac{生产性生物资产原值\times(1-预计净残值率)}{预计工作总量}$$

某项生产性生物资产月折旧额 ＝ 该项生产性生物资产当月工作量×单位工作量折旧额

（3）产量法。

产量法，是按照生产性生物资产提供的农产品产量或者新的生物资产的数量来计提累计折旧的方法，实质上是工作量法的一种特殊形式。而产量法更能体现生物资产自身生长发育的规律，能很好地与成本收益原则保持一致。计算公式如下：

$$单位产出品折旧额=\frac{生产性生物资产原值\times(1-预计净残值率)}{预计产出品总量}$$

某项生产性生物资产月折旧额 ＝ 该项生产性生物资产当月产出品数量×单位产出品折旧额

【例 8-20】 某农业企业的头奶牛原价为 10 000 元，预计生产牛奶综合产量为 50 000 千克，预计净残值率为 5%。当月该奶牛产奶 500 千克，则该头奶牛的月折旧额计算如下：

$$每千克牛奶折旧额=\frac{10\,000\times(1-5\%)}{50\,000}=0.19（元/千克）$$

本月折旧额＝ 500×0.19 ＝ 95（元）

4. 生产性生物资产折旧的账务处理

企业按月对成熟的生产性生物资产进行折旧计提，借记“农业生产成本”、“管理费用”等账户，贷记“生产性生物资产累计折旧”账户。

【例 8-21】 某农业公司主要从事大豆、玉米等经济作物的种植业务，为对种植的经济作物进行保护种了一批农田防护林，该批农田防护林本月应提取折旧 300元，作会计分录如下：

借：管理费用　　300

　贷：生产性生物资产累计折旧　　300

【例 8-22】 2012 年 5 月，B 农业养殖公司应当对本公司用于产奶的奶牛计提折旧 2 000 元。作会计分录如下：

借：农业生产成本——奶牛　　2 000

贷：生产性生物资产累计折旧　　2 000

（五）生产性生物资产减值准备的核算

1. 生产性生物资产减值准备的确认

由于生产性生物资产同样具有未来经济利益不确定性和高风险性，企业会计准则规定企业每年年末需要对生产性生物资产进行检查，有确实的证据表明遭受自然灾害、病虫害、动物疫病侵袭或市场需求变化等，可能导致生产性生物资产可收回金额低于账面价值，此时要对生产性生物资产计提减值准备。计提减值准备以生产性生物资产可收回金额与账面价值之间的差额入账，同时确认当期损益。根据准则规定，生产性生物资产减值准备一经提取不得转回。

根据企业会计准则有关资产减值的规定，生产性生物资产的可收回金额，是指生物资产的公允价值减去处置费用后的净额与生物资产预计现金流量现值两者相比，较高者即为该生产性生物资产可收回金额。生物资产预计现金流量现值主要包括预期从该资产的持续使用中产生的现金流量现值和使用寿命结束时的处置中形成的现金流量现值。

在估计公允价值减去处置费用后的净额时需要注意，在资产交易时存在销售协议价格的，应当根据销售协议价格确定生物资产的公允价值减去处置费用后净额；在实务中，企业的资产往往都是内部持续使用的，取得资产的销售协议价格并不容易，如果生物资产存在活跃交易市场的情况下，应当根据该资产的市场价格确定公允价值减去处置费用后净额；在既不存在资产销售协议又不存在资产活跃市场的情况下，企业应当以可获取的最佳信息为基础，根据在资产负债表日假定处置该资产，熟悉情况的交易双方自愿进行公平交易愿意提供的交易价格减去资产处置费用后的金额，作为估计的生产性生物资产公允价值减去处置费用后的净额。

企业如果不对于已经发生的生产性生物资产减值损失加以确认，必将导致生产性生物资产价值的虚增，同时也违反了会计核算中的谨慎原则。因此，企业应至少在每年年度终了对成熟生产性生物资产进行检查，如果发现某生产性生物资产发生减值，应当计提相应的减值准备。

2. 判断生产性生物资产的减值

具体来说可能造成生产性生物资产可回收金额低于账面价值的情况如下。（1）因遭受火灾、旱灾、水灾、冻灾、台风、冰雹等自然灾害，造成生产性生物资产发生实体损坏，影响该资产的进一步生长或生产，从而降低其产生经济利益的能力。（2）因遭受病虫害或者疯牛病、禽流感、口蹄疫等动物疫病侵袭，造成生产性生物资产的市场价格大幅度持续下跌，并且在可预见的未来无回升的希望。（3）因消费者偏好改变而使企业的生产性生物资产收获的农产品的市场需求发生变化，导致市场价格逐渐下跌。与工业产品不同，一般情况下技术进步不会对生物资产的价值产生明显的影响。（4）企业所处经营环境，如动植物检验检疫标准等发生重大变化，从而对企业产生不利影响，导致生产性生物资产的市场价格逐渐下跌。（5）同期市场利率或者其他市场投资报酬率大幅度提高，进而很可能影响企业计算生产性生物资产可收回金额的折现率，并导致生产性生物资产可收回金额大幅度降低。判断生产性生物资产是否减值主要是比较该资产账面价值是否高于其可收回金额，如果运用未来现金流量来计算生产性生物资产可收回金额，则生产性生物资产的未来现金流量与折现率将影响生产性生物资产的可收回金额。如果以同期市场利率等作为计算生产性生物资产可收回金额的折现率，则同期市场利率等的提高将降低生产性生物资产的可收回金额。（6）其他足以证明生产性生物资产实质上已经发生减值的情形。

3. 计提生产性生物资产减值准备

经过严谨的判断生产性生物资产确实已经发生减值的，企业应当根据会计准则进行相应的资产减值处理，计提生产性生物资产减值准备具体步骤如下：

第一步，判断生产性生物资产减值迹象。

第二步，计算确定生产性生物资产可收回金额，并比较可收回金额与资产账面价值。首先，确定生产性生物资产可收回金额需要计算资产公允价值减去处置费用后的净额，以及预计资产在未来所能带来的现金流量现值；其次，如果可收回金额低于账面价值，取其差额作为减值准备的金额。

确定可收回金额需要确认预计未来现金流量现值，生物资产预计未来现金流量现值主要由两部分构成，预期资产使用期间所产生的现金流量现值和使用期结束时处置所产生的现金流量现值。预期资产使用期间所产生的现金流量现值的影响因素主要包括资产预计使用寿命、未来各会计期间产生的现金流量、折现率。资产预计使用寿命应该以该项资产的剩余可使用寿命为限；未来产生现金流量应该参考该资产在过去使用期间所产生的经济利益给予预计；折现率应该反映货币资金的时间价值以及持有资产所面临的风险。由于确定资产未来产生的现金流量现值过程中，很多因素需要主观估计，因此企业在进行资产未来现金流量现值确定时，需要运用职业判断，并根据谨慎性原则的要求，充分考虑生产性生物资产各种风险因素，确定合理的折现率和现金流量。

【例 8-23】 某农业种植公司 20×2 年 12 月 30 日对自有橡胶园进行资产减值测试，发现该橡胶园存在减值迹象。橡胶园 20×2 年 12 月 30 日账面价值为 3 200 000 元，预计剩余使用年限为 6 年，在未来 5 年中每年的预计现金流量为：800 000 元、600 000 元、550 000 元、500 000 元、450 000 元；第六年预计资产产生现金流量与处置资产获得现金流量之和为 600 000 元；以前年度未计提资产减值准备。综合考虑市场利率和风险因素公司采用 6%折现率，该橡胶园公允价值减去处置费用之后的净额为 1 600 000 元。

根据上述有关资产现金流、折现率等数据计算橡胶园预计未来现金流现值，有关计算过程见表 8-1。

表 8-1　预计未来现金流量现值计算表　单位：元

年度	预计未来现金流	折现率	复利现值系数	现值
20×2	800 000	0.06	0.943	754 400
20×3	600 000	0.06	0.89	534 000
20×4	550 000	0.06	0.84	462 000
20×5	500 000	0.06	0.792	396 000
20×6	450 000	0.06	0.747	336 150
20×7	600 000	0.06	0.705	423 000
合计	3 500 000	/	/	2 905 550

该橡胶园的公允价值减去处置费用之后净额为 1 600 000 元，预计未来现金流量现值为 2 905 550 元，2 905 550 元＞1 600 000 元，橡胶园的可收回金额为 2 905 550 元，橡胶园账面价值高于可收回金额，资产已经发生减值，减值金额为 294 450 元。

第三步，对符合计提减值条件生产性生物资产进行账务处理。借记“资产减值损失”账户，贷记“生产性生物资产减值准备”账户。企业计提生产性生物资产减值损失之后不再转回。

【例 8-24】 沿用【例 8-23】的相关数据，20×2 年 12 月 30 日某农业企业自有橡胶园发生资产减值。作会计分录如下：

橡胶园资产减值损失= 3 200 000－2 905 550 = 294 450（元）

借：资产减值损失——生产性生物资产（橡胶） 294 450

贷：生产性生物资产减值准备——橡胶 294 450

（六）生产性生物资产的收获和处置

1. 收获生产性生物资产的核算

生产性生物资产达到成熟之后，就可以开始收获的农产品。收获农产品成本类似于消耗性生物资产的收获业务，需要归集在收获过程中发生的原材料、人工费、其他间接费用。与消耗性生物资产不同之处是成熟生产性生物资产收获的农产品还需要分摊应该负担的生产性生物资产累计折旧。

【例 8-25】 某养殖场饲养的奶牛已经进入产奶期，本月发生饲养费用为饲料费用 3 000 元、人工费 5 000 元、银行存款支付防疫费用 1 000 元，本月应提取折旧费用 1 500 元。作会计分录如下：

借：农业生产成本——奶牛 10 500

贷：生产性生物资产累计折旧 1 500

原材料 3 000

应付职工薪酬 5 000

银行存款 1 000

生产性生物资产成本结转的具体方法包括个别计价法、加权平均法、折耗率法、蓄积量比例法、轮伐期年限法等。生产性生物资产成本结转各种方法与消耗性生物资产成本结转方法类似，具体的成本核算方法参看消耗性生物资产成本结转相关内容。

【例 8-26】 2012 年 5 月，某农场入库牛奶 260 000 千克，每千克牛奶成本 1 元，作会计分录如下：

借：农产品——牛奶 260 000

贷：农业生产成本——奶牛 260 000

2. 处置生产性生物资产的会计核算方法

企业处置生产性生物资产，按实际交易的金额借记“银行存款”、“应收账款”等账户，按已计提的生产性生物资产累计折旧借记“生产性生物资产累计折旧”，按已计提的生产性生物资产减值金额借记“生产性生物资产减值准备”，按生产性生物资产账面价值贷记“生产性生物资产——××”，最后按借贷方差额确认处置收入贷记“营业外收入——处置非流动资产利得”。

【例 8-27】 某农业养殖场将 6 头奶牛转让给当地农户李某，奶牛转让价格 48 000 元，6 头奶牛账面原值 66 000 元，已计提折旧 10 000 元，计提减值准备 15 000 元，已收到农户汇入银行的购买奶牛款，作会计分录如下：

借：银行存款　　48 000
　　生产性生物资产减值准备　　15 000
　　生产性生物资产累计折旧　　26 000
　贷：生产性生物资产——奶牛　　66 000
　　　营业外收入——处置非流动资产利得　　23 000

六、公益性生物资产的核算

（一）公益性生物资产的确认与计量

1. 公益性生物资产的初始计量

企业取得公益性生物资产一般按其实际成本进行初始计量，公益性生物资产取得方式包括了外购取得、自行营造取得、天然起源资产等。

外购公益性生物资产的取得成本包括购买价款、相关税费、运输费、保险费以及可直接归属于购买该资产的其他支出。其中，可直接归属于购买该资产的其他支出包括场地整理费、装卸费、栽植费、专业人员服务费等。

自行营造生物资产的取得成本包括郁闭前发生的造林费、抚育费、森林保护费、营林设施费、良种试验费、调查设计费和应分摊的间接费用等必要支出。

天然起源取得生物资产按名义金额确定公益性生物资产成本。

2. 公益性生物资产的后续计量

公益性生物资产后续计量模式有成本计量和公允价值计量。由于公允价值不易取得，在我国公益性生物资产一般使用历史成本对资产进行后续计量。公益性生物资产不计提折旧在，因此确认公益性生物资产历史产成本不需扣除累计折旧。

需要注意的是与生产性生物资产和消耗性生物资产不同，对于公益性生物资产而言,由于其持有目的与消耗性生物资产和生产性生物资产有本质不同，主要是出于防护、环境保护等特殊公益性目的,具有非经营性的特点，因此生物资产准则规定公益性生物资产不计提减值准备。

（二）公益性生物资产的核算账户设置

设置“公益性生物资产”账户对公益性生物资产进行核算，账户借方登记外购、自行营造取得公益性生物资产的实际成本，贷方登记公益性生物资产的减少，期末借方余额表示现存公益性生物资产成本。

（三）公益性生物资产取得的核算

1. 外购公益性生物资产

企业外购公益性生物资产，按应计入成本的相关费用项目合计借记“公益性生物资产”账户，贷记“银行存款”、“应付账款”等账户。

【例 8-28】 某企业使用自有资金购入一批杨树种苗，作为公益性生物资产，各种成本项目花费总计 150 000 元，款项尚未支付，作会计分录如下：

借：公益性生物资产　　150 000

贷：应付账款　　　　　　　　　　　　　　　　　　　　　　　　　　　150 000

2. 自行营造公益性生物资产

自行营造的公益性生物资产，按林木郁闭前的必要支出借记“公益性生物资产”账户，贷记“银行存款”等账户。

【例 8-29】　某林业有限公司，自行营造 20 公顷公益林，该批公益林的实际成本是 90 000 元，林木已经郁闭，作会计分录如下：

借：公益性生物资产　　　　　　　　　　　　　　　　　　　90 000

贷：应付账款　　　　　　　　　　　　　　　　　　　　　　90 000

3. 天然起源取得公益性生物资产

天然起源取得公益性生物资产，企业应当按名义价格 1 元，借记“公益性生物资产”账户，贷记“银行存款”等账户。

（三）公益性生物资产后续计量与核算

消耗性生物资产和生产性生物资产转为公益性生物资产，按已计提折旧借记“生产性生物资产累计折旧”账户，按已计提资产减值借记“存货跌价准备——消耗性生物资产”或者“生产性生物资产减值准备”，按消耗性生物资产或生产性生物资产的账面原值贷记“生产性生物资产”或者“消耗性生物资产”，按借贷方差额借记“公益性生物资产”。

【例 8-30】　根据环境保护需要，某国有林场将 30 公顷生产原料林划转为公益林，该生产原料林账面原值 180 000 元，已计提存货跌价准备 30 000 元，作会计分录如下：

借：公益性生物资产　　　　　　　　　　　　　　　　　　　150 000

存货跌价准备——消耗性生物资产　　　　　　　　　　　　　30 000

贷：消耗性生物资产　　　　　　　　　　　　　　　　　　　180 000

最后如前所述需要注意的是公益性生物资产不需要计提折旧以及确认资产减值损失。

本章小结

农业企业生物资产分为消耗性生物资产和生产性生物资产，消耗性生物资产具有存货的特点，在生产中资产的耗费一次性转入产品中；生产性生物资产具有固定资产的特点，在生产过程中分期计提资产的损耗。消耗性生物资产和生产性生物资产的核算有所不同。生产性生物资产需要计提减值准备，计提关键是要理解生物资产的可回收金额、公允价值减去处置费用后净值、资产未来现金流量现值等概念。资产未来现金流量现值由两部分组成，分别是资产剩余使用寿命期间产生的现金流量现值，以及在处置资产时所产生的现金流量现值。确定现金流量现值时所选择的折现率要考虑市场投资回报率等多种因素。

关键术语

生物资产　消耗性生物资产　生产性生物资产　生物资产减值准备

生物资产累计折旧　公允价值

综合练习

一、单项选择题

1．生物性资产的基本分类是（　　）。

A．消耗性生物资产、生产性生物资产和公益性生物资产

B．牲畜类资产、林木类资产和水产类资产

C．未成熟生产性生物资产和已成熟生产性生物资产

D．幼畜、育肥畜、产畜和役畜

2．外购消耗性生物资产的实际成本不包括（　　）。

A．实际买价　　B．保险费

C．运输费　　D．自行种植植物成熟前种子购买费用

3．消耗性生物资产的成本结转方法不包括（　　）。

A．加权平均法　　B．折耗率法

C．蓄积量比例法　　D．平均年限法

4．用于核算生产性生物资产折旧的账户是（　　）。

A．生产性生物资产累计折旧　　B．累计折旧

C．生产性生物资产减值准备　　D．生产性生物资产跌价准备

5．消耗性生物资产发生减值损失时应借“资产减值损失——消耗性生物资产”，贷记（　　）。

A．存货跌价准备——消耗性生物资产

B．生产性生物资产减值准备

C．资产减值损失——消耗性生物资产

D．资产减值损失——生产性生物资产

6．在移动加权平均法下结转消耗性生物资产成本，以（　　）为依据计算单位平均成本。

A．资产本期期初数与本期增加数之和减去本期减少数

B．本期收入数

C．资产期初数与本期增加数之和

D．资产期初数

7. 天然起源生物资产，例如天然起源的林木等，其初始的入账价值为（　　）。

A. 500元　　B. 5 000元　　C. 1 000元　　D. 1元

8. 某农场外购25头公牛，45头母牛，公牛单价9 000元，母牛单价11 000元，外购生物资产的运输费30 000元，保险费10 000元，母牛应负担的运输费与保险费合计为（　　）元。

A. 12 500　　B. 27 500　　C. 10 000　　D. 17 500

9. 某农业公司主要从事大豆、玉米等经济作物的种植业务，为对种植的经济作物进行保护公司种了一批农田防护林，该批农田防护林预计使用寿命10年，净残值率5%，则该资产的在平均年限法下的月折旧率是（　　）。

A. 1%　　B. 0.95%　　C. 9.5%　　D. 0.79%

10. 处置生产性生物资产所得收入应该用（　　）账户进行核算。

A. 其他业务收入　　B. 主营业务收入

C. 营业外收入——处置非流动资产利得　　D. 公允价值变动收益

二、多项选择题

1. 生物资产具有以下特点（　　）。

A. 生物转换性　　B. 生物资产流动性

C. 生物资产长期性　　D. 生物资产产品生命性

2. 以下各项属于生产性生物资产折旧方法的是（　　）。

A. 平均年限法　　B. 工作量法　　C. 生产量法　　D. 轮伐期年限法

3. 下列计量模式被用于生物资产后续计量中的有（　　）。

A. 历史成本计量　　B. 公允价值计量　　C. 现行成本计量　　D. 可变现净值计量

4. 下列情况可能造成生产性生物资产可回收金额低于账面价值的有（　　）。

A. 遭受火灾、旱灾、水灾、冻灾、台风、冰雹等自然灾害

B. 遭受病虫害或者动物疫病

C. 消费者偏好改变使得市场需求发生变化所导致的市场价格下跌

D. 同期市场利率或者其他市场投资报酬率大幅度提高

5. 在判断生产性生物资产是否存在减值迹象时，需要用到资产价值相关的数据，这些数据包括（　　）。

A. 生产性生物资产可收回金额　　B. 资产公允价值减去处置费用后的净额

C. 预计资产在未来所能带来的现金流量现值　　D. 资产账面价值

三、判断题

1. 当月增加的成熟生产性生物资产需要计提折旧。（　　）

2. 判断某项生物性资产包含的经济利益是否流入企业，要以该生物资产的所有权相关的风险和报酬是否转移到企业为准。（　　）

3. 企业每隔两年需要对生产性生物资产的预计使用寿命、预计净残值进行复核。（　　）

4. 未成熟生产性生物资产达到预定生产经营目的，在转为成熟生产性生物资产时不需要结转已

经计提的资产减值损失。（　　）

5．公益性生物资产不需要计提折旧以及确认资产减值。（　　）

四、实践练习题

实践练习 1

目的：练习消耗性生物资产的核算

资料：

顺鑫农贸养殖有限责任公司主要以生猪养殖为主业。在日常会计核算当中成本结转使用的是移动加权平均法，生物资产折旧使用的是平均年限法。2012 年期初公司养殖生猪 65 头，账面价值 104 000 元，在经营的过程中发生了以下业务。

（1）2012 年 1 月外购肉猪 45 头，买价 72 000 元，运输费 3 000 元，保险费 2 000 元，装卸费 1 000 元，款项未付。

（2）2012 年 2 月外购的生猪由于遇到疫病，可变现净值约为 65 000 元。

（3）2012 年 2 月、3 月发生饲养费 4 000 元，3 月 30 日出售生猪 15 头。出售取得价款共计 28 500 元。

（4）2012 年 5 月将育成的 25 头猪仔出售，价款总额 11 000 元，已经收到对方的银行付款，该批猪仔未计提跌价准备，出售猪仔时该批猪仔账面价值为 9 000 元。

要求：根据上述业务，为顺鑫农贸公司编制相应会计分录

实践练习 2

目的：练习生产性生物资产的核算

资料：

某国有林场拥有自有橡胶园，2012 年期初账面价值 1 500 000 元，橡胶园尚未达到预定生产经营目的，经营过程中发生以下业务：

（1）2012 年 3 月，部分橡胶林已经达到预定生产经营目的，3 月 30 日该部分橡胶园账面价值 850 000 元。

（2）2012 年 4 月，对自有的橡胶林进行择伐，择伐后按照作业计划对择伐迹地进行更新造林，发生人工费用 40 000 元，材料费用 20 000 元。

（3）2012 年 12 月橡胶园遭到台风袭击，橡胶园 2012 年 12 月 30 日账面价值为 1 900 000 元，预计剩余使用年限为 6 年，在未来 5 年中每年的预计现金流量为：400 000 元、350 000 元、150 000 元、300 000 元、250 000 元；第六年预计资产产生现金流量与处置资产获得现金流量之和为 500 000 元；以前年度未计提资产减值准备。综合考虑市场利率和风险因素公司采用 7%折现率，该橡胶园公允价值减去处置费用之后的净额为 1 600 000 元（对应的复利现值系数为第一年 0.9346，第二年 0.8734，第三年 0.8163，第四年 0.7629,第五年 0.713,第六年 0.6663）。

要求：根据上述业务，为该林场编制相应会计分录

实践练习 3

目的：掌握生产性生物资产减值准备的计提

资料：20×2 年 8 月，某国有林场的橡胶园曾遭受过一次台风袭击，12 月 31 日，该国有林场对橡胶园进行检查时认为可能发生减值。橡胶园销售净价总额为 1 200 000 元，尚可使用 5 年，预计在未来 5 年内产生的现金净流量分别为 400 000 元、360 000 元、320 000 元、250 000 元、200 000 元（其中 20×7 年的现金流量已经考虑使用寿命结束时进行处置的现金净流量）。在考虑有关风险的基础上，该国有林场采用 5%的折现率。该橡胶园 20×2 年 12 月 31 日的账面价值为 1 500 000 元，以前年度没有计提减值准备。有关计算过程如表 8-2 所示。

表 8-2　　橡胶园未来现金流量现值计算表

年度	预计未来现金流量（元）	折现率（%）	折现系数	现值（元）
20×3	400 000			
20×4	360 000			
20×5	320 000			
20×6	250 000			
20×7	200 000			
合计				

要求：（1）计算现金流量现值；

（2）计算应计提减值准备金额；

（3）编制会计分录。

各章综合练习参考答案 附录

第一章　总论

一、选择题

1．ABC　2．AC　3．ABD

二、判断题

1.√　2.×　3.√

第二章　商品流通企业会计

一、单项选择题

1．D　2．D　3．A　4．C　5．C　6．A.　7．B　8．C　9．C　10．B

二、多项选择题

1．ABC　2．ABC　3．ACD　4．AD　5．ABD

6．ABCD　7．ACD　8．BCD　9．BD　10．BCD

三、判断题

1．√　2．√　3．×　4．×　5．×

6．√　7．√　8．×　9．√　10．√

四、实践练习题

实践练习 1

1．运费较小，直接计入销售费用

借：在途物资　7 000

　销售费用　139.5

　应交税费——应交增值税（进项税额）　1 200.5

　贷：银行存款　8 340

2．借：库存商品　7 200

　贷：在途物资　7 000

　　待处理财产损溢　200

3．借：在途物资　8 000

　应交税费——应交增值税（进项税额）1 360

　贷：银行存款　9 360

4．借：库存商品　7 600

　待处理财产损溢　400

贷：在途物资　　8 000

5．借：待处理财产损溢　　160

应交税费——应交增值税（进项税额）　　27.20

贷：银行存款　　187.20

借：待处理财产损溢　　40

贷：销售费用　　40

6．借：库存商品　　400

贷：待处理财产损溢　　400

7．（1）借：在途物资　　1 200

应交税费——应交增值税（进项税额）204

贷：银行存款　　1 404

（2）借：库存商品　　900

主营业务成本　　300

贷：在途物资　　1 200

8．借：银行存款　　702

应交税费——应交增值税（进项税额）　　102

贷：库存商品　　600

9．借：银行存款　　7 020

应交税费——应交增值税（进项税额）　　1 020

贷：库存商品　　6 000

实践练习 2

1．借：应收账款　　18 284

贷：主营业务收入　　15 200

应交税费——应交增值税（销项税额）　　2 584

库存现金　　500

2．借：应收账款　　1 124 300

贷：主营业务收入　　960 000

应交税费——应交增值税（销项税额）　　163 200

银行存款　　1 100

3．借：银行存款　　410 100

主营业务收入　　50 000

贷：应收账款　　468 600

应交税费——应交增值税（销项税额）　　8 500

4．借：银行存款　　9 360

贷：主营业务收入 8 000
应交税费——应交增值税（销项税额） 1 360

实践练习 3

1．借：库存商品——床单 2 100
贷：待处理财产损溢 2 100
借：待处理财产损溢 2 700
贷：库存商品——雨衣 2 700
2．（1）借：在途物资 2 100
应交税费——应交增值税（进项税额） 357
贷：银行存款 2 457
（2）借：待处理财产损溢 2 100
贷：在途物资 2 100
（3）借：其他应收款 1 053
营业外支出 1 684.80
销售费用 360
贷：待处理财产损溢 2 700
应交税费——应交增值税（进项税额转出） 397.8

实践练习 4

1．借：在途物资 17 100
应交税费——应交增值税（进项税额） 2 907
贷：银行存款 20 007
借：库存商品——纺织品柜 27 080
贷：在途物资 17 100
商品进销差价 9 980
2．借：在途物资 6 000
应交税费——应交增值税（进项税额） 1 067.60
销售费用 632.4
贷：银行存款 7 700
3．借：库存商品——百货柜 9 900
贷：在途物资 6 000
待处理财产损溢 600
商品进销售价 3 300
4．借：待处理财产损 600

应交税费——应交增值税（进项税额） 102

贷：银行存款 702

5．借：在途物资 4 000

应交税费——应交增值税（进项税额） 694

销售费用 186

贷：银行存款 4 880

6．借：库存商品 6 493.5

待处理财产损溢 300

贷：在途物资 4 000

商品进销差价 2 793.50

7．借：其他应收款 187.20

销售费用 40

库存商品 175.50

贷：待处理财产损溢 300

商品进销差价 75.50

应交税费——应交增值税（进项税额转出） 27.2

8．借：银行存款 2 755

应交税费——应交增值税（进项税额） 400

贷：商品进销差价 2 355

9．（1）借：在途物资 6 000

应交税费——应交增值税（进项税额） 1 020

贷：应付账款 7 020

（2）借：商品进销差价 6 000

贷：在途物资 6 000

实践练习 5

1．（1）借：银行存款 36 000

贷：主营业务收入 30 769

应交税费——应交增值税（销项税额） 5 231

或 A 借：银行存款 36 000

贷：主营业务收入 36 000

B 借：主营业务收入 5 231

贷：应交税费——应交增值税（销项税额） 5 231

（2）借：主营业务成本 36 000

贷：库存商品——百货柜 8 000

——服装柜 23 000

——副食品柜 5 000

2．借：银行存款 1 770

贷：主营业务收入 1 512

应交税费——应交增值税（销项税额） 258

借：主营业务成本 1 770

贷：库存商品——家电柜 1 770

实践练习 6

1．（1）借：库存商品——百货柜 702

贷：待处理财产损溢 500

商品进销差价 202

（2）借：待处理财产损溢 85.6

商品进销差价 54.8

贷：库存商品——文化柜 120

2．借：待处理财产损溢 500

贷：销售费用 500

借：销售费用 85.6

贷：待处理财产损溢 85.6

实践练习 7

1．综合差价率= $75\,000 \div (200\,000 + 450\,000) \times 100\% = 11.54\%$

本期已销商品应分摊差价 = $450\,000 \times 11.54\% = 51\,930$（元）

借：商品进销差价 51 930

贷：主营业务成本 51 930

2．（1）百货柜差价率 = $6\,675.2 \div (23\,000 + 38\,000) \times 100\% = 10.94\%$

百货柜本期已销商品应分摊差价 = $38\,000 \times 10.94\% = 4\,158$（元）

（2）针织柜差价率 = $11\,627.54 \div (42\,000 + 69\,000) \times 100\% = 10.5\%$

针织柜本期已销商品应分摊差价 = $69\,000 \times 10.48\% = 7\,245$（元）

（3）纺织柜差价率 = $13\,540.45 \div (53\,000 + 78\,000) \times 100\% = 10.34\%$

纺织柜本期已销商品应分摊差价 = $78\,000 \times 10.34\% = 8\,065.20$（元）

（4）文化柜差价率 = $3\,576.28 \div (12\,000 + 21\,000) \times 100\% = 10.84\%$

文化柜本期已销商品应分摊差价 = $21\,000 \times 10.84\% = 2\,276.40$（元）

（5）鞋帽柜差价率 = $8\,000 \div (34\,000 + 45\,000) \times 100\% = 10.13\%$

鞋帽柜本期已销商品应分摊差价 = $45\,000 \times 10.13\% = 4\,558.50$（元）

3. 期末商品进销差价＝68 752－57 880＝10 872（元）

已销商品进销差价＝16 240－10 872＝5 368.（元）

借：商品进销差价　　　　　　　　　　　　5 368

　贷：主营业务成本　　　　　　　　　　　　5 368

第三章　施工企业会计

一、单项选择题

1.C　2.A　3. A　4. D　5. C　6. A　7. D　8. C　9. C　10. C

二、多项选择题

1. ABCD　2. ABD　3. ABC　4. ABCD　5. ACD

6. ABC　7. ACD　8. BCD　9. ABC　10. ABC

三、判断题

1.√　2. √　3.×　4. √　5. √　6.×　7. √　8. √　9. √　10.×

四、实践练习题

实践练习 1

1. 借：周转材料——在用周转材料——架料　　　　64 000

　　贷：周转材料——在库周转材料——架料　　　　64 000

2. 借：工程施工——合同成本——A 工程　　　　2 376

　　贷：周转材料——在库周转材料——安全网　　　　2 400

　　　　材料成本差异——周转材料　　　　　　　　24（红字）

3. 计算应补提摊销额：

应提摊销额＝16 000－2 800＝13 200（元）

已提摊销额＝16 000×48 000÷60 000 ＝12 800（元）

补提摊销额＝13 200－12 800＝ 400（元）

将补提摊销额计入成本：

借：工程施工——合同成本——A 工程　　　　400

　贷：周转材料——周转材料摊销——竹跳板　　　　400

残料入库，并结转报废跳板计划成本：

借：原材料　　　　　　　　　　　　　　2 800

　　周转材料——周转材料摊销——竹跳板　　13 200

贷：周转材料——在用周转材料——竹跳板　　　　16 000

分摊成本差异：

借：工程施工——合同成本——A 工程　　　　160

　贷：材料成本差异——周转材料　　　　160

4．退库时：

借：周转材料——在库周转材料——挡板　　10 000

　贷：周转材料——在用周转材料——挡板　　10 000

计算应补提摊销额：

应提摊销额＝ 10 000×(1－60%)＝4 000（元）

已提摊销额＝10 000×52 200÷116 000=4 500 （元）

应冲销摊销额＝4 500－4 000 ＝500（元）

将补提摊销额计入成本：

借：工程施工——合同成本——A 工程　　500

　贷：周转材料——周转材料摊销——挡板　　500

5．借：工程施工——合同成本——A工程　　3 200

　　贷：周转材料——周转材料摊销——档板　　3 200

6．计算应补提摊销额：

应提摊销额＝计划成本＝2 000（元）

已提摊销额＝1000×68 400÷90 000 ＝1 520 （元）

补提摊销额＝2 000－1 520＝ 480 （元）

将补提摊销额计入成本：

借：工程施工——合同成本——A 工程　　480

　贷：周转材料——周转材料摊销　　480

冲销短缺架料计划成本：

借：周转材料——周转材料摊销——架料　　2 000

　贷：周转材料——在用周转材料——架料　　2 000

实践练习 2

1．借：工程施工——合同成本——A工程　　2 000

　　　　　　　　　　　　　——B工程　　2 200

　　贷：银行存款　　4 200

2．借：工程施工 ——合同成本——A工程　　17 000

　　贷：银行存款　　17 000

3．借：工程施工——间接费用　　14 382

　　贷：银行存款　　14 382

4．借：管理费用——办公费　　14 000

　　　　　　　——差旅费　　15 000

　　　　　　　——其他　　5 000

　　贷：银行存款　　34 000

5．工资费用分配率 = 200 000/(4 500 + 5 500) = 20元/工时

A工程负担的人工费 = 4 500×20 = 90 000（元）

B工程负担的人工费 = 5 500×20 = 110 000（元）

借：工程施工——合同成本——A工程　　90 000

　　　　　　　　　　　——B工程　　110 000

　管理费用　　7 000

　贷：应付职工薪酬　　207 000

6．借：工程施工——合同成本——A工程　　400 000

　　　　　　　　　　　　——B工程　　600 000

　　贷：原材料　　10 000 000

7．借：工程施工——合同成本——A工程　　12 000

　　　　　　　　　　　　——B工程　　18 000

　　贷：银行存款　　30 000

8．A工程直接费用 = 2 000 + 17 000 + 90 000 + 400 000 + 12 000 = 521 000

　B工程直接费用 = 2 200 + 110 000 + 600 000 + 18 000 = 730 200

A工程分配：

521 000÷(521 000 + 730 200)×14 382 = 5 989（元）

B工程分配：

730 200÷(521 000 + 730 200)×14 382 = 8 393（元）

借：工程施工——合同成本——A工程　　5 989

　　　　　　　　　　　——B工程　　8 393

　贷：工程施工——间接费用　　14 382

实践练习3

2010年（单位：万元）

1．借：工程施工——合同成本　　630

　　贷：应付职工薪酬/银行存款 等　　630

2．借：应收账款　　900

　　贷：工程结算　　900

3．借：银行存款　　850

　　贷：应收账款　　850

4．确认本年合同收入、毛利、费用

2010年完工百分比 = (630 /1 800)×100% = 35%

2010年确认合同收入 = 2 000×35% = 700

2010年确认合同费用 = 1 800×35% = 630

2010 年确认合同毛利 = 700 − 630 = 70

借：主营业务成本　　630

　工程施工——合同毛利　　70

　贷：主营业务收入　　700

2011 年（单位：万元）

1．借：工程施工——合同成本　　945

　　贷：应付职工薪酬、原材料等　　945

2．借：应收账款　　900

　　贷：工程结算　　900

3．借：银行存款　　860

　　贷：应收账款　　860

4．确认 2011 年合同收入、毛利、费用

2011 年完工百分比 = 1 575 ÷(1 575 + 525)×100% = 75%

2011 年确认合同收入 = 2 000×75% − 700 = 800

2011 年确认合同费用 = 2 100×75% − 630 = 945

2011 年确认合同毛利 = 800 − 945 = −145

2011 年确认合同预计损失 = (1 575 + 525 − 2000)×(1 − 75%) = 25

借：主营业务成本　　945

　贷：主营业务收入　　800

　　工程施工——合同毛利　　145

同时：

借：资产减值损失　　25

　贷：存货跌价准备　　25

2012 年（单位：万元）

1．借：工程施工——合同成本　　505

　　贷：应付职工薪酬等　　505

2．借：应收账款　　500

　　贷：工程结算　　500

3．借：银行存款　　590

　　贷：应收账款　　590

4．确认 2012 年合同收入、毛利、费用

2012 年完工百分比 = 100%

2012 年确认合同收入 = (2 000×100% + 300) − 700 − 800 = 800

2012 年确认合同费用 = 2080 − 630 − 945 = 505

2012 年确认合同毛利 = 800 − 505 = 295

借：主营业务成本　　505
　　工程施工——合同毛利　　295
　贷：主营业务收入　　800

借：存货跌价准备　　25
　贷：主营业务成本　　25

5．2012 年项目完工，结转相关账户：

借：工程结算　　2 300
贷：工程施工——合同成本　　2 080
　　　　　　——合同毛利　　220

实践练习 4

1．借：临时设施　　46 000
　　贷：银行存款　　46 000

2．借：在建工程——临时设施工程　　9 780
　　贷：原材料　　8 000
　　　　材料成本差异　　80
　　　　应付职工薪酬　　1 200
　　　　银行存款　　500

借：临时设施　　9 780
　贷：在建工程——临时设施工程　　9 780

3．3 月

借：工程施工——合同成本　　489
　贷：临时设施摊销　　489

4．借：待处理财产损溢——待处理临时设施损溢　　23 200
　　　临时设施摊销　　10 400
　　贷：临时设施　　33 600

实践练习 5

1.（1）根据“工程价款结算账单”：

借：工程施工——合同成本　　800 000
　贷：应付账款——应付工程款　　800 000

（2）扣回预付的工程款和备料款：

借：应付账款——应付工程款　　180 000
　贷：预付账款——预付分包单位款　　180 000

（3）11 月 2 日支付剩余工程价款：

借：应付账款——应付工程款　620 000
　贷：银行存款　620 000
2．借：银行存款　680 000
　贷：预收账款——预收备料款　680 000
3．借：银行存款　800 000
　贷：应收账款——应收工程款　800 000
4．借：工程施工——合同成本——人工费　110 000
　机械作业　15 000
　工程施工——间接费用　20 000
　管理费用　15 000
　贷：应付职工薪酬　160 000
5．借：库存现金　160 000
　贷：银行存款　160 000
借：应付职工薪酬　160 000
　贷：库存现金　160 000
6．借：营业税金及附加　50 000
　贷：应交税费——应交营业税　50 000
7．借：原材料　117 000
　贷：应付账款　117 000

实践练习 6

1．借：工程施工——合同成本　186 000
　贷：原材料——主要材料　126 000
　——结构件　60 000
2．借：周转材料——在用周转材料　30 000
　贷：原材料——周转材料　30 000
3．借：工程施工——合同成本　200 000
　管理费用　70 000
　贷：应付职工薪酬　270 000
4．每台班成本=160 000÷400=400（元）
甲工程应分配的机械使用费=300×400=120 000（元）
乙工程应分配的机械使用费=100×400=40 000（元）
借：工程施工——合同成本（甲工程）　120 000
　——合同成本（乙工程）　40 000
　贷：机械作业　160 000

5．借：机械作业　　70 000
　　管理费用　　20 000
　贷：累计折旧　　90 000

6．借：机械作业　　8 650
　　工程施工——合同成本　　6 720
　　管理费用　　4 150
　贷：银行存款　　19 520

7．（1）借：固定资产清理　　40 000
　　累计折旧　　360 000
　贷：固定资产——施工机械　　400 000

（2）支付清理费

借：固定资产清理　　1 000
　贷：库存现金　　1 000

（3）残值变价收入（残值收入）

借：库存现金　　3 000
　贷：固定资产清理　　3 000

（4）结转清理机械所发生的净损失

借：营业外支出　　38 000
　贷：固定资产清理　　38 000

8．借：管理费用　　140 000
　贷：银行存款　　140 000

第四章　房地产开发企业会计

一、单项选择题

1．B　2．B　3．C　4．C　5．C　6．B　7．A　8．D

二、多项选择题

1．ABC　2．ABCD　3．BCD　4．ABCD　5．ABC
6．ABCD　7．ABC　8．AC

三、判断题

1．×　2．√　3．√　4．×　5．×　6．×　7．×　8．√　9．√　10．×

四、实践练习题

实践练习 1

1．借：开发间接费用　　12 000
　贷：应付职工薪酬　　12 000

2．借：开发间接费用　　7 050

　贷：银行存款　　7 050

3．借：开发间接费用　　20 000

　贷：累计折旧　　20 000

4．借：开发间接费用　　4 000

　贷：周转房——摊销　　4 000

5．借：开发间接费用　　4 600

　贷：银行存款　　4 600

开发间接费用分配表

项目	直接费用	分配率	应分配间接费用
201 商品房	75 000		9 930
202 商品房	120 000		15 888
301 出租房	70 000		9 268
351 周转房	65 000		8 606
401 商品性土地	30 000		3 958
合计	360 000	0.1324	47 650

借：开发成本——房屋开发——201 商品房　　9 930

　　——房屋开发——202 商品房　　15 888

　　——房屋开发——301 出租房　　9 268

　　——房屋开发——351 周转房　　8 606

　开发成本——土地开发成本——401 商品性土地　　3 958

　贷：开发间接费用　　47 650

实践练习 2

1．借：开发成本——土地开发　　525 000

　贷：银行存款　　525 000

2．借：开发成本——土地开发　　125 000

　贷：应付账款　　125 000

3．借：开发成本——土地开发　　150 000

　贷：银行存款　　150 000

土地开发成本分配率

=（525 000+125 000+150 000）÷（2 000+3 000+2 000+10 000+8 000）=（32 元/平方米）

借：开发成本——房屋开发——201 商品房　　64 000

　　——202 商品房　　96 000

　　——301 出租房　　64 000

开发成本——土地开发——401 商品性土地　　320 000

开发成本——土地开发——451 自用土地　　256 000

贷：开发成本——土地开发　　800 000

4．借：开发成本——土地开发——401 商品性土地　　40 000

贷：开发间接费用　　40 000

5．借：开发产品——401 商品性土地　　360 000

开发产品——451 自用土地　　256 000

贷：开发成本——土地开发——401 商品性土地　　360 000

——451 自用土地　　256 000

6．借：开发成本——房屋开发——203 商品房　　96 000

——302 出租房　　96 000

——351 周转房　　64 000

贷：开发产品——451 自用土地　　256 000

实践练习 3

1．各开发产品应分配的土地开发成本：

分配率＝(480 000＋480 000＋720 000)÷(30 00＋2 200＋2 000＋2 000＋2 000＋300＋500)

=140 元/平方米

201 商品房分配土地开发成本＝140×3 000＝420 000（元）

202 商品房分配土地开发成本＝140×2200＝30 8000（元）

203 出租房商品房分配土地开发成本＝140×2 000＝280 000（元）

301 出租房商品房分配土地开发成本＝140×2 000＝280 000（元）

351 周转房出租房商品房分配土地开发成本＝140×2 000＝280 000（元）

501 银行储蓄所出租房商品房分配土地开发成本＝140×300＝42 000（元）

502 幼托设施商品房分配土地开发成本＝140×5 000＝70 000（元）

2．

幼托设施预提率=600 000÷(2 500 000+2 000 000+1 800 000+1 800 000+1 500 000+400 000)= 6%

3．借：开发成本——土地开发　　1 680 000

贷：银行存款　　1 680 000

同时结转：

借：开发成本——房屋开发——201 商品房　　420 000

——202 商品房　　308 000

——203 商品房　　280 000

——301 出租房　　280 000

——351 周转房　　280 000

——配套设施开发——501 银行储蓄所　　42 000

——配套设施开发——502 幼托设施　　70 000

贷：开发成本—土地开发　　1 680 000

4．借：开发成本——房屋开发——201 商品房　　1 650 000

——301 出租房　　1 180 000

——351 周转房　　950 000

贷：应付账款　　3 780 000

完工付款时：

借：应付账款　　3 780 000

贷：银行存款　　3 780 000

5．借：开发成本——房屋开发——202 商品房　　1 386 000

——203 商品房　　1 188 000

贷：应付账款　　2 574 000

完工付款时：

借：应付账款　　2 574 000

贷：银行存款　　2 574 000

6．借：开发成本——配套设施开发——501 银行储蓄所　　275 000

贷：银行存款　　275 000

7．借：开发间接费用　　571 740

贷：银行存款　　571 740

8．201 商品房预提幼托设施费＝6%×2 500 000＝150 000

202 商品房预提幼托设施费＝6%×2 000 000＝120 000

203 商品房预提幼托设施费＝6%×1 800 000＝108 000

301 出租房商品房预提幼托设施费＝6%×1 800 000＝108 000

351 周转房商品房预提幼托设施费＝6%×1 500 000＝90 000

501 银行商品房预提幼托设施费＝6%×400 000＝24 000

借：开发成本——房屋开发——201 商品房　　150 000

——202 商品房　　120 000

——203 商品房　　108 000

——301 出租房　　108 000

——351 周转房　　90 000

——501 银行储蓄所　　24 000

贷：应付账款——预提配套设施费　　600 000

9．开发间接费用分配率=57.174÷（222+181.4+157.6+156.8+132+34.1）=6.47%

借：开发成本——房屋开发——201 商品房（222×6.47%）143 534

——202 商品（181.4×6.47%）117 366

——203 商品房（157.6×6.47%）101 967

——301 出租房（156.8×6.47%）101 450

——351 周转房（132×6.47%）85 403

——501 银行储蓄所（34.1×6.49%）22 020

贷：开发间接费用 571 740

10．借：开发产品——201 商品房 2 363 534

——202 商品房 1 931 366

——203 商品房 1 677 967

——301 出租房 1 669 450

——351 周转房 1 405 403

——501 银行储蓄所 363 020

贷：开发成本——房屋开发——201 商品房 2 363 534

——202 商品房 1 931 366

——203 商品房 1 677 967

——301 出租房 1 669 450

——351 周转房 1 405 403

——配套设施开发——501 银行储蓄所 363 020

11．（1）借：开发成本——配套设施开发——502 幼托设施 480 000

贷：银行存款 480 000

（2）借：应付账款—预提配套设施费 600 000

贷：开发成本——配套设施开发——502 幼托设施 550 000

开发产品——203 商品房 25 000

——301 出租房 25 000

实践练习 4

1.（1）借：银行存款 2 800 000

贷：主营业务收入——商品房销售收入 2 800 000

（2）公用面积分摊率＝700÷3 500×100%＝20%

每套出售面积＝50×(1＋20%)＝60（平方米）

7 月份出售房屋面积＝30×60＝1 800（平方米）

借：银行存款 7 680 000

应收账款 3 840 000

贷：主营业务收入——商品房销售收入 11 520 000

（3）借：银行存款 420 000

　　贷：主营业务收入——配套设施销售收入　　420 000
（4）借：银行存款　　1 120 000
　　贷：主营业务收入——土地转让收入　　1 120 000
（5）借：银行存款　　1 680 000
　　贷：主营业务收入——代建工程结算收入　　1 680 000
（6）借：主营业务成本　　6 300 000
　　贷：开发产品 ——商品房——201 商品房　　2 000 000
　　　　——商品房——201 商品房　　15 000 000
　　　　——配套设施——商店　　500 000
　　　　——配套设施——储蓄所　　300 000
　　　　——商品性土地　　800 000
　　　　——代建工程　　1 200 000
2．借：固定资产阶　　500 000
　　贷：开发产品——配套设施　　500 000
3．借：开发成本——房屋开发　　600 000
　　贷：开发成本——土地开发　　600 000

第五章　旅游饮食服务业会计

一、单项选择题

1. D　2. C　3. D　4. B　5. B　6. B　7. B　8. B　9. D　10.A

二、多项选择题

1. ABCD　2. ACD　3.CD　4. ABC　5. CD
6. ABD　7. ABC　8. ABC　9. AB　10. AB

三、判断题

1.×　2.×　3. √　4. √　5. √　6.×　7.×　8. √　9. √　10.×

四、实践练习题

实践练习 1

1．借：银行存款　　5 700
　　贷：应收账款　　5 700
2．借：银行存款　　350
　　贷：应收账款　　350
3．借：应付账款　　4 600
　　贷：库存现金　　4 600
4．借：应付账款　　1 000

贷：原材料 1 000

5．借：主营业务成本 4 300

库存现金 300

贷：应付账款 4 600

6．借：主营业务成本 1 000

贷：应付账款 1 000

7．借：应收账款 6 050

贷：主营业务收入 6 050

实践练习 2

1．借：银行存款 60 000

贷：应收账款 60 000

2．借：应收账款 60 000

贷：银行存款 54 000

主营业务收入 6 000

实践练习 3

成本=50×10+800+3 000+900+200=5 400（元）

收费用金额=5 400×（1+10%）=5 940（元）

每人收费=5 940÷10=594（元）

实践练习 4

借：银行存款 900

贷：应收账款 900

借：应收账款 1 050

贷：主营业务收入 1 050

实践练习 5

期初

1．借：主营业务成本 12 400

贷：原材料 12 400

本月：

1．借：原材料 5 000

贷：银行存款 5 000

2．借：主营业务成本　　10 400

　　贷：应付票据　　10 400

3．借：主营业务成本　　5 250

　　贷：银行存款　　5 250

4．借：原材料　　4 450

　　贷：银行存款　　4 450

5．借：主营业务成本　　23 800

　　贷：原材料　　23 800

6．借：主营业务成本　　1 750

　　贷：原材料　　1 750

实践练习 6

1．销售毛利法：

佛跳墙价格＝(0.5×25＋0.2×110＋0.2×1 200＋0.2×100＋15)÷(1－40%)＝309.5÷0.6＝515.8

双菇炒冬笋＝(0.1×16＋0.1×60＋0.5)÷(1－40%)＝13.5

清蒸甲鱼＝(100＋1)÷(1－40%)＝168.33

2．成本毛利率法

佛跳墙价格＝(0.5×25＋0.2×110＋0.2×1 200＋0.2×100＋15)÷(1－40%)＝309.5×(1＋67%)＝516.87

双菇炒冬笋＝(0.1×16＋0.1×60＋0.5)×(1＋67%)＝13.53

清蒸甲鱼＝(100＋1)×(1＋67%)＝168.67

实践练习 7

1．借：库存现金　　9 452

　　　待处理财产损溢——三楼　　10

　　贷：主营业务收入　　9 460

　　　　待处理财产损溢——一楼　　2

2．借：银行存款　　9 452

　　贷：库存现金　　9 452

3．借：管理费用　　8

　　　待处理财产损溢——一楼　　2

　　贷：待处理财产损溢——三楼　　10

4．借：银行存款　　500

　　贷：预收账款　　500

5．借：银行存款　　200

　　贷：预收账款　　200

6．借：预收账款　　500
　　库存现金　　5 500
　贷：主营业务收入　　6 000

7．借：预收账款　　200
　贷：主营业务收入　　200

第六章　交通运输企业会计

一、单项选择题

1．A　2．A　3．D　4．B　5．C　6．B

二、多项选择题

1．ABCD　2．AC　3．ABCD　4．ABC　5．ABCD　6．ABCD

三、判断题

1.×　2.√　3.×　4.√　5.√　6.√　7.×　8.√　9.√　10.×

四、实践练习题

实践练习 1

1．按计划成本发出：

借：运输支出——客车——燃料费　　204 000
　　　　　　——货车——燃料费　　238 000
　　营运间接费用　　6 800
　贷：燃料　　448 800

结转材料成本差异

借：运输支出——客车——燃料费　　2 040
　　　　　　——货车——燃料费　　2 380
　　营运间接费用　　68
　贷：材料成本差异　　4 488

2．燃油消耗情况汇总表

项目	期初油箱存油	本月领用	期末油箱存油	本月耗用
客车领用	6 000	30 000	2 000	34 000
货车领用	8 000	35 000	9 000	34 000
车队领用		1 000		1 000
合计	14 000	66 000	11 000	69 000

借：燃料——车存　　448 800
　贷：燃料——库存　　448 800

借：运输支出——客车——燃料费　　231 200
　　　　　　——货车——燃料费　　231 200
　营运间接费用　　6 800
　贷：燃料——车存　　469 200
借：运输支出——客车——燃料费　　2 312
　　　　　　——货车——燃料费　　2 312
　营运间接费用　　68
　贷：材料成本差异　　4 692

实践练习 2

1．轮胎摊提费用计算表

2012 年 6 月　　单位：元

领用单位	轮胎规格	实际行驶里程	平均车装轮胎条数	实际行驶胎公里数	每胎公里摊销额	轮胎摊销额
客车	900-20	1 800 000	6	10 800 000	0.009	97 200
货车	900-20	1 500 000	6	9 000 000	0.01	90 000
合计		3 300 000		19 000 000		187 200

借：运输支出——客车——轮胎　　97 200
　　　　　　——货车——轮胎　　90 000
　贷：应付账款——预提轮胎费用　　187 200
借：营运间接费用　　1 836
　贷：轮胎　　1 800
　　材料成本差异　　36

实践练习 3

（1）借：管理费用——办公费　　1 000
　　营运间接费用——办公费　　800
　　贷：库存现金　　1 800
（2）借：管理费用——水电费　　3 200
　　营运间接费用——办公费　　1 800
　　贷：银行存款　　5 000
（3）借：运输支出——客车——工资　　52 000
　　　　　　——货车——工资　　73 600
　　营运间接费用——车站——工资　　15 000
　　　　　　——车队——工资　　15 000
　　管理费用——工资　　20 000
　贷：应付职工薪酬——工资　　175 600

（4）借：运输支出——客车——燃料费　160 000

——货车——燃料费　190 000

管理费用——燃料费　6 000

贷：燃料　356 000

借：运输支出——客车——燃料费　3 200

——货车——燃料费　3 800

管理费用——燃料费　120

贷：材料成本差异　7 120

（5）借：运输支出——客车——轮胎　12 000

——货车——轮胎　14 000

管理费用　400

贷：应付账款——预提轮胎费用　26 400

（6）借：运输支出——客车——折旧费　60 000

——货车——折扣费　70 000

营运间接费用——折旧费　5 000

管理费用——折旧费　15 000

贷：累计折旧　150 000

（7）借：运输支出——客车——养路费　75 000

——货车——养路费　60 000

管理费用——养路费　5 000

贷：银行存款　140 000

（8）借：运输支出——客车——其他费用　20 000

——货车——其他费用　31 000

贷：银行存款　51 000

（9）借：运输支出——客车——其他费用　500

——货车——其他费用　1 300

营运间接费用——其他费用　1 000

贷：银行存款　2 800

（10）借：运输支出——客车——营运间接费用　15 440

——货车——营运间接费用　23 160

贷：营运间接费用　38 600

（11）借：主营业务成本——客车　398 140

——货车　466 860

贷：运输支出——客车　398 140

——货车　466 860

汽车运输成本计算表

2012 年 6 月　　　　　　　　　　　　　　　　　　单位：元

项目	行次	本期发生成本		
		合计	客车	货车
一、车辆费用	1	826 400	382 700	443 700
1.工资	2	125 600	52 000	73 600
2.燃料	3	350 000	163 200	193 800
3.轮胎	4	26 000	12 000	14 000
4.折旧	5	130 000	60 000	70 000
5.养路费	6	135 000	75 000	60 000
6.其他	7	52 800	20 500	32 300
二、站队经费	8	38 600	15 440	23 160
三、运输总成本	9	865 000	398 140	466 860
四、周转量（千人公里、千吨公里）	10		8 600	2 000
五、单位成本	11		46.30	233.43

实践练习 4

1．借：银行存款　　17 000
　　贷：主营业务收入——运输收入——客运收入　　8 000
　　　　——运输收入——货运收入　　9 000

2．借：银行存款　　65 000
　　贷：应收账款——应收内部单位款——A 分所　　30 000
　　　　——B 分所　　35 000

3．借：应付账款——应付内部单位款　　200 000
　　贷：银行存款　　200 000

4．借：应收账款——应收内部单位款——A 分所　　110 000
　　　　——B 分所　　150 000
　　贷：主营业务收入——客运收入　　110 000
　　　　——货运收入　　150 000

5．借：主营业务收入——客运收入　　500 000
　　　　——货运收入　　600 000
　　贷：应付账款——应付内部单位款　　1 100 000

实践练习 5

1．借：银行存款　　25 000
　　贷：应收账款——甲基层站　　13 000
　　　　——乙基层站　　12 000

2．借：银行存款　　　　　　　　　　　　　　1 500 000
　贷：应收账款——甲基层站　　　　　　　　　　600 000
　　　　　　　——乙基层站　　　　　　　　　　900 000

3．借：应收账款——甲基层站　　　　　　　　1 150 000
　　　　　　　——乙基层站　　　　　　　　1 460 000
　贷：主营业务收入——客运收入　　　　　　　　880 000
　　　　　　　　　——货运收入　　　　　　　1 730 000

第七章　商业银行会计

一、单项选择题

1. C　2. D　3. C　4. A　5. A　6. D　7.B　8. B　9. C　10. D

二、多项选择题

1.ABCD　2. A C　3. A B　4. A B　5.BCD

6. ABCD　7. ABD　8. ABCD　9. ABCD　10.AB

三、判断题

1. √　2. ×　3. ×　4. ×　5. √　6. ×　7. √　8. ×　9. ×　10. √

四、实践练习题

实践练习 1

（1）借：库存现金　　　　　　　　　　　　　　10 000
　贷：吸收存款——活期储蓄存款（王五户）　　　10 000

（2）借：吸收存款——活期储蓄存款（王五户）　　1 500
　贷：库存现金　　　　　　　　　　　　　　　　1 500

（3）累计积数=（27+17）×10 000+（12+20）×8 500=712 000

利息=712 000×0.72%/360=14.24（元）

借：利息支出　　　　　　　　　　　　　　　14.24
　贷：吸收存款——活期储蓄存款（王五户）　　14.24

（4）借：库存现金　　　　　　　　　　　　　　4 000
　贷：吸收存款——活期储蓄存款（王五户）　　　4 000

实践练习 2

（1）借：贷款——飞达公司户（本金）　　　　　100 000
　贷：吸收存款——活期存款　　　　　　　　　100 000

（2）利息=100 000×5‰×12=6 000

借：吸收存款——活期存款　　　　　　　　　106 000
　贷：贷款——飞达公司户（本金）　　　　　　100 000
　　　利息收入　　　　　　　　　　　　　　　　6 000

实践练习 3

（1）借：贷款——本金——抵押贷款——金源公司　2 400 000
　　贷：吸收存款——活期存款——金源公司　2 400 000
（2）借：应收利息——应收抵押贷款（金源公司）　96 000
　　贷：利息收入　96 000
（3）借：库存现金　2 600 000
　　贷：贷款——本金——抵押贷款——金源公司　2 400 000
　　　　应收利息——应收抵押贷款（金源公司）　96 000
　　　　吸收存款——活期存款——金源公司　104 000

实践练习 4

（1）借：吸收存款——活期存款（天天贸易公司）　180 000
　　　　逾期贷款——天天贸易公司　60 000
　　贷：应解汇款——天天贸易公司　240 000
（2）借：吸收存款——活期存款（益生大药房）　46 000
　　贷：吸收存款——活期存款（三九药厂）　46 000
（3）借：存放中央银行款项　88 000
　　贷：吸收存款——活期存款（梦澜进出口公司）　88 000
（4）借：吸收存款————活期存款（东风公司）　90 000
　　贷：汇出汇款　90 000
（5）收款开户：
借：联行来账　48 500
　贷：吸收存款——活期存款（康佳电视机厂）　48 500
付款开户行：
借：吸收存款——活期存款（利民家电商场）　48 500
　贷：联行往账　48 500
（6）借：汇出汇款　2 900
　　贷：联行来账　2 600
　　　　吸收存款——活期存款（百货商店）　300

第八章　农业企业会计

一、单选题

1.A　2.D　3.D　4.A　5.A　6.C　7.D　8.B　9.D　10.C

二、多选题

1.AB　2.ABC　3.AB　4.ABCD　5.ABCD

三、判断题

1. × 2. √ 3. × 4. × 5. √

四、实践练习题

实践练习 1

（1）借：消耗性生物资产——肉猪 78 000

贷：应付帐款 78 000

（2）借：资产减值损失——消耗性生物资产（肉猪） 13 000

贷：存货跌价准备——消耗性生物资产（肉猪） 13 000

（3）借：消耗性生物资产——肉猪 4 000

贷：应付职工薪酬 4 000

借：主营业务成本 25 363.64

贷：消耗性生物资产——肉猪 25 363.64

借：银行存款 28 500

贷：主营业务收入 28 500

（4）借：主营业务成本 9 000

贷：消耗性生物资产——肉猪 9 000

借：银行存款 11 000

贷：主营业务收入 11 000

实践练习 2

（1）借：生产性生物资产——成熟生产性生物资产 850 000

贷：生产性生物资产——未成熟生产性生物资产 850 000

（2）借：生产性生物资产——未成熟生产性生物资产（橡胶树） 60 000

贷：原材料 20 000

应付职工薪酬 40 000

（3）借：资产减值损失——生产性生物资产（橡胶） 300 000

贷：生产性生物资产减值准备——橡胶 300 000

实践练习 3

未来现金流量现值 1 346 271 元大于销售净价 1 200 000 元，因此该橡胶园的可收回金额为 1 346 271 元。

应计提的减值准备 =1 500 000-1 346 271=153 729（元）

林场的账务处理如下：

借：资产减值损失——生产性生物资产（橡胶） 153 729

贷：生产性生物资产减值准备——橡胶 153 729